中国社会科学院创新工程学术出版资助项目

新帝国主义：
理论、现实与发展趋势

邢文增 著

Xin Diguozhuyi: Lilun Xianshi Yu Fazhan Qushi

中国社会科学出版社

图书在版编目(CIP)数据

新帝国主义：理论、现实与发展趋势/邢文增著．—北京：中国社会科学出版社，2014.6
ISBN 978 - 7 - 5161 - 4304 - 9

Ⅰ.①新… Ⅱ.①邢… Ⅲ.①帝国主义—研究
Ⅳ.①D033.3

中国版本图书馆 CIP 数据核字(2014)第 106511 号

出 版 人	赵剑英
责任编辑	田　文
特约编辑	易小放
责任校对	李　莉
责任印制	李　建

出　　版	中国社会科学出版社
社　　址	北京鼓楼西大街甲 158 号（邮编 100720）
网　　址	http://www.csspw.cn
	中文域名：中国社科网　010 - 64070619
发 行 部	010 - 84083685
门 市 部	010 - 84029450
经　　销	新华书店及其他书店
印　　刷	北京市大兴区新魏印刷厂
装　　订	廊坊市广阳区广增装订厂
版　　次	2014 年 6 月第 1 版
印　　次	2014 年 6 月第 1 次印刷
开　　本	710×1000　1/16
印　　张	17
插　　页	2
字　　数	284 千字
定　　价	55.00 元

凡购买中国社会科学出版社图书，如有质量问题请与本社联系调换
电话：010 - 64009791
版权所有　侵权必究

目 录

导论 …………………………………………………………………（1）

第一章 帝国主义理论的形成与发展 ………………………（6）
  一 列宁之前各种关于帝国主义的理论观点 ………………（6）
  二 列宁的帝国主义理论 ……………………………………（21）
  三 列宁帝国主义论的意义 …………………………………（28）

第二章 新帝国主义的兴起 …………………………………（34）
  一 新帝国主义兴起的历史背景 ……………………………（34）
  二 新帝国主义的含义 ………………………………………（44）
  三 "新帝国主义论"的产生 ………………………………（55）

第三章 "新帝国主义论"的理论观点 ……………………（63）
  一 新帝国主义存在的理由——"失败国家"论 …………（63）
  二 新帝国主义的政策和理论基点 …………………………（66）
  三 新帝国主义的形式 ………………………………………（74）
  四 美国在新帝国主义时代的领导作用 ……………………（78）
  五 对付威胁的手段和战略 …………………………………（81）
  六 对"新帝国主义论"的评价 ……………………………（83）

第四章 新帝国主义的本质特征 ……………………………（86）
  一 垄断资本的全球扩张 ……………………………………（86）
  二 虚拟经济与金融资本 ……………………………………（105）
  三 经济全球化和区域一体化成为发达资本主义国家

    维持旧的国际分工的有效手段 ………………………… (117)
  四 文化帝国主义 …………………………………………… (124)
  五 地区军事霸权 …………………………………………… (135)

第五章 西方左翼学者对新帝国主义的理论批判 ………………… (138)
  一 对新帝国主义含义的界定以及对传统帝国主义
    理论的评价 ……………………………………………… (138)
  二 新帝国主义的特征 ……………………………………… (143)
  三 新帝国主义与不发达的根源 …………………………… (149)
  四 全球化与新帝国主义的关系 …………………………… (156)
  五 对"新帝国主义论"的批判 ……………………………… (159)

第六章 新帝国主义与当代资本主义 ……………………………… (163)
  一 对美国领导地位的挑战 ………………………………… (163)
  二 资本主义发达国家内部社会和阶级矛盾加深 ………… (171)
  三 资本主义发达国家间的矛盾与冲突加剧 ……………… (179)
  四 发达资本主义国家与发展中国家的矛盾继续深化 …… (186)

第七章 新帝国主义与世界社会主义 ……………………………… (192)
  一 对世界社会主义国家的影响 …………………………… (192)
  二 对世界社会主义运动的影响 …………………………… (201)
  三 新帝国主义的发展为向社会主义过渡准备了
    更充分的条件 …………………………………………… (208)

第八章 新帝国主义的发展趋势及历史命运 ……………………… (223)
  一 资本主义的基本矛盾仍然存在,并向全球扩展和深化 …… (223)
  二 资本主义发展模式的缺陷性日趋明显 ………………… (237)
  三 世界社会主义运动和左翼力量的持续发展 …………… (247)

参考文献 ………………………………………………………………… (259)

后记 ……………………………………………………………………… (267)

导　论

1916年，列宁的《帝国主义是资本主义的最高阶段》一书的完成标志着科学的帝国主义理论的形成。它不仅对帝国主义的本质及基本特征进行了科学系统的分析，而且提出了帝国主义是战争的根源、社会主义革命有可能在帝国主义阵线的薄弱环节首先取得胜利等论断。这一理论的形成不仅丰富和发展了科学社会主义理论，而且对无产阶级革命起到了重要指导作用，使社会主义由理想变为现实。但随着发展中国家的政治独立和资本主义发达国家在国际经济政治秩序中主导作用的加强，帝国主义的表现形式、特征等都发生了一些变化。许多学者也提出了新帝国主义、当代帝国主义、新殖民主义、新干涉主义等，以对当前资本主义的新发展进行界定。因此，如何认识帝国主义的发展变化以及列宁帝国主义论是否仍然适用等就成为马克思主义学者须认真研究的问题。

一　对新帝国主义研究的缘起

第二次世界大战后，随着民族独立运动的兴起，受帝国主义列强控制的殖民地和半殖民地纷纷取得了独立，使传统的殖民帝国主义土崩瓦解。而资本主义国家也在不断地自我调适，在制度许可的范围内对生产关系进行局部的调整与改革，促进了资本主义的稳定和发展。与此同时，在资本主义发达国家主导的世界体系内，发达国家对发展中国家的剥削与掠夺不再像之前那样采用占领殖民地和势力范围的方式，而主要采取经济方式，通过经济手段实现对发展中国家经济、政治等全方位的控制，从而在发展中国家与发达国家之间形成了新的依附关系。在这种情况下，学者们开始加强对帝国主义这种新形式的探讨，许多学者都以新帝国主义这一定义将之与传统的殖民帝国主义相区分。

进入20世纪末以来，西方发达国家以反恐等名义频频对发展中国家施用武力，同时右翼学者也推出了为美国等发达国家的行为进行辩护的"新帝国主义论"，由此引发了国内外学者对新帝国主义问题的广泛关注和研究。此时，国外对新帝国主义的研究主要分为两个阵营：一是以美国为主的代表西方政府和跨国资本利益的主流政治精英和经济学家倡导美国履行新帝国主义使命，按美英式"自由民主"体制重组世界秩序。这一阵营的主要代表人物有塞巴斯蒂安·马拉比、罗伯特·库珀、理查德·哈斯、托马斯·唐纳利、保罗·肯尼迪等，其主要观点包括：第一，对当今世界进行划分，把世界各国分为前现代国家、现代国家和后现代国家三类，认为"失败国家"或前现代国家对世界稳定构成巨大的威胁；第二，传统手段已难以阻止新的威胁，美国必须采用新的手段，或曰新帝国主义政策来保护美国和其他国家的安全，实现美国霸权下的世界稳定；第三，采取双重标准实行武力干涉，在与前现代国家打交道时可采用先发制人等单边主义策略。这种新帝国主义论实际上是在为以美国为首的发达资本主义国家对其他国家进行新殖民统治和侵略提供理论依据和政策指导。

二是西方左翼学者对新帝国主义的理论批判。西方左翼学者继续发展了他们在"二战"后就提出的一些关于新帝国主义的理论，并着重研究美国在新帝国主义时代的地位、金融化和全球化对资本主义发展阶段的影响等。在这一过程中，西方左翼学者对新帝国主义的产生及其发展方向大致出现了两种观点：第一，认为新帝国主义是传统殖民帝国主义的发展，其本质并未发生变化，而"新帝国主义论"的出现实际上反映了美国经济和政治力量的日渐衰弱和发达资本主义国家间矛盾的加深，推行新帝国主义正是以武力来达到经济上维持美元霸权和政治上确保霸主地位的目的，但根据边际收益递减等规律，霸权国家失去其绝对优势地位是不可避免的。第二，以迈克尔·哈特和安东尼奥·内格里为代表的学者认为，帝国将取代帝国主义，随着民族国家主权的衰落，帝国主义已经终结，而代之以一种新的主权形式——帝国。

在国内，我国学者对新帝国主义的理论和现实问题的观点较为一致，他们大都认同以下观点：第一，冷战后国际局势的变化和美国所拥有的巨大国力优势是新帝国主义产生的现实基础。第二，从理论根基看，"新帝国主义论"除继承了帝国主义和殖民主义的衣钵外，还是冷战后各种帝国主义理论和霸权理论的新的延伸，最主要的理论来源之一是霸权稳定论。第三，新帝国主义是在金融垄断资本占统治地位的情况下，维护美元霸权的一种方式。第四，新帝国主义的本性依然是对其他国家的剥削，通过"金融—工业依附"和"技术—工业依附"等形式控制着第三世界的经济发展，表现为通过跨国公司的经营活动在世界范围内获取剩余价值，并形成跨国垄断资本；通过国际货币基金组织和世界银行等机构维持对其有利的国际经济秩序；通过国内庞大的资本对发展中国家进行金融冲击等。

从国内外学者的研究概况来看，中外学者对新帝国主义已经进行了许多研究，但从研究内容看，仍具有一定的不足之处，主要表现在三个方面：一是翻译和介绍性的资料较多，对新帝国主义问题进行理论分析的力度不足；二是现有的研究视野较窄，大多是从国际关系和对外政策等方面进行论述，用马克思主义立场观点对新帝国主义进行全面分析的较少；三是许多研究将新帝国主义等同于美国的霸权主义。从总体来看，现有的研究大多是单纯分析新帝国主义论的主张和当前的现实，缺乏运用马克思列宁主义的基本原理和研究方法来分析新帝国主义的理论和现实问题，因而不能对新帝国主义的发展获得规律性的认识。这就要求我们运用马列主义的立场、观点和方法，吸收现有成果的合理部分，在对客观存在进行分析的基础上对新帝国主义作出正确的判断和评价，并进一步丰富和发展马克思主义的帝国主义论。

二 列宁的帝国主义论仍然是认识当今时代的重要理论武器

在《帝国主义是资本主义的最高阶段》、《大难临头，出路何在？》等著作中，列宁指出，帝国主义是资本主义发展的最高阶段，是垂死的资本主义，是向社会主义过渡的资本主义，而帝国主义战争是社会主义革命的前夜，"国家垄断资本主义是社会主义的最充分的物质准备，是社会主义的前阶，是历史阶梯上的一级，在这一级和叫作社会主义的那一级之间，没有任何中间级"[①]。

然而，战后尤其是20世纪80年代后，在经济全球化和新技术革命的推动下，发达资本主义国家不仅在国内加强了资本的力量，并在一定程度

[①] 《列宁选集》第3卷，人民出版社1995年版，第266页。

上缓和了劳资之间的矛盾，使资本主义社会获得了较为稳定的发展空间，而且在国际上，通过垄断的加强以及跨国公司的科技优势和资源整合，获得了巨额利润，全球利益分配更加不合理。在榨取发展中国家经济利润的同时，帝国主义更利用其科技、经济等方面的优势，通过文化和思想上的渗透，对社会主义国家实施全面的攻击和遏制。在这种发达资本主义国家控制着全球经济和政治秩序的背景下，欧美官方还抛出了"新帝国主义论"，为它们的武力干涉和争夺世界霸权寻求借口。与此同时，社会主义的发展却遇到了一定的挫折，苏东剧变不仅使世界社会主义运动陷入低潮，而且也影响了人们对社会主义的信心。在这种情况下，许多人对帝国主义的腐朽性和垂死性、资本主义的历史命运以及社会主义的前途产生了疑问，更对列宁帝国主义论在当前的适用性产生了疑问。

事实上，在现实生活中，资本主义的帝国主义特征不仅没有消除，反而随着时间的推进变得更加明显：垄断资本的力量更加强大，不仅控制着本国的经济和政治，而且以跨国公司为载体影响和控制着许多发展中国家；金融资本迅猛发展，且虚拟化程度不断增强；资本输出通过跨国公司的对外投资、金融资本的全球扩张等多种方式进行，规模更加庞大，利润更加丰厚；资本主义国际垄断同盟的形式更为多样化；文化扩张和武力干涉仍是帝国主义的重要手段等。从这些特征来看，尽管列宁所描述的五大基本特征之一"最大资本主义大国已把世界上的领土瓜分完毕"从形式上已经不存在，但其他的特征仍然存在而且得到了加强，同时，尽管资本主义发达国家已经不再采取占有殖民地和势力范围的方式瓜分世界，但却通过垄断资本的扩张继续控制着发展中国家，因此，从实质上看，帝国主义的基本特征并未发生根本的变化，而是得到了不同程度的加强，同时还增加了一些新的手段，如文化渗透等。

至于帝国主义的腐朽性和垂死性，我们应该看到，列宁在论述这一性质时还指出，"如果以为这一腐朽趋势排除了资本主义的迅速发展，那就错了。不，在帝国主义时代，某些工业部门，某些资产阶级阶层，某些国家，不同程度地时而表现出这种趋势，时而又表现出那种趋势。整个说来，资本主义的发展比从前要快得多"[①]，"帝国主义是衰朽的但还没有完

---

① 《列宁选集》第2卷，人民出版社1995年版，第685页。

全衰朽的资本主义，是垂死的但还没有死亡的资本主义"①。因此，资本主义在当代的发展并没有否定列宁关于帝国主义腐朽性和垂死性的论断，而只是表明资本主义还有其发展空间，在它所能容纳的全部生产力发挥出来以前，它是不会灭亡的。

当然，与列宁所处的时代相比，当今的时代已经有了突飞猛进的发展，因此，在坚持列宁帝国主义论的基本立场、观点和方法的基础上，我们更应该对帝国主义新的发展变化进行分析，正确把握帝国主义具有哪些新的特征，在这种新的发展变化发生后，帝国主义的发展趋势有没有发生变化，这些都是我们应该重点研究的问题。

三 本书的研究思路

世界社会主义运动的发展是在与资本主义世界体系的相互依存与斗争中得以一步步提高的，因此，研究社会主义的发展方向、道路，就必须对资本主义的现状、发展规律及趋势进行深入而透彻的分析。所以，本书拟运用马克思列宁主义的立场、观点和分析方法，对新帝国主义的理论和现实问题进行综合性的研究。

从内容安排看，首先，本书将介绍帝国主义理论的形成与发展，重点是列宁帝国主义论的理论观点及意义，并以之作为本书研究的重要理论基点和方法；其次，将从探讨冷战结束后世界格局所出现的新情况和资本主义国家国内经济、政治形势的新发展入手，全面研究新帝国主义产生的根源，对"新帝国主义论"的基本观点和新帝国主义的实质作深入的分析；最后，将对新帝国主义的形成对当代资本主义、世界社会主义的影响进行分析，并在此基础上分析新帝国主义的发展趋势和历史命运。

从研究方法来看，本书将特别注重运用辩证唯物主义和历史唯物主义的观点，尤其是列宁在《帝国主义是资本主义的最高阶段》中所提出的基本原理，采取马列主义基本原理与资本主义发展的现实分析相结合、帝国主义发展的历史与现状相结合的分析方法，以求全面总结新帝国主义的特点和实质，并在历史分析的基础上把握其发展的规律。

---

① 《列宁全集》第29卷，人民出版社1985年版，第479页。

第一章

帝国主义理论的形成与发展

马克思、恩格斯通过对资本主义社会的考察和研究，揭示了资本主义社会的本质特征及其发展规律，指出资本主义在形成和发展的过程中经历了三个历史阶段：资本的原始积累和资本主义生产方式的萌芽形成阶段、资本主义的自由竞争阶段和资本主义的垄断阶段。在19世纪后期资本主义社会由自由竞争阶段发展到垄断阶段后，许多学者针对这一新的阶段，提出了"帝国主义"这一术语，以描述该阶段的特征，如1902年英国资产阶级社会改良主义经济学家约·阿·霍布森就出版了《帝国主义》一书，卢森堡、希法亭和布哈林等人也都对帝国主义进行了阐释。此后，列宁根据19世纪末至20世纪初的新形势，利用马克思主义的立场、观点和方法，系统地分析了帝国主义的经济根源和本质特征，提出了"帝国主义是资本主义的最高阶段"的论断，形成了科学的帝国主义理论。

一 列宁之前各种关于帝国主义的理论观点

在列宁之前，许多学者对帝国主义进行了论述，他们从资本积累、消费不足、金融资本等方面对帝国主义产生的原因、帝国主义的特征及发展趋势等提出了各自的观点。这些理论尽管都存在不完善和不科学的地方，但却从不同的角度对帝国主义进行了阐释，并对列宁帝国主义理论的创立产生了重要作用。

（一）霍布森的消费不足论与帝国主义

1902年出版的约·阿·霍布森《帝国主义》一书，是第一部对帝国主义进行政治经济分析的著作。尽管霍布森并不是一个马克思主义者，但他的理论对以后的马克思主义者产生了很大影响，保罗·巴兰、斯威奇乃至列宁等人都吸收了霍布森的一些思想。

1. 消费不足与帝国主义形成的根源

霍布森的帝国主义理论是建立在其消费不足论的基础上的。他指出，生产的目的是为消费者提供"效用和便利"，而资本的唯一用途就是帮助这些效用和便利的生产，因此其总量必然会随着所消费的效用或便利的总量而变化。但过多的储蓄会导致长期的需求短缺。

霍布森认为，之所以会出现过多的储蓄，有两方面的原因：一方面，垄断是形成过多储蓄的重要因素。垄断不仅可以提高价格，而且能在一定程度上降低成本，减少资本的损耗量和需求量，这些都可以增加利润，但垄断利润却日益集中到更少数的人手中；另一方面，收入分配的不平等是产生过多储蓄的重要原因。他指出："如果……分配收入的趋向是起作用的，那么显然，消费将随着生产力的每一次提高而提高，因为人类的需求是无限的，因而不会有过度储蓄。但是，（当某些人具有）一种巨大的超过需求或可能利用的消费能力时，事情就完全不是这样。"[1] 这种收入分配的不平等不仅使资本家出现过度储蓄，而且使人民群众一贫如洗，国内市场相对狭小。他指出，工资水平使居民的消费有一定限度，而有钱人永远也不会机灵到肯花足够的钱来防止生产过剩。因而，生产的主要部分用于"积累"。

霍布森指出，当储蓄超出国内投资所提供的空间时，就会出现长期的需求短缺，在这种情况下，必须找到某种出路，为新的投资打开通道，只有如此，才能保证生产的顺利进行。他认为，由于消费能力分配得不好妨碍了在国内吸收全部产品和资本，因而，资本所有者必须寻找国外投资的机会，从而出现了对外扩张和领土兼并的压力，这就是帝国主义形成的根源。对帝国主义者而言，这种对外扩张和投资为国家开辟了新的贸易市场，为本国企业家找到工作，因而对国家是有好处的，而放弃"帝国的扩张"则意味着把世界拱手让给其他民族，因此，"帝国主义不是一种自愿的选择，而是一种必然性"。[2] 霍布森还通过美国的实例来说明，把帝国主义作为政策和政治实践，其明显的原因正是这种对国外的工业品市场和投资市场的需求。需要帝国主义的是洛克菲勒、皮尔庞特·摩根、汉

---

[1] J. A. Hobson, *Imperialism: A Study*, 3rd edn, London: Allen & Unwin, 1938, p. 83.
[2] Ibid., p. 78.

纳、施瓦布先生及其伙伴们，是他们把帝国主义加在美国头上。他们需要帝国主义，因为他们想利用本国的国家手段为资本寻找有利的投资场所，否则，这些资本就成为多余的了。

在此基础上，霍布森提出："所谓帝国主义，就是工业巨头力图用寻找国外市场和国外投资的办法为自己剩余财富的洪流扩大河道，以便安置他们在本国卖不出去和无法利用的商品和资本。"①

2. 帝国主义的经济力量

霍布森通过对19世纪70年代至20世纪初英国、法国、德国等欧洲列强和美国等国家的对外扩张和殖民的考察，指出，尽管这种殖民扩张为寻找投资场所的资本家带来了大量的利润，但却使这些国家付出了巨大的财政上的代价，而这些代价则要由广大的纳税人来承担，在这种情况下，大部分债务是"公共的"，债权却几乎总是私人的。而如果收入被更平等地分配，国内储蓄会下降，国内投资机会也将不再短缺，从而这一帝国主义的代价是可以避免的。然而事实却是，帝国主义的出现成为一种必然。对此，霍布森认为，之所以会出现这种情况，"唯一可能的答案是，国家整体的商业利益从属于那些具有某些局部重要性的商业利益……这是一切形式的政府的最普通的弊病"②。

霍布森明确指出："为帝国主义效劳的具体经济力量是：一个广泛的、彼此很少有联系的集团，其中有人从事工商业，有的从事其他各种行业，他们从扩大军事和民政的职务中，从军费开支中，从开拓新地区和同新地区的贸易中，从这一切活动所需要的新资本的动员中，谋求有利可图的生意和收入丰厚的职位，——他们把总金融家的实力看作自己的中心领导力量和指导力量。"③ 而这些金融家"通过最强大的一系列组织的联合，总是与他人处于最密切的和最快捷的联系之中……他们处于唯一的操纵国家政策的地位上……每一涉及新的资本流动或现有投资巨大价值波动的重要政治法案，必须获得这个金融巨头小集团的批准和实际支持"④。

霍布森十分重视金融和金融家在帝国主义中的作用和地位，认为金融家"构成了国际资本主义的中枢神经"，而金融则是"帝国发动机的调节

---

① J. A. Hobson, *Imperialism: A Study*, 3rd edn, London: Allen & Unwin, 1938, p. 91.
② Ibid., p. 46.
③ Ibid., p. 68.
④ Ibid., pp. 56 – 57.

器,控制着能量并决定它的运行"①。

3. 帝国主义的手段和目的

帝国主义通过对外殖民和扩张为国内过剩资本寻找到了出路,增加了资本利润,解决了消费不足问题。资本主义国家的工业阶层、金融阶层等不仅通过帝国扩张政策寻求私利,而且利用这一政策来保护自己的经济、政治和社会特权,对抗民主派的压力。对于政客而言,他们会采用各种手段来维护这一政策,如给教育程度仅仅达到刚会阅读印刷品、而对自己阅读过的东西还没有批判能力的人们以广泛的投票权,通过控制报刊、学校以及在必要时控制教会,在诱人的爱国感情的招牌的掩饰下,把帝国主义灌输给群众。

霍布森在上述分析的基础上,指出,帝国主义主要的经济源泉在于经济机会的不均等,它可以使某个特权阶级把收入中的剩余部分积累起来,通过帝国主义扩张政策在国外寻找有利的投资场所。而实行帝国主义有双重的目的:一方面以损害社会的利益来保证投资者和商人这些特权阶级的私人物质利益;另一方面把社会的精力和注意力从国内方面转移到国外去,以巩固保守主义的共同事业。

尽管霍布森的帝国主义理论因建立在消费不足论的基础上而使其科学性大受影响,但霍布森对帝国主义扩张的代价、特权阶层通过帝国主义扩张政策所获得的收益以及金融资本的作用等的论述仍具有很大的理论价值。也正因此,列宁在《帝国主义是资本主义的最高阶段》中指出:"作者所持的是资产阶级社会改良主义与和平主义的观点,这同过去的马克思主义者卡·考茨基今天的立场实质上是一样的,但是,他对帝国主义的基本经济特点和政治特点作了一个很好很详尽的说明。"②

(二) 卢森堡的资本积累与帝国主义

作为德国共产党创始人之一的罗莎·卢森堡也曾对帝国主义进行了深刻的分析和论述。她对帝国主义的分析是与其对资本积累的研究紧密联系在一起的。在《资本积累论》、《国民经济学入门》等著作中,卢森堡通过对剩余价值如何实现进行分析,指明:"作为一个历史过程,资本积

---

① J. A. Hobson, *Imperialism: A Study*, 3rd edn, London: Allen & Unwin, 1938, p.59.
② 《列宁选集》第 2 卷,人民出版社 1995 年版,第 583 页。

累,不管它的理论如何,在一切方面是依存于非资本主义的社会阶层及社会结构形态的。"① 在此基础上,卢森堡对资本主义的发展阶段、帝国主义与战争的关系、帝国主义的历史地位等进行了深入的分析和探讨。

1. 帝国主义与资本主义的发展阶段

卢森堡根据资本积累实现的条件把资本主义的发展划分为三个阶段。她认为,对于剩余价值的实现来说,起决定性作用的一点在于,剩余价值既不能由工人,也不能由资本家来实现,而是由那种属于非资本主义生产方式的社会阶层或社会结构来实现的。因此,资本主义为了完成资本积累,为了自己的生存与发展,必然需要那些围绕它们的非资本主义的生产形态,它要将非资本主义的社会环境"作为其剩余价值的销售市场,作为生产资料的来源地,并作为工资制度下的劳动力的蓄积场所"。也正因此,"资本主义历史地生育并发达于非资本主义的社会环境之中",在这一过程中,"可以区别为三个阶段。资本对自然经济的斗争,资本对商品经济的斗争,资本在世界舞台上为争夺现存的积累条件而斗争"②,其中第三个阶段就是帝国主义阶段。

在指明了资本主义发展的三个阶段后,卢森堡进一步指出了帝国主义阶段的特点。她认为,资本积累的帝国主义阶段,亦即资本的世界竞争阶段,"包含对迄今为止的资本落后国家——在那里资本原来实现它的剩余价值的——进行工业化及资本主义的解放。这一阶段的特点,是外债,铁道建设,革命与战争"③。

2. 帝国主义与战争的关系

资本主义剩余价值的实现必须依赖于非资本主义生产方式的社会阶层或社会结构,因此,在资本主义国家间必然会存在为争夺市场、原料来源等而发生的矛盾与冲突,而在资本主义与非资本主义国家间也必然会因这种经济的掠夺与控制产生对抗。这主要表现为两个方面:

一方面,在资本主义国家间,"旧的资本主义诸国,相互间提供日益扩大的市场,并日益增加彼此间的依赖性。但另一方面,这些国家又相互间在与非资本主义国家的贸易关系上,成为日益剧烈的竞争者"④。

---

① [德]卢森堡:《资本积累论》,彭尘舜、吴纪先译,三联书店1959年版,第289页。
② 同上书,第290—291页。
③ 同上书,第334页。
④ 同上书,第290页。

另一方面，在资本主义与非资本主义国家间，在资本积累的过程中，所有权变为对他人财产的掠夺，商品交换变为剥削，平等变为阶级支配。在国际舞台上，资本主义对非资本主义的生产方式所采取的"主要方法是殖民政策，国际借款制度，势力范围政策和战争。在这里是完全赤裸裸地暴露出公开的暴力、欺诈、压迫和掠夺"[①]。

随着资本主义发展阶段的逐步推进，在帝国主义阶段，也就是资本的世界竞争阶段，生产的扩大和竞争的加剧必然使这种矛盾和冲突也进一步加剧，战争也将不可避免。卢森堡认为，正是资本的世界竞争导致了现代战争，帝国主义是和军国主义、军备竞赛、现代战争相联系的，它们是由这种生产关系的内在本质所决定的，因而，在帝国主义时代，战争不可避免。她明确指出，军国主义在资本的历史上是与积累的每一个历史阶段相伴随的，不仅如此，军国主义也是实现剩余价值的一个卓越的手段——它本身即是资本积累的一个领域。而且，军国主义在一切国家中都因为资本竞争的加剧和军备竞赛而普遍高涨。在这种情况下，资本主义国家由于"同样具有高度的资本主义发展，因而必然要发生冲突"[②]。

3. 帝国主义的历史命运

卢森堡通过对资本积累的分析，认为帝国主义是资本主义历史生命上的最后阶段。她认为，资本没有非资本主义形态的帮助就不可能进行积累，但同时它也不能容忍非资本主义形态与它自己并存下去，因此，为了使资本积累能达到最大限度，资本会通过军国主义，一方面更加残酷地消灭国内外非资本主义阶层，另一方面会愈加压低整个工人阶级的生活水平，这将引起一连串的政治和社会灾难。再加上周期性的经济灾祸和危机，积累将不可能再继续进行。

因此，在对资本积累进行分析的基础上，卢森堡指出，资本主义是第一个具有传播力的经济形态，它具有囊括全球，驱逐其他一切经济形态，以及不容许敌对形态与自己并存的倾向。但同时它也是第一个自己不能单独存在的经济形态，它需要其他经济形态作为传导体和滋生的场所。虽然它力求变为世界普遍的形态，并正由于此，变为世界普遍形态也是它的趋向，然而它必然要崩溃，因为它由于内在原因不可能成为世界普遍的生产

---

① [德]卢森堡：《资本积累论》，彭尘舜、吴纪先译，三联书店1959年版，第364页。
② [德]卢森堡：《社会改良还是社会革命》，徐坚译，三联书店1958年版，第24页。

方式。在自己的生命史中，资本主义本身是一个矛盾，它的积累运动带来了冲突的解决，但同时，也加重了冲突。到了一定的发展阶段，除了实行社会主义外，没有其他的出路，而社会主义的目的不是积累，而是以发展全球生产力，来满足劳动人民的需要。①

卢森堡对帝国主义的分析是从再生产的流通而不是从生产领域来进行的，她把帝国主义看成只是为了实现剩余价值而进行的争夺殖民地的产物，而没有从资本主义由自由竞争的资本主义向垄断资本主义转变的历史必然性以及垄断作为帝国主义的经济实质这些方面对帝国主义的基本特征、历史命运进行分析，因而没有能够正确地研究帝国主义的经济根源和实质，导致其对帝国主义理论的探讨在第二国际内部引起了激烈争论，鲍威尔等人与卢森堡进行了论战，列宁对卢森堡的帝国主义理论也进行了批判。但值得肯定的是，卢森堡科学地指明了帝国主义必然引发战争，而且，它是资本主义历史生命上的最后阶段，最终必将被社会主义所取代。

（三）希法亭的金融资本与帝国主义

1910年，马克思主义理论家、德国社会民主党和第二国际领导人之一鲁道夫·希法亭出版了《金融资本》一书。该书对20世纪初期资本主义出现的各种新现象进行了分析，并重点剖析了银行资本和工业资本间的相互关系，对作为帝国主义重要特征之一的金融资本的产生、特点等进行了详尽的阐释。

1. 金融资本与资本主义发展新阶段

希法亭认为，在资本主义社会中，资本具有自我增值的假象，人们难以看清其本质，而金融资本使这一情况得到了更加充分的发展，"围绕着资本主义的神秘外壳，在这里变得最难以认识了"②。

希法亭将金融资本与现代资本主义紧密结合起来，他认为，"现代的"资本主义与以前的旧的资本主义有了明显区别，"'现代'资本主义的特点是集中过程，这些过程一方面表现为由于卡特尔和托拉斯的形成而'扬弃自由竞争'，另一方面表现为银行资本和产业资本之间越来越密切

---

① [德]卢森堡：《资本积累论》，彭尘舜、吴纪先译，三联书店1959年版，第376页。
② [德]鲁道夫·希法亭：《金融资本》"前言"，福民等译，商务印书馆2009年版，第1页。

的关系……由于这种关系，资本便采取自己最高和最抽象的表现形式，即金融资本形式"①。希法亭通过对股份公司和虚拟资本的运动、垄断组织的发展、银行作用的转变、金融资本的形成以及资本主义危机性质的变化、金融资本的经济政策及无产阶级的任务等各个方面对现代资本主义的这一特点进行了论述，强调了这是资本主义发展的一个新阶段，因而《金融资本》一书的副标题就是"对资本主义发展的一个新阶段的研究"，他指出，这一新阶段可以叫做金融资本的时代，而帝国主义则是金融资本的对外政策。

2. 金融资本与垄断

希法亭指出，联合制能为资本带来很多利益，如保证联合企业有更稳定的利润率，能使联合企业改良技术，并获得比"单纯企业"更多的利润，还能使联合企业的地位比"单纯企业"更巩固，从而加强它在萧条时期的竞争力量。而在现代资本主义时期，股份公司和证券交易所的发展也为这种联合提供了更有利的途径：一方面它消除了资本在各个部门流动和转移的限制，另一方面使生产集中加剧并形成垄断。尤其是在重工业中，由于固定资本比重大，资本很难流出，容易出现低于平均利润率的情况；但同时，在重工业中生产规模较大，利于联合制的出现以制止利润率下降的情况。因此，在重工业中较早出现了垄断，而银行和证券交易所的发展及其作用的扩大又促进了这一趋势。

对于资本主义产业集中与银行的关系，希法亭认为，二者相互作用，资本主义产业的发展引起银行的集中，而集中的银行制度本身是达到资本主义集中的最高阶段——卡特尔和托拉斯的重要动力。对于产业企业而言，它们的所有联合，通常都是由把银行同企业联结在一起的共同利益所促成的。对于银行而言，企业的卡特尔化意味着企业的收益有较大的可靠性和均等性，从而使经常威胁个别企业生存的竞争的危险被消除了，投于这些企业的资本的可靠性大大增强。这使银行有可能进一步扩大产业信用，并从产业利润中获得比以前更大的份额。在二者的发展中，卡特尔本身以大银行为先决条件，而大银行不断满足整个产业领域巨大的支付信用和生产信用的要求。同时，由于卡特尔化，银行和产业之间的关系变得更

---

① ［德］鲁道夫·希法亭：《金融资本》"前言"，福民等译，商务印书馆2009年版，第1页。

加密切，投于产业的资本的支配权也同时越来越多地落入银行之手。

正因此，产业和银行相互依赖。一方面，产业资本的一个不断增长的部分不属于使用它的产业资本家了。它们只有通过银行，才能获得对资本的支配。另一方面，银行也不得不把其资本的一个不断增长的部分固定在产业之中，因此，银行在越来越大的程度上变为产业资本家。希法亭把通过这种途径实际转化为产业资本的银行资本称为金融资本。金融资本随着股份公司的发展而发展，并随着产业的垄断化而达到它的顶点。随着财产的日益集中，控制银行的虚拟资本的所有者与控制产业的资本所有者越来越合而为一，资本巨头、金融资本家也合于一身，越来越以支配银行资本的形式支配整个国民资本。希法亭指出，随着卡特尔化和托拉斯化，金融资本达到了它的权力的顶峰，而商业资本却经历了最严重的衰落。

3. 垄断与资本主义危机

希法亭认为，危机的产生有三个一般条件：商品二重化为货币和商品、资本主义生产的无政府状态以及生产和消费的分离。但这只是危机产生的一般条件，只有资本主义的扩大和商品生产的普遍化，进而形成民族市场和不断扩大的世界市场，危机爆发的条件才最终发展起来。

而在现代资本主义条件下，卡特尔等垄断组织的出现尽管使单个企业内部的管理和组织性加强，也增强了单个企业对危机的抵抗力，但存在于各种行业的卡特尔并不能克服危机。

希法亭认为，卡特尔不仅没有减少反而加剧了价格调节中的干扰，这些干扰最终导致比例关系失调，从而导致资本增值条件和实现条件之间的矛盾。具体而言，卡特尔对生产部门的竞争和价格的影响表现在两个方面："第一，卡特尔造成一个生产部门内部竞争的停止，或者更确切地说，使竞争成为潜在的，即使该部门的竞争不再发挥降低价格的作用。第二，它使卡特尔化生产部门间的竞争在比非卡特尔化产业更高利润率的基础上进行。但是，卡特尔不能改变资本争夺投资领域的竞争，也不能阻碍积累对价格形成的影响，因此也不能阻碍比例关系失调的产生。"[1]

由此可见，卡特尔并没有消除危机的影响，而只是把危机的重担转嫁到非卡特尔化的产业身上，从而使危机发生变形。

---

[1] [德]鲁道夫·希法亭：《金融资本》，福民等译，商务印书馆2009年版，第340页。

4. 金融资本的经济政策

金融资本的经济政策包括国内政策和对外政策两个方面。

在国内政策方面，希法亭指出，金融资本意味着资本的统一化，它是以大垄断联合从而消除个别资本家自由竞争为基础的，也因此，资本家阶级同国家权力的关系也发生了变化。从政策取向上看，资产阶级以寡头统治取代了自由主义，帝国主义思想体系由此产生，它是对旧的自由主义理想的否定，因为"金融资本所希望的不是自由，而是统治；它对个别资本家的独立性毫无兴趣，而是要求对后者的束缚"[①]。从资产阶级和无产阶级的关系来看，产业和银行结成大的垄断，使雇员处境进一步恶化，加强了雇主对工人阶级的阵地。但同时，工人阶级的力量也在日益增长，这就要求资本进一步强化作为反对无产阶级要求的保障的国家权力。

在对外政策方面，金融资本的政策意味着最大限度的扩张，以及对新的投资领域和销售市场的不断追逐。希法亭认为，随着垄断组织的发展，国内投资日益受到限制，因而引起了对外投资和资本输出的迫切要求。他指出，在金融资本时代，一切形式上的资本输出都大大加速了。

对于输出国而言，资本输出能带来丰厚的利润，因此，也将促使这些国家采取帝国主义政策。而对于输入国而言，对这些国家的资本输出，尤其是采取产业资本和金融资本形式的输出，大大加速了所有旧的社会关系的变革并把整个地球包容于资本主义范围之内。

这种资本输出带来的后果是，资本成为世界的征服者，寡头统治的理想代替了民主平等的理想。

5. 资本主义的历史命运和无产阶级的任务

希法亭指出，金融资本把社会生产的支配权越来越集中到少数最大的资本集团手中，生产社会化达到了资本主义范围内所能达到的限界。而金融资本的社会化职能使克服资本主义变得非常容易。一方面，金融资本在组织上为社会主义创造了最好的前提，因为金融资本把最重要的生产部门都置于自己的控制之下，只要社会通过自觉的执行机关即被无产阶级夺取的国家占有金融资本，就足以立即获得对最重要的生产部门的支配权。由于所有其他的生产部门都依赖于这些最重要的生产部门，因此，对大产业的统治就已经意味着最有效的社会控制。另一方面，金融资本在政治上也

---

① [德] 鲁道夫·希法亭：《金融资本》，福民等译，商务印书馆 2009 年版，第 388 页。

使过渡更容易进行。帝国主义政策将使任何一个无产者认识到，无产阶级夺取政权是自己首要的和切身的利益，资本家阶级对国家明目张胆的攫取，迫使每一个无产者为夺取政权（这是结束自己受剥削地位的唯一手段）而努力。

希法亭还指出，垄断的发展将最终造成物价昂贵，不仅使无产阶级日益贫困，而且也会降低中间阶层的生活水平，使其成为无产阶级的增援。从国际范围来看，帝国主义政策也将导致资本主义国家间的冲突日益尖锐。

因此，希法亭得出结论，金融资本"使一国民族资本支配者的独裁统治同其他国家的资本主义利益越来越不相容，使国内的资本统治同受金融资本剥削的并起来斗争的人民群众的利益越来越不相容。在这些敌对的利益的暴力冲突中，金融巨头的独裁统治将最终转化为无产阶级专政"①，而"无产阶级的事业，不是用自由贸易时代的和敌视国家的已经被克服的政策同更先进的资本主义政策相对立。无产阶级对金融资本的经济政策、对帝国主义的回答，不可能是自由贸易，而只能是社会主义"②。

希法亭的理论尽管有一定的缺陷，但其对金融资本的分析对马克思主义者正确认识资本主义的新发展以及垄断和金融资本的作用具有重要意义，他清楚地认识到金融资本已成为现代资本主义的重要特征，不只影响着现代资本主义的运行，而且为向社会主义的过渡准备了更好的条件。对此，列宁给予了很高的评价，他指出："虽然作者在货币理论问题上有错误，并且书中有某种把马克思主义同机会主义调和起来的倾向，但是这本书对'资本主义发展的最新阶段'（希法亭这本书的副标题）作了一个极有价值的理论分析。"③

（四）考茨基的"超帝国主义"理论

卡尔·考茨基是德国社会民主党和第二国际的主要理论家。1914年，他发表了《帝国主义》一文，随后又发表《民族国家、帝国主义国家和国家联盟》以及《两本论述重新学习的书》两篇文章，系统阐述了其"超帝国主义"理论。

---

① ［德］鲁道夫·希法亭：《金融资本》，福民等译，商务印书馆2009年版，第433页。
② 同上书，第428页。
③ 《列宁全集》第27卷，人民出版社1990年版，第331页。

1. 帝国主义是一种特殊类型的资本主义政策

考茨基否认帝国主义是资本主义的特殊历史阶段,他认为,帝国主义正像它所代替的曼彻斯特主义一样,是资本主义政策的一种特殊类型。基于此,他对帝国主义作了如下定义:"帝国主义是高度发展的工业资本主义的产物。帝国主义就是每个工业资本主义民族力图征服和吞并愈来愈多的农业区域,而不管那里居住的是什么民族。"①因此,把现代资本主义的一切现象,即卡特尔、保护关税、金融统治以及殖民政策全都概括到帝国主义的名下,只能是最乏味的同义反复。

2. "超帝国主义"论

在考茨基看来,马克思提出的"垄断产生竞争,竞争又产生垄断"这一论断也可以用在帝国主义上。他认为,既然大企业、大银行和亿万富翁的疯狂竞争使吞并了小财阀的那些大财阀产生了卡特尔思想,那么,从帝国主义大国的世界大战中也能产生其中最强大的国家的联合,这一联合将结束军备竞赛。因此,"从纯经济的观点看来,资本主义不是不可能再经历一个新的阶段,也就是把卡特尔政策应用到对外政策上的超帝国主义的阶段"②。这种"超帝国主义"是一种建立在资本主义基础上的没有战争的新世界,是采用帝国主义者的"神圣"同盟来代替帝国主义。

他认为,之所以会出现这种状况,是因为从世界大战中得到教训的金融资本意识到帝国主义扩张和战争会把全部资本置于过分危险的境地,因而它们就有可能把经济上组织卡特尔的办法推广到对外政策上去,组织国际大联合,从而由帝国主义过渡到超帝国主义,过渡到所有国家的金融资本家的国际卡特尔。这种新的超帝国主义的政策,将以实行国际联合的金融资本共同剥削世界,来代替各国金融资本的相互斗争,从而使超帝国主义的嫩芽茁壮成长起来,在资本主义范围内造成新希望和新期待的纪元。

考茨基对垄断资本的国际联合及其对世界的统治在一定程度上正确预见了垄断资本在全球化时代的发展,但他认为如果由帝国主义过渡到超帝国主义,就可以实现在资本主义基础上的没有战争的新世界,则忽视了掩盖在帝国主义国家间的同盟与合作背后的冲突。在帝国主义垄断资本的合作加强的同时,冲突也会加剧,因而希望在资本主义制度框架下通过帝国

---

① [德]卡尔·考茨基:《帝国主义》,史集译,三联书店1964年版,第2页。
② 同上书,第17—18页。

主义者的"神圣"同盟来实现和平是不可能的。

（五）布哈林的帝国主义理论

资本主义宗主国从 19 世纪 80 年代开始就加速在世界范围内争夺殖民地，至 20 世纪初，全世界已被资本主义发达国家分割完毕，帝国主义的性质也越来越明显。此时，欧美出版的许多经济、政治刊物和书籍等都开始用帝国主义这一概念来说明当时时代的特征，对帝国主义的研究也越来越深入。布哈林正是在这一背景下对帝国主义的本质进行研究的。1915 年，布哈林写作了《世界经济和帝国主义》，并于 1918 年出版。该书以马克思主义理论为基础，通过对 19 世纪中叶至 20 世纪 20 年代世界经济的考察，对帝国主义的本质、特征等进行了分析。

1. 帝国主义是资本主义的一个历史发展阶段

在布哈林之前的帝国主义理论中，尽管有学者将帝国主义与资本主义新的发展阶段联系起来，但并不明确，而布哈林明确指明帝国主义是资本主义的一个历史阶段，即资本主义发展到金融资本主义垄断的阶段，在这一阶段，资本主义"使全世界服从于金融资本的统治；它以金融资本的生产关系代替古老的前资本主义生产关系和旧的资本主义的生产关系。正像金融资本主义是一个历史上限定的时期，即仅限于近几十年一样，作为金融资本政策的帝国主义也是一个特定的历史范畴"[1]，此时，"世界金融资本主义和银行在国际上有组织地进行统治，是经济中不争的事实"[2]。

2. 帝国主义通过世界经济压榨外围国家

布哈林对帝国主义的分析是与其对世界经济的研究紧密相连的。他指出，研究帝国主义问题，研究帝国主义的经济特征及其未来，归根到底是要分析世界经济的发展趋势，分析世界经济内部结构可能发生的变化。对于世界经济，他将其定义为全世界范围内的生产关系和与之相适应的交换关系的体系。他认为，世界经济是不断发展的，这种发展体现在广度和深度两个方面。世界经济在广度上的发展是指国际经济联系在范围上日益扩大，并伸展到过去没有卷入资本主义生活漩涡的地区，而世界经济在深度

---

[1] 尼·布哈林：《世界经济和帝国主义》，蒯兆德译，中国社会科学出版社 1983 年版，第 88 页。

[2] 同上书，第 39 页。

上的发展则是指国际经济联系愈来愈频繁地向纵深发展。①

布哈林指出，在历史上，世界经济发展的两个方向是同时并进的，世界经济在广度上的发展主要是通过资本主义列强实行兼并政策来完成的。也因此，"世界资本主义，即世界性的生产体系，现在呈现如下面貌：一方面是少数几个组成强国的经济体（'文明的强国'），另一方面是外围的半农业或农业体制的不发达国家"②。强国生产力水平较高，主要生产附加值高的工业品，而外围生产力水平偏低，主要出口原材料和生产农产品。在这种垂直分工下，工业品和农产品的贸易使剩余价值从边缘的农业国转移到中心的工业国，造成两极的日益分化。

3. 帝国主义是金融资本的政策

布哈林认为，帝国主义是金融资本的政策。对于帝国主义和金融资本之间的关系，布哈林从多个方面进行了论述，其主要观点为：

第一，生产的集中与垄断加速了金融资本的出现。

在布哈林看来，世界经济的变化是由垄断的形成引起的，而资本家垄断组织的形成过程是资本积聚与集中过程的逻辑和历史的延续。积聚是由资本所生产的剩余价值的资本化引起的资本的增长，而集中则是单个资本的合并，从而形成一个新的、更庞大的单个资本。积聚和集中二者相互促进，资本积聚加速了大企业对小企业的兼并，而资本的集中又促进了单个资本的增大，从而能在更大的规模上生产剩余价值并加速资本积聚的过程。从整个社会范围来看，生产的集中与积聚的全部过程趋于使整个"国民"经济成为所有生产部门间有组织联系的一个统一的联合企业，同时也使银行资本加速向工业渗透，资本从而转变为金融资本。③

第二，帝国主义是金融资本的征服政策。

布哈林指出，帝国主义是金融资本的产物，金融资本只能实行帝国主义政策。帝国主义的职能是：支撑金融资本的结构；使全世界服从于金融资本的统治；以金融资本的生产关系代替古老的前资本主义生产关系和旧的资本主义的生产关系。④

---

① 参见尼·布哈林《世界经济和帝国主义》，蒯兆德译，中国社会科学出版社1983年版，第101页。
② 同上书，第51页。
③ 同上书，第91—92页。
④ 同上书，第88页。

这种政策一方面使用暴力的方法扩张国家领土，为卡特尔开辟原料市场、扩大销售市场和投资范围；另一方面采用保护性的关税政策抑制外国的竞争，获得超额利润。其目的都在于提高垄断组织的利润率。通过这种方式，各个私有的"国民"经济成为几乎扩及全人类的、无所不包的劳动过程的组成部分。但是，获取权却具有"民族的"（或国家的）性质，其受益者是金融资本的资产阶级的国家大公司。正因此，作为资本主义垄断组织之表现的金融资本，不可能放弃垄断"势力范围"政策，也就是攫取销售市场、原料市场与投资范围的政策。①

第三，资本输出的规模和重要性大大增加。

资本输出可分为两大类：一类是产生利润的资本输出，另一类是产生利息的资本输出。布哈林指出，从现代资本组织形式的扩展的观点来看，资本输出不过是大国的垄断企业对新的投资范围的攫取和垄断化，或者是——把这个过程看成一个整体——有组织的"民族"工业、"民族"金融资本对新的投资范围的攫取和垄断化罢了。近年来，资本输出的重要性日益增加，规模也日趋扩大，这是因为资本输出是金融集团实现其经济政策最便利的方法，它能最容易地征服新领土。也正因此，各国间竞争的尖锐化在这里表现得最为明显。②

第四，金融资本的统治还意味着军国主义。

在金融资本主义时代，竞争的加剧和资本的不断集中导致了国家资本主义托拉斯的形成。随之而来的是，竞争几乎完全移向国外，国家政权的作用因而大大加强，其重要性全面增长，最突出的表现就是国家的军事组织，即海陆军的扩充。国家资本主义托拉斯之间的斗争，首先取决于它们的军事实力对比，因为一国的军事实力是斗争中的"民族"资本家集团所凭借的最后手段。在迅速增长的国家预算中，"防务费用"（军国主义化的饰词）所占比重愈益扩大。

随着国家政权重要性的增长，其内部结构也发生了变化。现在国家比以往任何时候越发成为"资产阶级的管理委员会"。"民主主义"和"自由主义"的思潮已经被现代帝国主义公开的君主制趋向所取代，"强权"

---

① 参见尼·布哈林《世界经济和帝国主义》，蒯兆德译，中国社会科学出版社1983年版，第40页。

② 同上书，第77页。

已经成为现代资产阶级的理想。①

4. 帝国主义无法解决资本主义结构的内在矛盾

布哈林指出，资本主义的全部发展过程，不过是资本主义的各种矛盾在愈来愈扩大的基础上继续不断的再生产过程。至于世界经济的未来，只要它还是资本主义经济，就不会克服它内在的不适应性。相反，它将在愈来愈大规模的基础上继续再生产这种不适应性。②

尽管资本主义采取了帝国主义政策，并空前地扩大了军国主义的势力，通过领土扩张等为资本寻求更大的利润空间，但资本主义结构的内在矛盾并未得到解决。

布哈林指出，现在唯命是从的人民群众，必将在政治生活中觉醒，通过变帝国主义战争为反对资产阶级的国内战争，来冲破帝国主义战争的阵线。因此，资本主义尽管使生产的积聚达到了空前高度，并且创造了一个集中化的生产机构，但同时也就为它自身准备了队伍庞大的掘墓人。③ 在阶级的大冲突中，金融资本的专政就要被革命的无产阶级的专政所取代。"资本主义私有制的丧钟就要响了。剥夺者就要被剥夺了"④。

布哈林的帝国主义理论是在世界范围内把资本主义作为一个完整的经济体系来进行研究，从世界经济的内在逻辑去探寻帝国主义形成的原因及其本质，因而，更能从整体上把握帝国主义的特征及其本质。正因此，列宁对布哈林的帝国主义理论进行了高度评价，在为布哈林的《世界经济和帝国主义》一书所作的序言中，列宁指出："布哈林这本书的科学意义特别在于：他考察了世界经济中有关帝国主义的基本事实，他把帝国主义看成一个整体，看成极其发达的资本主义的一定的发展阶段。"⑤

二 列宁的帝国主义理论

列宁在批判和借鉴上述帝国主义理论的基础上，运用马克思主义的立

---

① 参见尼·布哈林《世界经济和帝国主义》，蒯兆德译，中国社会科学出版社1983年版，第101页。
② 同上书，第113页。
③ 同上书，第138页。
④ 《马克思恩格斯选集》第2卷，人民出版社1995年版，第269页。
⑤ 转引自尼·布哈林《世界经济和帝国主义》"序言"，蒯兆德译，中国社会科学出版社1983年版，第2页。

场、观点和方法对帝国主义进行了科学分析，对帝国主义的经济根源、本质特征和历史命运等进行了系统的阐释。

（一）帝国主义的含义

对于何为帝国主义，列宁之前的学者多是将其定义为一种政策。布哈林等人尽管将帝国主义看作发达的资本主义的一定的发展阶段，但在对帝国主义进行论述的过程中，也将帝国主义作为金融资本的一种征服政策。

在对前人进行批判的基础上，列宁明确地将帝国主义与资本主义的发展阶段联系起来。他指出，"帝国主义是资本主义的垄断阶段"，它"是作为一般资本主义基本特性的发展和直接继续而生长起来的。但是，只有在资本主义发展到一定的、很高的阶段，资本主义的某些基本特性开始转化成自己的对立面，从资本主义到更高级的社会经济结构的过渡时代的特点已经全面形成和暴露出来的时候，资本主义才变成了资本帝国主义。在这一过程中，经济上的基本事实，就是资本主义的自由竞争为资本主义的垄断所代替"[1]。他还指出："帝国主义是垄断的资本主义。每个卡特尔、托拉斯、辛迪加以及每家大银行，都是一种垄断组织。"[2]

通过这一定义，列宁明确指出了帝国主义是资本主义的一个发展阶段，而且揭示了帝国主义的经济基础和实质是垄断，与帝国主义政策论划清了界限。

（二）帝国主义的经济实质

马克思曾经对资本主义作了理论上和历史上的分析，证明了自由竞争会引起生产集中，而生产集中发展到一定阶段，就会引起垄断。列宁则进一步指出，垄断现在已经成为事实，生产集中引起垄断是资本主义发展现阶段一般的和基本的规律。

列宁认为，"帝国主义最深厚的经济基础就是垄断"[3]。他指出，垄断组织的发展可以分为三个阶段：第一阶段是19世纪60年代和70年代，是自由竞争发展的顶点即最高阶段。此时，垄断组织还处于萌芽状态。第

---

[1] 《列宁选集》第2卷，人民出版社1995年版，第650页。
[2] 同上书，第714页。
[3] 同上书，第660页。

二阶段是 1873 年危机后，卡特尔经历了一段很长的发展时期，但此时卡特尔还不稳固，只是一种暂时现象。第三阶段是 19 世纪末垄断组织的高涨和 1900—1903 年的危机，这时卡特尔成了全部经济生活的基础之一，资本主义转化为帝国主义。①

在帝国主义阶段，"大规模的垄断代替了自由竞争。极少数资本家有时能把一些工业部门整个集中在自己手里；这些工业部门转到了往往是国际性的卡特尔、辛迪加、托拉斯等联合组织的手里。因此，垄断资本家不仅在个别国家内，而且在世界范围内，在金融方面、产权方面、部分地也在生产方面，控制了整个整个的工业部门"②。

(三) 帝国主义的基本特征

在论述帝国主义的定义和经济实质的过程中，列宁进一步阐述了帝国主义的基本特征，更加详尽地分析了帝国主义的性质及其形成和发展的社会经济基础。

在《帝国主义是资本主义的最高阶段》中，列宁将帝国主义的特征归结为五个方面：

1. 生产和资本的集中发展到这样高的程度，以致造成了在经济生活中起决定作用的垄断组织

列宁指出，资本主义最典型的特点之一就是工业蓬勃发展，生产集中于愈来愈大的企业的过程进行得非常迅速。③ 到帝国主义阶段，"集中已经达到了这样的程度，可以对本国的，甚至像下面所说的，对许多国家以至全世界所有的原料来源（例如蕴藏铁矿的土地）作出大致的估计。现在不但进行这样的估计，而且这些来源完全操纵在一些大垄断同盟的手里。这些同盟对市场的容量也进行大致的估计，并且根据协议'瓜分'这些市场。它们垄断熟练的劳动力，雇用最好的工程师，霸占交通线路和交通工具，如美国的铁路、欧美的轮船公司"④，"现在已经不是小企业同大企业、技术落后的企业同技术先进的企业进行竞争。现在已经是垄断者

---

① 《列宁选集》第 2 卷，人民出版社 1995 年版，第 589—590 页。
② 《列宁全集》第 39 卷，人民出版社 1986 年版，第 206 页。
③ 参见《列宁选集》第 2 卷，人民出版社 1995 年版，第 584 页。
④ 同上书，第 592—593 页。

在扼杀那些不屈服于垄断、不屈服于垄断的压迫和摆布的企业了"①。正是由于垄断在经济社会生活中起着决定作用,因此列宁指出垄断正是"资本主义发展的最新阶段"的最新成就。

2. 银行资本和工业资本已经融合起来,在这个"金融资本的"基础上形成了金融寡头

希法亭曾经对金融资本作过定义,他认为金融资本就是由银行支配而由工业家运用的资本。列宁指出,这个定义不完全的地方在于它没有指出最重要的因素之一,即生产和资本的集中发展到了会导致而且已经导致垄断的高度。他指出:"生产的集中;从集中生长起来的垄断;银行和工业日益融合或者说长合在一起,——这就是金融资本产生的历史和这一概念的内容。"②

列宁认为,生产的集中必然导致垄断,这不仅指工业资本的集中和垄断,还包括银行的集中和垄断。随着二者垄断的加剧,工业资本和银行资本也出现了融合趋势,这主要表现在:银行同最大的工商企业进行所谓的人事结合,通过互相占有股票及互任对方的监事(或董事)的方式日益融合起来,同时,银行和工业企业还与政府进行"人事结合"。因此,银行资本一方面和工业资本日益融合起来,另一方面,银行也日益发展成为具有真正万能性质的机构。在这种情况下,就出现了金融寡头。所谓的金融寡头,就是指掌握金融资本的少数最大的垄断资本家,他们在经济上通过"参与制"等方式来控制企业,即利用掌握一定股权的方式对企业加以层层控制。③

3. 和商品输出不同的资本输出具有特别重要的意义

列宁指出,对自由竞争占完全统治地位的旧资本主义来说,典型的是商品输出。对垄断占统治地位的最新资本主义来说,典型的则是资本输出。④

在垄断资本主义阶段,资本输出具有必然性。这一方面是因为生产集中和垄断使垄断企业能够将劳动人民创造的剩余价值更多地转化为垄断利润,从而使国内市场相对狭小,形成大量的"过剩资本";另一方面,垄断资本凭借发达的交通工具和竞争能力,将垄断优势扩展至国际市场,成

---

① 参见《列宁选集》第 2 卷,人民出版社 1995 年版,第 593 页。
② 同上书,第 613 页。
③ 同上书,第 607—620 页。
④ 同上书,第 626 页。

为全世界的剥削者,这也加速了资本积累,使资本更加过剩。因此,为获取更高的利润率,这些所谓的"过剩资本"必然要通过资本输出这一途径寻找更有利的投资场所。

4. 瓜分世界的资本家国际垄断同盟已经形成

随着垄断的发展和资本输出的加剧,资本的国际化过程和垄断组织向国际化发展的趋势也日渐增强。在资本主义进入垄断阶段后,"社会的生产力和资本的规模业已超出单个民族国家的狭隘范围。这一切促使大国竭力去奴役其他民族,去抢夺殖民地作为原料来源和资本输出场所。整个世界正在融合为一个单一的经济机体"①,而且,"在资本主义制度下,国内市场必然是同国外市场相联系的。资本主义早已造成了世界市场。所以随着资本输出的增加,随着最大垄断同盟的国外联系、殖民地联系和'势力范围'的极力扩大,这些垄断同盟就'自然地'走向达成世界性的协议,形成国际卡特尔"②。

5. 最大资本主义大国已把世界上的领土瓜分完毕

列宁指出,资本主义向垄断资本主义阶段的过渡,即向金融资本的过渡,是同瓜分世界的斗争的尖锐化联系着的。③ 在金融资本的基础上生长起来的非经济的上层建筑,即金融资本的政策和意识形态,加强了夺取殖民地的趋向。④ 到20世纪初,帝国主义已经完成了极少数国家对世界的瓜分,其中每个国家都剥削着"全世界"的一部分;每一个国家都由于托拉斯、卡特尔、金融资本以及债权人对债务人的关系等等而在世界市场上占有垄断地位;每个国家都在一定程度上拥有殖民地垄断权。

因此,列宁总结道,帝国主义是发展到垄断组织和金融资本的统治已经确立、资本输出具有突出意义、国际托拉斯开始瓜分世界、一些最大的资本主义国家已把世界全部领土瓜分完毕这一阶段的资本主义。⑤

(四) 帝国主义的腐朽性、寄生性和垂死性

在剖析帝国主义的本质和基本特征的基础上,列宁进一步揭示了帝国

---

① 《列宁全集》第26卷,人民出版社1988年版,第294页。
② 《列宁全集》第27卷,人民出版社1990年版,第381页。
③ 参见《列宁选集》第2卷,人民出版社1995年版,第641页。
④ 同上书,第647页。
⑤ 同上书,第651页。

主义的腐朽性。由于帝国主义最深厚的经济基础是垄断，这种垄断也同任何垄断一样，必然产生停滞和腐朽的趋向。这是因为，垄断价格的制定在一定程度上阻碍了技术进步，垄断资本家所关心的不再是发展生产技术，而是如何维持他的垄断地位和垄断价格。为了达到这一目的，垄断资本甚至会人为地阻碍技术的进步，因为新技术的发明和应用，会使原有的固定资本贬值，同时增加竞争对手，使垄断价格难以维持。尽管垄断决不能完全地、长久地排除世界市场上的竞争，也不可能完全阻碍技术的改良和进步，但垄断所固有的停滞和腐朽的趋势仍旧会发生作用，而且在某些工业部门，在某些国家，在一定时期内，这种趋势还占上风。

与这种腐朽性直接相连的是帝国主义的寄生性。列宁指出："帝国主义就是货币资本大量聚集于少数国家，其数额，如我们看到的，分别达到1000—1500亿法郎（有价证券）。于是，以'剪息票'为生，根本不参与任何企业经营、终日游手好闲的食利者阶级，确切些说，食利者阶层，就大大地增长起来。帝国主义最重要的经济基础之一——资本输出，更加使食利者阶层完完全全脱离了生产，给那种靠剥削几个海外国家和殖民地的劳动为生的整个国家打上了寄生性的烙印"[1]，"在世界上'贸易'最发达的国家，食利者的收入竟比对外贸易的收入高4倍！这就是帝国主义和帝国主义寄生性的实质"[2]。

帝国主义的腐朽性和寄生性也决定了它的垂死性。列宁指出，帝国主义是垂死的资本主义，向社会主义过渡的资本主义，因为从资本主义中成长起来的垄断已经是资本主义的垂死状态，是它向社会主义过渡的开始。[3] 也正是在这一基础上，列宁指出，帝国主义是资本主义的特殊历史阶段，这种特殊性表现在三个方面：帝国主义是垄断的资本主义；帝国主义是寄生的或腐朽的资本主义；帝国主义是垂死的资本主义。[4]

（五）帝国主义的历史地位

在对帝国主义进行了详细分析之后，列宁揭示了帝国主义的历史地

---

[1] 《列宁选集》第2卷，人民出版社1995年版，第661页。
[2] 同上书，第662页。
[3] 同上书，第706页。
[4] 同上书，第704页。

位，指出"帝国主义是过渡的资本主义"①，这是由帝国主义的基本矛盾所决定的。作为资本主义垄断阶段的帝国主义，不仅没有克服资本主义的固有矛盾，反而使所有的矛盾进一步尖锐化。这主要表现在以下几个方面：

首先，垄断组织对经济和政治生活的全面统治加剧了帝国主义国家内部无产阶级和资产阶级的矛盾。垄断资产阶级为了攫取更多的利润，日益加重了对无产阶级和劳动人民的剥削，从而使无产阶级的生活更加贫困，也使他们日益觉醒并认识到社会主义革命的必然性。同时，垄断竞争的加剧也使许多中小资本的利益受到严重损害，从而加强了反抗垄断资本的力量。

其次，帝国主义国家之间的矛盾加剧。由于世界领土已经瓜分完毕，帝国主义列强为了争夺原料产地、投资场所、销售市场和世界霸权，必将导致帝国主义国家之间的冲突此起彼伏，使其矛盾加剧。而且，帝国主义列强间的冲突必然导致资本主义国家普遍加强军备，实行国民经济军事化，从而会破坏资本主义国家内部的经济秩序，加剧其国内的经济矛盾和社会矛盾。

再次，殖民地和帝国主义之间的矛盾加剧。为缓解国内的各种矛盾，更多地榨取剩余价值，帝国主义必然会通过经济、政治和军事等手段加强对殖民地的控制，阻碍这些国家的发展和独立，使其变为帝国主义的经济附庸。这就会加剧殖民地和帝国主义列强间的矛盾，并促使这些国家的民族、民主运动的高涨。

正是由于这些矛盾不仅无法得以解决，反而进一步加剧，因此，帝国主义注定了是过渡的资本主义，是向更高的社会经济形态——社会主义过渡的资本主义。而且，垄断资本主义或帝国主义的形成与发展，也为社会主义革命创造了更有利的条件：生产的集中和垄断使生产社会化的程度进一步提高，为社会主义革命和向社会主义过渡准备了更好的社会经济和物质技术基础；同时，帝国主义各种冲突的加剧为社会主义革命创造了更有利的条件。因此，列宁指出，"帝国主义是无产阶级社会革命的前夜"。②帝国主义的社会经济矛盾表明，私有经济关系和私有制关系已经变成与内容不相适应的外壳了，它终究不可避免地要被消灭。

---

① 《列宁选集》第2卷，人民出版社1995年版，第686页。
② 同上书，第582页。

三 列宁帝国主义论的意义

列宁通过对垄断资本主义的政治经济等各方面的关系及矛盾进行深入研究，运用马克思主义的立场观点和方法进行科学的分析，对帝国主义进行了科学的定义，并详细阐释了帝国主义的经济基础、基本特征及历史命运等，创立了科学的帝国主义理论。帝国主义论的创立不仅从理论上丰富和发展了马克思主义，而且在实践上对20世纪后的社会主义革命和"二战"后的民族独立运动等都起到了重要的指导作用。

（一）列宁帝国主义论对马克思主义的丰富和发展

马克思和恩格斯曾经指出生产、资本集中和垄断的趋向，但由于他们生活的时代还处于自由竞争资本主义时期，对垄断资本主义不可能进行系统的分析。因此，列宁对垄断资本主义和帝国主义的特征、实质、基本矛盾及其历史命运的分析，丰富和发展了马克思和恩格斯的理论，使马克思主义关于资本主义发展阶段、资本主义历史命运等方面的理论更为系统。

1. 对资本主义发展阶段的丰富与发展

马克思和恩格斯通过对资本主义社会经济发展规律的分析，已经认识到资本主义社会必然向垄断发展的趋势，并结合当时资本主义国家出现的一些垄断现象，对垄断资本主义的一些问题作出了科学分析。

马克思在《资本论》第1卷中研究资本积累时就指出，资本家为提高劳动生产率，必然不断扩大生产规模，从而造成生产集中的趋势。为拥有更多的资本用于生产集中，资本家通过股份公司等形式把资本集中起来。在资本和生产都不断集中的情况下，资本主义必然走向垄断。

在《资本论》第3卷中，马克思进一步指出，信用会进一步促进资本主义生产的发展和资本的集中。在信用基础上产生的股份公司会使资本主义生产关系发生重大变化，由集中产生的垄断甚至会采取国家垄断的形式。[①]

在马克思去世后，恩格斯进一步对资本主义垄断进行了研究和分析。他认为托拉斯是垄断的高级形式，在托拉斯中，自由竞争转为垄断，反映

[①] 参见《资本论》第3卷，人民出版社1975年版，第492—499页。

了资本主义社会的无计划生产向行将到来的社会主义社会的计划生产投降。而在当时资本主义国家中，已出现一些大型的托拉斯，在英美等国家，托拉斯"力图至少把一个生产部门的全部大企业联合成一个握有实际垄断权的大股份公司"①。

尽管马克思和恩格斯对资本主义垄断提出了许多科学论断，但是，由于垄断资本主义这个特殊的历史阶段在他们生前并未到来，因此，对这一阶段他们并不能作出全面系统的理论分析，而列宁则在继承了马克思和恩格斯基本理论的基础上，结合新的现实，运用唯物辩证法，对资本主义垄断阶段从理论上进行了丰富和发展。

列宁结合19世纪末20世纪初资本主义的发展状况，对资本主义由自由竞争向垄断资本主义的发展进行了科学分析，并对垄断资本主义这一阶段的特征、基本矛盾等进行了全面系统的分析，提出帝国主义是资本主义发展的最高阶段，是过渡的资本主义、垂死的资本主义，是社会主义的入口、无产阶级革命的前夜等论断。他将资本主义垄断阶段分为私人垄断资本主义阶段和国家垄断资本主义阶段，并认为"国家垄断资本主义是社会主义的最充分的物质准备，是社会主义的前阶"②。

2. 对社会主义革命条件的丰富和发展

马克思和恩格斯在对资本主义基本矛盾及社会发展规律进行分析的基础上，提出了"两个必然"的观点，认为资产阶级的灭亡和无产阶级的胜利是同样不可避免的。但他们根据当时世界尤其是西欧国家的社会经济状况，认为，社会主义革命只能在全部或大部分发达的资本主义国家同时爆发才能取得胜利。

列宁则在对当时的美国、日本、欧洲等帝国主义国家的社会经济状况进行分析的基础上指出，"经济和政治发展的不平衡是资本主义的绝对规律"③。进入垄断资本主义阶段后，资本主义的不平衡发展更趋严重。这种不平衡性一方面会引起后起的资本主义国家与老牌资本主义强国之间在争夺世界霸权、掠夺殖民地方面的摩擦和冲突加剧，另一方面也会导致资本主义体系薄弱环节的出现，并最终使资本主义走向瓦解。因此，列宁认

---

① 《资本论》第1卷，人民出版社1975年版，第688页。
② 《列宁选集》第3卷，人民出版社1995年版，第266页。
③ 《列宁专题文集——论社会主义》，人民出版社2009年版，第4页。

为，通过资本主义发展的不平衡必然会得出一个结论："社会主义不能在所有国家内同时获得胜利。它将首先在一个或者几个国家内获得胜利，而其余的国家在一段时间内将仍然是资产阶级的或资产阶级以前的国家。"①

不仅如此，"在先进国家无产阶级的帮助下，落后国家可以不经过资本主义发展阶段而过渡到苏维埃制度，然后经过一定的发展阶段过渡到共产主义"②。列宁的这一论断丰富和发展了马克思主义关于社会主义革命条件的理论，为落后国家进行社会主义革命提供了理论支持。

3. 对帝国主义战争与无产阶级革命关系的丰富与发展

马克思和恩格斯在阐述人类社会形态的更替以及社会主义取代资本主义这一社会发展规律时，更多的是通过每一社会形态内部生产力发展水平及其与生产关系之间的矛盾冲突来论述的。而在进入垄断资本主义阶段后，帝国主义战争成为资本主义发展过程中的一个重要组成因素，因此，这种战争与无产阶级革命间的关系就成为研究资本主义的历史命运及社会主义革命条件的重要元素。

在列宁所处的时代，由于金融资本和托拉斯进一步加强了世界经济各个部分在发展速度上的差异，导致了各帝国主义列强间实力对比发生变化，因此，列宁首先指出了帝国主义战争的必然性："在资本主义基础上，要消除生产力发展和资本积累同金融资本对殖民地和'势力范围'的瓜分这两者之间不相适应的状况，除了用战争以外，还能有什么其他办法呢？"③

其次，根据列宁的理论，帝国主义的战争在给本国和世界人民带来灾难的同时，也会使各帝国主义国家统治者的力量大大削弱，这就为无产阶级革命提供了有利时机，"在战争造成的全世界的经济破坏的基础上，世界革命危机日益发展，这个危机不管会经过多么长久而艰苦的周折，最后必将以无产阶级革命和这一革命的胜利而告终"④。

（二）列宁帝国主义论的实践意义

列宁的帝国主义论不仅从理论上丰富和发展了马克思主义，而且在社

---

① 《列宁选集》第 2 卷，人民出版社 1995 年版，第 722 页。
② 《列宁全集》第 39 卷，人民出版社 1986 年版，第 233 页。
③ 《列宁选集》第 2 卷，人民出版社 1995 年版，第 660 页。
④ 同上书，第 579 页。

会主义运动史上也起到了重要作用。

1. 有力批判了当时的修正主义和改良主义

在列宁的帝国主义论出现前，许多马克思主义学者曾经对帝国主义进行了论述，但他们对帝国主义的论述都存在着一些缺陷。而当时的一些理论家如考茨基等人则将帝国主义的政治同经济割裂开，将帝国主义解释为金融资本比较偏好的政策，而不是从垄断这一经济实质来分析帝国主义，从而滑入了资产阶级改良主义的深渊。在资产阶级改良主义看来，由于托拉斯企业和国家垄断组织具有一定的计划性，因此，国家垄断资本主义已经不是资本主义，而可以称之为"国家社会主义"或"军事社会主义"。同时，许多资产阶级的辩护士也在为帝国主义进行辩护，认为帝国主义是现代资本主义，资本主义的发展是不可避免的和进步的，因此帝国主义也是进步的。

在这种情况下，列宁通过对帝国主义的系统分析，指明了国家垄断资本主义尽管是一种高度社会化的社会组织形式，但其性质要由国家政权和生产资料所有制的性质来决定。而托拉斯尽管有一定的计划性，但在资本主义制度下，这种计划性并不能改变工人受剥削的地位，也不能改变社会的性质。[①]

2. 为落后国家实行社会主义革命提供了理论支持

列宁关于社会主义革命可能在资本主义链条最为薄弱的环节爆发并取得胜利的理论为落后国家进行无产阶级革命提供了理论支持。俄国十月革命的胜利和中国等国家的无产阶级革命都是以列宁主义作为其重要的理论基础的，而这些国家革命的胜利也证明了列宁帝国主义学说的正确性。

3. 为人们认识帝国主义的新发展提供了科学的方法

第二次世界大战后，随着民族独立运动的兴起和帝国主义殖民体系的瓦解，资本主义发达国家改变了方式，通过经济殖民主义使发展中国家成为其经济附庸。但，列宁的帝国主义论并未过时，它对帝国主义经济实质、特征的描述在许多方面都仍然存在，而且有所加剧。譬如，从帝国主义的经济实质来看，列宁指出，帝国主义的经济实质是垄断，而进入新帝国主义阶段，垄断这一本质特征并没有消失，相反，随着资本主义由国家垄断资本主义向国际垄断资本主义发展，垄断的规模和影响力都不断扩大，这就决定了新帝国主义的本质并没有发生根本性的变化。

---

① 参见《列宁全集》第32卷，人民出版社1985年版，第216—217页。

同时，列宁研究帝国主义所采取的方法等也仍然是我们正确认识"二战"后尤其是冷战后新帝国主义的发展的方法。列宁的帝国主义论是在坚持唯物辩证法的基础上得出的科学理论，是通过对帝国主义的各种表象进行全面客观的把握，在此基础上通过科学抽象法，正确分析其本质和发展规律得出的。只有在这种正确方法的指导下，我们才能正确认识新帝国主义的实质，把握其与传统的帝国主义的区别与联系，并最终正确认识其发展趋势和历史命运。

第一，全面客观性。按照马克思的辩证法，对事物不能作孤立的、片面的、歪曲的考察，要正确认识事物，就要对事物进行客观全面的观察，而不能只看个别事例或某些枝节问题。

第二，透过现象揭示本质。人们对事物的认识过程，就是由简单到复杂、由现象到本质的不断深化的过程。列宁通过对帝国主义各种现象的研究，揭示了垄断是帝国主义的经济基础和实质。正是通过这种对隐藏在各种表象背后的事物的本质的正确把握，列宁才能对帝国主义有科学的认识。

第三，科学抽象法。列宁通过全面客观地考察帝国主义，搜集了丰富的资料，并对其进行了科学的抽象，从而正确理解了帝国主义的本质及其五大基本特征。

第四，对立统一规律。对立统一规律是马克思主义唯物辩证法的核心，它表明，事物中存在着矛盾的倾向。列宁根据这一规律，对帝国主义一些重要方面的对立统一关系进行了分析，如自由竞争和垄断、生产力的发展与停滞、资本主义的发展与垂死等。正是在对这些矛盾的科学把握的基础上，列宁指明了帝国主义面临内外不可调和的矛盾，最终必然被社会主义所代替。

当然，在认识到列宁帝国主义论的当代意义的同时，我们也应看到，当代资本主义的发展在证明列宁提出的"帝国主义是资本主义发展的最高阶段"论断的科学性的同时，也证明垄断资本主义是一个仍在发展的、需要继续进行深入研究的历史时期。垄断资本主义作为资本主义发展的最高阶段，作为由资本主义向社会主义过渡的阶段，也有一个从低级到高级的发展过程。进入20世纪80年代以后，随着经济全球化的迅猛发展和以信息技术为核心的交通和通信技术的发展，整个世界经济出现了开放化、自由化和全球化的趋势，各种形式的跨国公司、多国公司和国家垄断同盟迅猛发展，并在全球经济中占据了主导和支配地位。在这一变化过程中，垄断资本迅速向全球扩张，形成了跨国垄断资本，资本的民族性日益模糊，国家在控制垄断资本方面的作用也有所削弱。在这种情况下，是否还能用"国家垄断资本主义"来界定当前的发展阶段，在国家垄断资本和社会主义之间是否存在"中间级"，这些都需要我们加以深思。同时，列宁所论述的帝国主义五大基本特征现在是否仍然继续适用；哪些特征发生了变化，又增加了哪些新的特征；在这些新特征的基础上，帝国主义的历史命运究竟如何——这些问题都需要我们运用马克思主义的基本立场、观点和方法尤其是列宁对帝国主义研究所采用的上述方法对"二战"后新帝国主义的形成与发展进行科学分析，才能得出正确的结论。

第二章

新帝国主义的兴起

第二次世界大战后,随着民族解放运动的开展和旧殖民主义体系的土崩瓦解,"帝国主义"这一名词已越来越被人们所淡忘。然而,20世纪80年代以来,西方发达资本主义国家借助全球化浪潮,通过跨国公司在全球的经营活动和金融资本在全球的流动,使发展中国家成为它们取得廉价生产要素及获得超额剩余价值的场所,以经济殖民主义为特征的新帝国主义卷土重来。对于这一现象,许多学者以"后殖民主义"、"公司帝国主义"、"文化帝国主义"、"新帝国主义"或"霸权主义"来形容,认为资本主义已发展到了一个新的阶段。而西方右翼学者和政客为了替发达资本主义国家的经济控制和武力干涉行为作辩护,也抛出了"新帝国主义论"。在这一阶段,帝国主义从表象上看,已经与列宁在《帝国主义是垄断资本主义的最高阶段》中所作的论述出现了很大的不同,最明显的是,随着时代的发展,帝国主义已不再采取赤裸裸的占有殖民地等方式,与传统的殖民帝国主义相比,新帝国主义采取的方式更为隐蔽,但借助于强大的经济和政治势力,其影响力更加深远。因此,如何正确认识新帝国主义产生的历史必然性、帝国主义的新变化及其对世界格局的影响就成为世界社会主义运动中的一个重要课题。

一 新帝国主义兴起的历史背景

新帝国主义的产生是与20世纪70年代后尤其是进入20世纪90年代后世界的经济、政治形势的变化分不开的。正是由于帝国主义活动的社会背景发生了变化,因此各发达国家才不得不适应时代的发展,改变其具体的策略,以继续维持对发展中国家的剥削与控制。因此,在阐释新帝国主义的具体细节之前,我们有必要对新帝国主义兴起的历史背景进行分析。

（一）殖民体系的瓦解使传统的帝国主义方式失去存在的基础

第二次世界大战以前，西方列强凭借其强大的军事实力，在世界各地瓜分殖民地和势力范围，直接控制殖民地的经济、政治，使其变为它们的商品倾销地、原料供应地和投资场所，从而获取惊人的垄断利润。

在论及这一段的历史时，霍布森曾指出，英国在1884—1900年这一段领土"扩张"时期夺得了370万平方英里的土地和5700万人口，法国夺得了360万平方英里的土地和3650万人口，德国获得了100万平方英里的土地和1470万人口。广阔的殖民地为西方国家的工业化发展提供了资金和原料。在帝国主义的长期掠夺下，发达国家与亚非拉国家的收入差距日益拉大。据估计，19世纪中期，发达国家人均国民收入为350美元，不发达国家为50美元，两者之比为7:1；到20世纪中期，发达国家的人均国民收入已跃升至1400美元，而不发达国家仅提高为75美元，两者的差距扩大至18.7:1。[①]

"二战"后，发展中国家取得了政治上的独立，从而为它们在形式上摆脱对帝国主义的依附、争取国内经济发展和对外经济关系的独立自主创造了前提。在独立后，各发展中国家逐渐消除帝国主义和殖民主义施加的影响，收回了海关、货币发行和资源开发等方面的主权，从而可以把国家经济命脉掌握在自己手中，独立发展经济。在这种情况下，传统的瓜分殖民地的方式已不能适应新的形势，对于西方发达国家来说，为了维持发展中国家的弱势地位，必须改变策略，以表面上合理公平的经济方式代替传统的殖民占有形式。

尽管殖民体系的瓦解使传统的帝国主义方式失去了存在的基础，然而独立后的发展中国家的经济状况又为新形式的经济殖民主义提供了条件。从总体上来看，发展中国家在独立之初，在经济上对发达国家有严重的依赖，这主要表现在资金、市场和技术等方面。

在资金方面，发展中国家普遍缺乏建设资金，需要发达国家以国际援助、低息贷款和跨国公司的直接投资等方式来缓解发展中国家的资金缺口。然而，这些援助或投资并不是单纯的经济目的，而是附加了政治方面

[①] 转引自黄素庵、甄炳禧《重评当代资本主义经济》，世界知识出版社1996年版，第364—365页。

的企图。如美国在20世纪50年代、60年代的对外援助是军事目的与经济目的相结合,通过援助使这些地区免受或少受共产主义的影响,加强对受援国的控制,以维护所谓的国家安全。对此,杜鲁门执政期间的美国国务卿迪安·艾奇逊就曾公开指出:"经济援助和技术援助必须足以支持军事计划,解决某些单单依靠武器无法防卫的力量薄弱方面的根本问题。"[①]

在市场方面,发展中国家和发达国家对市场的需求是双向的。对发达国家而言,在大规模机器生产开始以后,紧紧依靠本国的自然资源和市场已无法满足需要,必须通过商品的全球交换来扩大资本的活动空间,缓解国内资本过剩和市场狭小的状况,实现资本的不断增值。马克思曾精辟地指出,"对外贸易的扩大,虽然在资本主义生产方式的幼年时期是这种生产方式的基础,但在资本主义生产方式的发展中,由于这种生产方式的内在必然性,由于这种生产方式要求不断扩大市场,它成为这种生产方式本身的产物"[②],"资本主义生产离开对外贸易是根本不行的"[③]。然而,在发达国家与发展中国家的贸易中,由于发展中国家的产品多为没有品牌竞争优势的初级产品,且主要市场是发达国家,因此,发达国家可以利用其优势地位使发展中国家接受不公平的贸易条件,通过不平等交换等经济方式掠夺发展中国家的财富。

在技术方面,世界科技力量和科研成果主要被西方发达国家所控制。如日本高新技术产业部门的产值在2000年占国民生产总值的20%左右。而广大发展中国家,特别是一些落后的非洲国家还处于农业经济时代,尚未完成从农业社会向工业社会的转变。即使对一些发展较快的国家或地区而言,其科学技术基础仍然非常薄弱。对此,美国斯坦福大学经济学家克鲁格曼就在《亚洲经济的神话》中提出"亚洲经济是纸老虎"的观点,认为亚洲经济尽管发展较快,但这种增长是由高投入产生的,这种"驱动型经济"是不会持久的。正是在这种巨大的科技差距下,西方发达国家可以通过技术转让获得大批的利润,同时可通过对某些核心技术的控制来使发展中国家长期在某些领域依附于发达国家。

---

① 转引自[美]罗伯特·沃尔特斯《美苏援助对比分析》,陈源、范坝译,商务印书馆1974年版,第18—19页。

② 《资本论》第3卷,人民出版社1975年版,第264页。

③ 《资本论》第2卷,人民出版社1975年版,第528页。

（二）苏东剧变使世界社会主义和资本主义的力量对比发生变化

"二战"结束后，随着苏联力量的强大以及民族解放运动在全球的兴起，世界社会主义力量获得了极大的发展，并对资本主义体系构成了巨大的威胁。作为社会主义力量领头羊的苏联，在20世纪70年代之前保持了经济的高速增长，其国民收入年增长率在1952—1955年曾经达到11.5%，即使是增长较为缓慢的1971—1975年间，经济增长率也达到了5.7%。在保持强劲经济增长的同时，苏联进一步加强了军事装备，因而不仅在经济上不逊于发达资本主义国家，同时在军事上也对资本主义国家构成了巨大的威胁。尽管在20世纪70年代中期以后，苏联的经济增长速度开始逐渐减缓，但作为一个社会主义大国，它对资本主义体系的威胁并没有消除。

由于社会主义力量的不断加强，加之资本主义内部的矛盾已积累到一定程度，从而使其经济发展受到严重阻碍，许多人对社会主义产生了兴趣，"许多事业受到萧条障碍的人，都转向'科学社会主义'之父去获得鼓舞"[1]。在这种情况下，西方主要资本主义国家为了应对社会主义的威胁、加强资本主义的力量，纷纷采取措施扭转局面。在国内，它们开始建立所谓的福利国家制度，并汲取社会主义国家经济建设的一些经验，对经济实行市场调节和计划调节相结合，以减少资本主义生产中的盲目性。对此，英美等国的一些有识之士指出，"马克思的确仍在影响着当代历史和经济学观点"[2]，"重大的社会问题和经济问题最终将在社会主义制度内，在全体美国人民共同地和艰苦地寻找一种美好生活的过程中，得到认真对待"[3]。在国际上，资本主义国家为了对付共同的敌人，不得不将资本主义内部的矛盾和差异暂时掩盖起来。如美国通过"马歇尔计划"、《日美安保条约》等帮助西欧以及日本的战后重建，以扩大资本主义阵营的力量。

然而，苏东剧变后，世界社会主义运动遇到了空前严重的挫折。社会主义阵营的大多数成员走上了资本主义道路，仍坚持社会主义道路和共产

---

[1] ［美］H. U. 福克纳：《美国经济史》下卷，王昆译，商务印书馆1989年版，第374页。
[2] 转引自史妍嵋《经济全球化与当代资本主义的新变化》，广东人民出版社2004年版，第53页。
[3] ［美］哈罗德·弗里曼：《美国应该走向社会主义》，朱小红、肖俊明译，《国外社会科学》1980年第2期。

党领导的只剩下中国、越南、朝鲜、老挝和古巴五个国家。苏东社会制度的变化以及共产党的下台不仅使本国的形势发生了巨大变化，同时也使欧洲的共产党力量受到很大打击。苏联解体后，世界上共产党的数量由180多个减少为130多个，共产党员的数量也减少了3000万，还存在的共产党在本国的地位和影响力也大打折扣。资本主义面临的外部威胁逐渐消退，从而能够将更多的力量用于对一般发展中国家的经济控制和政治渗透上。正如邓小平所指出的，东西方冷战虽然结束了，但针对整个第三世界的"冷战又已经开始"，这是"一场没有硝烟的第三次世界大战"①。发达国家通过其强大的经济实力不仅控制了发展中国家的经济，同时通过政治示范作用使发展中国家在政治制度上采取发达国家的模式，以便使发展中国家在经济政策和政治政策上作出有利于发达国家的垄断资本加以渗透的决策。如墨西哥在福克斯当选总统后，就对其对外政策的原则和理论作了修改。在2000年8月，福克斯表示，可以"聪明地转让主权"，认为宪法所确定的不干涉内政和自觉原则已经过时，"已经不适合当今的模式"②。2001年1月，墨西哥政府宣布，墨西哥将参加在其他国家的维和行动。此举使墨西哥的外交政策出现变化，传统的不干涉原则遭遇重大挑战。东欧地区在西方民主输出战略的影响下，相继发生"颜色革命"，如2003年格鲁吉亚的"玫瑰革命"、2004年乌克兰的"橙色革命"等。在亚洲，发达国家更是不遗余力地向各国推行西方的价值观。2005年3月19日，美国国务卿赖斯在日本的演讲中强调布什政府的外交核心是"扩大自由"的方针，将致力于在包括中国在内的整个亚洲地区推行民主，并使美国在亚洲发挥建设性作用。可以说，这些民主输出战略已代替原有的殖民战略，旨在通过意识形态的影响而控制发展中国家的政治和经济，为垄断资本的全球扩张和资本主义世界体系的稳固创造条件。

（三）国家垄断资本主义向国际垄断资本主义的过渡

在20世纪80年代前，资本主义经历了从自由竞争向私人垄断进而国家垄断的转变，从这一转变过程我们可以看出，生产与资本关系的不断社

---

① 《邓小平文选》第3卷，人民出版社1993年版，第344页。
② 徐世澄：《福克斯上台后墨西哥政治经济模式的变化》，《拉丁美洲研究》2001年第2期。

会化是资本主义的内在规律。正是在这一内在规律的推动下，私人垄断资本主义开始了向国家垄断资本主义的转变，资本社会化的广度和深度进一步增强。第二次世界大战结束后，国家垄断资本主义正式形成。这一转变的完成既是私人垄断资本主义发展的结果，也是私人垄断资本主义的矛盾进一步深化的结果。而在进入20世纪90年代后，随着经济全球化的日益展开和生产社会化与生产资料资本主义私人占有这一资本主义基本矛盾的加深，国家资本主义开始向国际垄断资本主义过渡，从而为资本主义在国家内部和国际范围内的发展提供了新的平台。

国家垄断资本主义向国际垄断资本主义过渡的内在条件就是资本为追求利润而无限扩张的本性。在《共产党宣言》中，马克思就明确地指出："资产阶级除非对生产工具，从而对生产关系，从而对全部社会关系不断地进行革命，否则就不能生存下去。"[①] 随着资本主义的科技进步和生产能力越来越大，国内的市场已远远不能满足资本追求利润的需求，因此，不断扩展国外市场成为资本发展的内在需求。正是在一需求的推动下，资本越来越国际化，真正跨越了国界的藩篱，形成了跨国垄断资本。

国家垄断资本主义向国际垄断资本主义过渡的外在条件是经济全球化的发展和统一的世界市场的形成。经济全球化为资本的国际扩张消除了障碍，使资本的全球流动能够畅通无阻，从而"资本流向世界、利润流向西方"这一西方的理想模式能够真正得以实现。而统一的世界市场的形成要得益于苏东剧变，它使得与资本主义对立的社会主义阵营走向瓦解，从而实现了资本主义主导的世界体系，为资本主义意识形态的全球扩张奠定了基础。

在内在条件和外在因素的共同作用下，资本主义开始了由国家垄断资本主义向国际垄断资本主义的过渡。可以说，在20世纪末期，资本主义已经进入国际垄断资本主义阶段。世界进入国际垄断资本主义的主要标志是：真正意义上的包括技术市场、商品市场和金融市场在内的市场经济全球化，以及在这种全球化中确立起来的国际垄断资本的全球性统治。[②]

国际垄断资本主义的本质特征是剩余价值的生产通过以生产资本为主

[①] 《马克思恩格斯选集》第1卷，人民出版社1995年版，第275页。
[②] 参见靳辉明、罗文东《当代资本主义新论》"前言"，四川人民出版社2005年版，第5页。

体的各种形态资本的国际运动而实现的一种超越国界的生产和资本的价值增值，国家和资本的结合是超出一国范围的。与国家垄断资本主义时期不同，垄断资本在形式上是超越国家主权的，当然，我们不能就此说在国际垄断中国家对资本已经失去控制或者对资本的对外扩张不能发挥作用。在这一阶段，国家对外扩张的有力武器是雄厚的资本、先进的科技以及以此为核心的高度发展的生产力。而国家的作用则重点表现在为国际垄断资本创造对外扩张的条件，同时，只要这些垄断资本在国内外的利益受到损害，或者因利害关系同东道国发生冲突时，采取武力干涉或经济制裁等手段迫使这些国家或地区对垄断资本作出让步，以维护垄断资本的利益。与国家垄断资本主义阶段"超经济强制"手段的频繁采用不同，这一阶段资本主义发达国家所采取的措施经常是经济手段，而且能在一定程度上给发展中国家带来一定的利益和好处，因此，其隐蔽性更强，而它所遭遇到的阻碍和反抗也就更小。正是因为这种隐蔽性以及垄断资本和国家政权的更高层次的结合，使得在国际垄断资本主义时代资本的统治范围愈发广阔，统治能力愈发强大。正如大卫·哈维所说，"这一进程（劳动力对资本屈服）的边缘界限推进到了极限，以致世界上每一角落的每个人都被卷进资本的轨道"[1]。

（四）新自由主义成为资本主义国家的主流思潮

新自由主义也称新保守主义经济思潮。早期的新自由主义思潮产生于20世纪30年代。在当时，奥地利经济学家冯·米塞斯和英国的弗里德利希·冯·哈耶克分别发表了《自由与繁荣的国度》、《通往奴役之路》等著作，鼓吹自由主义，反对国家对经济的干预。然而，由于当时资本主义国家刚刚经历了30年代的经济大危机，在此之后又受到第二次世界大战的创伤，国民经济急需调整和恢复，而单纯依靠私人力量和市场机制的作用是无法实现这一目标的。因此，主张国家干预的凯恩斯主义成为西方各国的指导思想，而米塞斯和哈耶克的新自由主义则备受冷落。直到20世纪70年代以后，由于各资本主义国家和整个世界的经济环境发生了变化，新自由主义才成为主流思潮。从资本主义国家内部来看，众多资本主义国家纷纷陷入了长期"滞胀"的局面，即经济增长停滞和通货膨胀并存。

---

[1] David Harvey, *The Condition of Postmodernity*, Oxford: Basil Blackwell, 1989, p. 415.

而对这种局面的长期存在，凯恩斯主义者不仅无法解释，更无法提出有效的解决办法。美国著名的经济学家萨缪尔森也不得不承认：从根本上说，我们有着一个长期的停滞—膨胀的问题，在我们对经济分析和经济本质的认识未取得突破以前，我们将不得不同停滞—膨胀生活在一起。美国著名杂志《商业周刊》更加直接地指出：支配政策制定工作将近40年的凯恩斯主义者，从他们的锦囊中也拿不出同时抗击通货膨胀与经济衰退的妙计来。[①] 从整个世界的经济环境来看，经济全球化为新自由主义提供了理论得以付诸实践的土壤，而20世纪80年代的新技术革命则为经济全球化的进一步发展和新自由主义的广泛传播提供了物质技术条件。这次以信息技术为主导的新技术革命使电子计算机和互联网迅猛发展，不仅改变了人们的实际生活，使信息在全球的传播和分享变得更为快捷和方便，为技术领域的全球合作及生产和流通的全球化创造了条件；而且改变了人们的时空观念，出现了吉登斯所说的"时空压缩"，使新自由主义更加容易为人们所接受。

在这种背景下，新自由主义成为西方国家应对经济滞胀、进行社会经济改革的理论依据。1979年，撒切尔夫人出任英国首相，公开宣布实行新自由主义纲领。1982年，科尔出任联邦德国总理，同样举起了新自由主义的旗帜。之后，北欧的一些国家也纷纷向福利社会开刀，使得新自由主义在欧洲占据了优势。而在战后资本主义世界体系中起主导作用的美国，也在20世纪80年代举起了新自由主义的大旗。里根于1980年当选美国总统是美国施政方针由凯恩斯主义转向新自由主义的标志。由此，新自由主义经济思潮在发达资本主义国家获得了全面胜利，并在经济全球化的过程中向发展中国家推行。

从新自由主义者的理论观点来看，他们主张的贸易和投资自由化对促进全球经济一体化有一定的促进作用，他们对"政府失灵"的分析以及反对国家干预、限制政府权力的过度膨胀也都有一定的积极作用。但实际上，他们所主张的贸易自由化和投资自由化等经常具有双重标准。在发达国家内部，从来没有实现新自由主义者所宣称的完全的自由放任，国家仍然在许多事务上进行干预，以保证垄断资产阶级获得充足的利润；而在国

---

① 参见罗文东主编《当代西方资本主义理论流派研究》，安徽人民出版社2008年版，第146页。

际市场上，发达国家的跨国公司等凭借着母国的各种优惠条件来占有发展中国家的市场。新自由主义者将社会主义与集权主义等同，把计划经济等同于统制经济，以此对社会主义进行攻击。这不仅不符合现实，也表明他们的意图是要否定社会主义和计划经济，从而把广大发展中国家都纳入发达国家主导的资本主义世界体系中。

新自由主义的理论主张实际上是以资本利益为中心，为保障资本获得更多的利润，就要对市场放松管制，削减工人的工资和福利水平。因此，新自由主义成为发达国家的主流思潮并借助国家强权向全球推广就使得资本在与劳动者的对抗中获得了优势地位，能够以更有利的条件去实现资本的增值。新自由主义不仅主张减少国家干预，削减社会福利，而且以"自然失业率"这一概念来掩盖资本主义国家中存在的大量失业，并以此来反对工会的存在，把工会组织当作垄断组织，认为工会是导致工资水平过高、失业严重的一个重要原因，是最危险的垄断组织。所有这些都反映出新自由主义是为西方垄断资本集团利益服务的理论体系，其本质就是要恢复"所有人反对所有人"的激烈竞争局面以及优胜劣汰、弱肉强食、赢者通吃的社会达尔文主义。而这一理论思潮在全球的推广也进一步强化了发达国家和发展中国家的控制与依附关系，为发达资本主义国家的经济殖民提供了理论基础。

（五）全球化使世界经济日益连成一体

经济全球化是科技进步和社会生产力发展的必然结果，它是伴随着资本追求利润最大化、在国内和国际上寻求最大利润的实现场所而兴起的。对于这一发展趋势，马克思和恩格斯早在《共产党宣言》中就已明确指出。他们指出，"资产阶级，由于一切生产工具的迅速改进，由于交通的极其便利，把一切民族甚至最野蛮的民族都卷到文明中来了。它的商品的低廉价格，是它用来摧毁一切万里长城、征服野蛮人最顽强的仇外心理的重炮。它迫使一切民族——如果它们不想灭亡的话——采用资产阶级的生产方式；它迫使它们在自己那里推行所谓的文明，即变成资产者"[①]，而"资产阶级，由于开拓了世界市场，使一切国家的生产和消费都成为世界性的了。……过去那种地方的和民族的自给自足和闭关自守状态，被各民

[①] 《马克思恩格斯选集》第1卷，人民出版社1995年版，第276页。

族的各方面的互相往来和各方面的互相依赖所代替了。物质的生产是如此，精神的生产也是如此"①。

正如马克思所作的科学预见那样，20世纪中后期的经济全球化使得资本扩张达到了前所未有的程度，几乎所有的国家都无法逃脱全球化的洪流。各国纷纷制定政策促进商品和资本流动的自由化，关税和非关税壁垒逐步降低，国际贸易总量和国际资本流动总量都迅速增长。在整个20世纪80年代，世界贸易额增长了72%，年均增长5.6%；20世纪90年代的前7年，世纪贸易额增长了86%，年均增速达到9.3%。而在投资方面，1990年国际直接投资流量约为2400亿美元，到2000年，国际直接投资流量已上涨至1.3万亿美元。全球化不仅体现在国际贸易额和国际资本流量的增加上，还体现在企业的经营视角和战略的全球定位、国家政策与国际政策的接轨等方面。总之，随着经济全球化的进行，世界经济已经越来越连成一体。

（六）发达国家和发展中国家的经济差距进一步拉大

发展中国家通过民族独立运动，摆脱了帝国主义列强对本国经济、政治等的直接控制，使旧的殖民体系土崩瓦解。但借助经济全球化的东风，发达资本主义国家已将越来越多的发展中国家纳入资本主义世界体系中，使之成为其原材料和廉价劳动力的提供地及商品的倾销地，而经济全球化也成为发达资本主义国家剥削发展中国家的一个新的途径，通过不同的方式使发展中国家的经济、政治等更多地依赖于发达国家。

一方面，发达国家在积极调整国内产业结构和进行技术升级的同时，将传统产业和发展空间不大的产业逐步转向发展中国家，由此造成了发展中国家与发达国家在产业结构上的依附关系。由于这些产业的技术水平高于发展中国家，且短期内的发展前景良好，因而对发展中国家的同类产业产生冲击，同时也抑制了发展中国家自主性科学技术的研究与开发，造成发展中国家的科技水平和产业结构长期无法超越发达国家；这种战略的实施还为发达国家提供了产业升级和技术进步的空间，使其能快速地提高资本有机构成，并减缓由资本有机构成提高而带来的传统产业结构的内部矛盾。这两方面的作用使发达国家在国际分工中永远处于"领头雁"的地

---

① 《马克思恩格斯选集》第1卷，人民出版社1995年版，第276页。

位,也使世界"中心"和"外围"的关系得到进一步的巩固。

另一方面,发达资本主义国家经济的飞速发展除了新经济的推动外,还由于整个世界经济承担着它们在经济运行过程中产生的外部性成本。普雷维什命题揭示了中心与外围国家在深化国际分工、经济一体化整合过程中的相反结果:前者生产成本下降,规模报酬递增,对外围国家进行控制与遏制,并借助于垄断性产业保护、垄断性价格安排和跨国公司公害与污染产业转移,造成后者即外围国家日益边缘化。发展中国家由于自身工业技术基础条件的脆弱而极少或较少获取国际经济分工的利益,只能以"弱回流效应"长期向中心国家提供初级产品,忍受垂直分工中受压制、受盘剥的地位。

正是通过这些方面的影响,加之发展中国家经济的先天不足,从而在世界范围内,发展中国家与发达资本主义国家的差距逐渐拉大。尽管部分发展中国家和地区如亚洲"四小龙"等借助全球化实现了经济转型,缩小了与发达国家的差距,但对于大多数发展中国家来说,由于技术落后、资本不足,在战后的国际分工中,它们不得不接受不平等交换,并在这一交换过程中加强了与发达国家的不合理分工,从而形成了利益分配上的"马太效应",富者愈富,穷者愈穷。"世界市场……制造的赢家会一年一年地减少,输家却逐年增加。这个不断扩展的世界市场,会使愈来愈多的人变成多余"①。

二 新帝国主义的含义

自列宁的帝国主义论创立以后,帝国主义一词一直和侵略、掠夺、剥削等联系在一起,它暗含了帝国主义列强对发展中国家的一种政策,也包含了发达国家和发展中国家在全球体系中的地位。因此,对所有的西方发达国家来说,都对帝国主义一词避之唯恐不及,力图撇清与帝国主义的任何关系。然而,进入20世纪90年代后,情况却突然发生了改变,西方的知识分子和政治精英"正在热情地倡导美国履行赤裸裸的'帝国主义'或'新帝国主义'使命。在《纽约时报》和《外交事务》等知名媒体

---

① [美]理查·隆沃斯:《虚幻乐园——全球经济自由化的危机》,应小端译,台湾天下远见出版股份有限公司2000年版,第67页。

上，这一主张不断得到阐述"①，"新帝国主义论"思潮在美英等国开始盛行。这一思潮宣称，由于失败国家的存在会为全球带来不稳定，因此，世界需要一种"新的帝国主义"，"否则破产的国家会增加，人口增长将失去控制，暴力行为将长期存在，而社会将走向衰败"②。而由于美国的经济和军事等优势地位，因此，在这场"新的帝国运动的时刻"，"美国有责任发挥领导作用"③。由此，一场为帝国主义正名的运动在西方社会兴起。实际上，帝国主义从未消失，尽管"二战"后民族独立运动使得殖民统治走向瓦解，但帝国主义并未就此崩溃，而是改头换面，以新的经济殖民等方式重新开启了新帝国主义之旅。至于欧美右翼所提出的"新帝国主义论"或"新帝国论"，恰恰反映了发达资本主义国家在新帝国主义时代的目的仍然是剥削与控制发展中国家，在全球推行西方的经济模式、政治模式和思想模式，以此来保障垄断资本在全球的扩张。

那么，到底什么是新帝国主义呢？它与列宁所说的帝国主义有什么区别？

（一）新帝国主义的含义

我们通常所看到的新帝国主义有两种含义，一种含义是西方左翼学者对战后殖民体系瓦解后的西方经济殖民主义的称谓，这种定义主要是强调了帝国主义出现的一些新的特点，指出殖民体系的瓦解尤其是经济全球化使传统的帝国主义发展到了一个新的阶段，在这一阶段，跨国公司的头面人物操纵全球化的过程，并使之服务于他们的利益。

西方左翼学者认为，"帝国主义……植根于资本主义发展本性之中"④。在资本主义制度下，资本追逐利润的本性决定了资本主义必然要无止境地对外扩张，以实现土地、劳动、资本、技术等生产要素在全球的合理配置，攫取最大限度的利润。正是资本的这一本性决定了以前帝国主义列强以武力瓜分世界，而现今则采取更为隐蔽和间接的方式控制发展中

---

① [美] 约翰·贝拉米·福斯特：《重新发现帝国主义》，《国外理论动态》2004 年第 1 期。
② Sebastian Mallaby, "The Reluctant Imperialist: Terrorism, Failen States and the Case for American Empire", *Foreign Affairs*, March/ April 2002.
③ Ibid..
④ [美] 约翰·贝拉米·福斯特：《帝国主义的新时代》，《国外理论动态》2003 年第 12 期。

国家。当前这种新的帝国扩张不仅是统治阶级中与军事和石油部门的利益有关的少数人的图谋,而且是植根于整个统治阶级的需要和帝国主义原动力之中的共识。因此,他们认为,新帝国主义与以前的帝国主义一样,都是由资本竞争和扩张的本性决定的,它的出现仍然是源自资本主义本质的一种体制性现实,是资本力量急剧膨胀的表现,因而新帝国主义仍然是"资本主义的垄断阶段",其目的和本质与传统的帝国主义是一致的,都是强国为弱国,即资本主义霸权国家为被其支配的国家制定和输出"秩序"和制度,但随着经济全球化等时代条件的变化,帝国主义的形式和内容在当代也发生了许多重大变化。在他们看来,经济全球化已经使传统的帝国主义发展到了一个新的阶段,甚至可以说"全球化"是新帝国主义的代名词,是"帝国主义的最近变种"①。

而另一种含义是指西方右翼所宣称的建立在自由民主价值观之上的帝国主义,按照他们的说法,这种帝国主义的目标是带来秩序和组织,它与备受人们批判的帝国主义的不同点在于它是以自愿原则为基础的,同时,它还强调软实力和硬实力的结合。这种"新帝国主义论"最先是由英国首相布莱尔的外交政策高级顾问罗伯特·库珀(Robert Cooper)提出的。1996年,他在《后现代国家与世界秩序》这本书中首次阐释了他的新殖民主义观点。2002年,在他主编的《重新构建世界秩序——"9·11"事件的长期影响》一书中进一步提出,在当今时代,西方大国在与其他国家交往的过程中,不必遵循国际法,也可以不与联合国协商就动用武力,甚至可以随意在出现问题的地方推行保护权。2002年4月7日,他又在英国的《观察家报》上发表了题为《我们为什么仍然需要帝国主义》的文章,公开声称世界需要一种新的帝国主义。而几乎与此同时,《华盛顿邮报》的专栏作家塞巴斯蒂安·马拉比(Sebastian Mallaby)在美国《外交》杂志2002年3/4月号上发表了《不情愿的帝国主义者——恐怖主义、失败国家和为美利坚帝国正名》,全面论证了新帝国主义的意义及合法性。他认为,一个新帝国主义时代已经来临,美国通过帝国主义的手段向这些国家贯彻民主和自由原则是不得已的选择。继二人之后,西方尤其是美国的学术界和政治界开始大力宣扬新帝国主义。如美国国务院政策计

---

① [美]罗纳德·H.奇尔科特主编:《帝国主义政治经济学:批判的范式》,施杨译,社会科学文献出版社2001年版,第197页。

划办公室主任理查德·哈斯指出:"在各国拥有的主权当中,应附带不能杀害本国国民和不支持恐怖行动等一系列义务。不能实现这一义务的国家应被剥夺主权和不被干涉的权力。美国等其他国家应被赋予进行干涉的权力。"①

在新帝国主义者看来,世界上所有国家大致可以分为三类:前现代国家、后现代国家和传统的"现代国家"。前现代国家也就是所谓的"失败国家"。这些国家可能成为威胁后现代国家的非国家行为主体的基地,对世界造成安全隐患,因而必须采取有效的手段来对付这种威胁,包括采取双重标准,实行先发制人、单边主义等战略。新帝国主义论的倡导者之一马拉比更是强调:"当今世界的混乱要求美国实行帝国主义政策,否则破产的国家会增加……暴力行为将长期存在。"②

通过对两种含义的新帝国主义的分析可以看到,不论是左翼学者从批判的角度进行的阐释,还是右翼学者为发达国家的武力入侵和经济控制所进行的辩护,二者都强调了发达国家为发展中国家制定秩序和规则以实现对其的约束和控制。这种新帝国主义从本质上来说,与传统的帝国主义并没有根本上的不同,只不过是采取的手段有了新的方式,以所谓的价值和意识形态"征服"来取代传统的武力"征服",是资本主义由国家垄断资本主义向国际垄断资本主义转变的过程中采取的更为隐蔽的方法。

除了新帝国主义外,许多学者还以新殖民主义、霸权主义、新干涉主义等概念来定义当今的帝国主义。如《苏联百科辞典》对新殖民主义进行了如下阐释:"帝国主义国家强加在亚洲、非洲和拉丁美洲发展中主权国家上的不平等的政策和经济关系,其形式是取代帝国主义老殖民体系,间接控制这些国家。新殖民主义的基础是经济上的扩张(其形式为投资、贷款和资助),有时也施加政治和军事压力。"③而霸权主义和新干涉主义则更偏重于美国的单极霸权和武力干涉行为,并不能全面概括"二战"后帝国主义的发展态势。

从上述对两种新帝国主义的论述以及其他如新殖民主义、霸权主义等

---

① 转引自[日]田中靖宏《"新帝国主义论"在美英抬头》,日本《赤旗报》2002年4月8日。

② Sebastian Mallaby, "The Reluctant Imperialist: Terrorism, Failen States and the Case for American Empire", *Foreign Affairs*, March/ April 2002.

③ 转引自王金存《帝国主义历史的终结》,社会科学文献出版社2008年版,第97—98页。

概念来看，帝国主义在当代尽管有了新的发展，但从本质上看与传统的帝国主义并没有根本的区别，只不过是具有了新的形式和特点，因而，采用"新帝国主义"这一定义能更好地反映帝国主义的现状及其与传统帝国主义的连续性。

如果要对新帝国主义进行定义，那么，所谓的新帝国主义应该是指发达资本主义国家在战后新的经济、政治和国际环境条件下，运用新的国际机制和体系对全球劳动人民进行控制和剥削的发展阶段，是传统殖民帝国主义在新形势下的继续和发展。

（二）新帝国主义与列宁的帝国主义的区别与联系

对于新帝国主义，许多学者将之与传统的也就是列宁所说的帝国主义割裂开来，认为经过战后的发展，新帝国主义已经完全不同于传统的殖民帝国主义，它是20世纪70年代后尤其是经济全球化条件下出现的一种新现象。事实是否如此？新帝国主义与传统的帝国主义到底有没有联系？这些问题需要我们对列宁的帝国主义定义进行分析，才能对现今帝国主义的新发展有一个明确的判断。

列宁结合19世纪末20世纪初资本主义的发展状况，提出了帝国主义是资本主义发展的最高阶段的论断。在《帝国主义是资本主义的最高阶段》中，列宁指出，"帝国主义是作为一般资本主义基本特性的发展和直接继续而生长起来的"[①]，它"是资本主义的垄断阶段"[②]，其"最深厚的经济基础就是垄断"[③]。在此基础上，他进一步指出了帝国主义的五大基本特征，即："（1）生产和资本的集中发展到这样高的程度，以致造成了在经济生活中起决定作用的垄断组织；（2）银行资本和工业资本已经融合起来，在这个'金融资本的'基础上形成了金融寡头；（3）和商品输出不同的资本输出具有特别重要的意义；（4）瓜分世界的资本家国际垄断同盟已经形成；（5）最大资本主义大国已把世界上的领土瓜分完毕。"[④]

从列宁的分析可以看出，其定义主要是从帝国主义的经济基础即垄断来加以界定的，五大基本特征也是由这一经济实质派生出来的。因此，判

---

① 《列宁选集》第2卷，人民出版社1995年版，第650页。
② 同上。
③ 同上书，第660页。
④ 同上书，第651页。

断当前的新帝国主义是否完全不同于传统的帝国主义,首先就要看这一经济基础是否发生了变化。

"二战"后,在资本主义国家,资本的集中与垄断一直在持续。例如,在美国,"铁路、汽车、电话、百货商店、烟草、会计、广告、饮料、音乐等行业的市场均被垄断在各有关行业不到五个寡头公司的手里","1988年,铁路行业五大寡头公司共占有59%的市场份额,到1998年五大寡头公司已经占有76%的市场份额;1988年,五大寡头百货公司共占有46.5%的份额,到1998年已经占有了75%的市场份额;在电话服务领域五大寡头电话公司占有了85%的市场份额"①。其他资本主义国家的情况大致相同。我们可以从几大产业来看资本的集中和垄断状况:在汽车行业,日本的丰田、日产和本田公司控制着日本汽车产量的四分之三左右,美国的通用、福特和克莱斯勒控制着美国汽车产能的90%,德国财团控制的戴姆勒—梅赛德斯公司和阿佩尔公司垄断着德国汽车产量的二分之一。在计算机领域,微软和英特尔公司几乎控制了全球个人电脑操作系统软件和微处理器的生产。在航空领域,美国的波音公司和欧洲的空中客车垄断了全球航空业。即使是过去不利于资本集中的农业领域,现在通过农业资源的全球整合,发达国家的跨国公司也日益在国际农产品市场上控制着越来越大的份额。ADM(Archer Daniels Midland)、邦吉(Bunge)、嘉吉(Cargill)和路易达孚(Louis Dreyfus)四大跨国粮商控制了全球80%的粮食贸易。而"北美最大的农业化学及分销公司之一的ConAgra,通过过去十多年的在农业产业链的收购与整合,到2000年,公司不仅拥有100多个仓库、1000多只驳船、2000多节车皮,业务还涉及饲料、食品原料及包装食品等农业领域,ConAgra公司现已成为仅次于Philip Morris的美国第二大食品加工生产商……DuPont公司收购了同为种子及转基因公司的Pioneer Hi—BredInternational Inc.,扩大了公司在种子及转基因谷物市场上的占有率及影响力。Cargill通过兼并Continental Grain,使Cargill控制了美国42%的谷物出口、20%的小麦出口、31%的大豆出口"②。

与列宁所处的时代相比,垄断的规模和程度都已有了突飞猛进的发展。目前在全球范围内,跨国公司拥有了世界生产总值的三分之一、对外

---

① 陈宝森:《剖析美国"新经济"》,中国财政经济出版社2002年版,第316—317页。
② 孟氧:《国际经济格局与粮食生产和流通》,《经济学家》1992年第2期。

直接投资的 70%、全球贸易额的三分之二和全球技术专利的 80%。如此大的垄断规模使得垄断组织不仅在国内控制着经济命脉，而且在国际上通过庞大的跨国公司以及触角伸向世界各个角落的子公司而对整个世界的经济运行和政治决策发挥着重要作用。

不仅如此，为了扩大企业的影响力，垄断组织还不断加快企业并购的步伐。这不仅是因为这一方式能更迅速地扩大企业规模，而且能实现企业的多方位经营。也正因此，在资本主义发展史上，企业并购浪潮不断涌现，并购规模不断扩大。如 1998 年 4 月，美国国民银行与美洲银行合并，组成的新美洲银行总资产高达 5700 亿美元，成为美国银行史上罕见的"超级银行"。

正是由于资本的集中和垄断程度达到了前所未有的规模，因此，20 世纪 80 年代后尤其是在苏东剧变后，发达资本主义国家不仅巩固了国内的经济控制和政治统治，而且通过资本在国际上的流通，通过不平等贸易和对外投资等方式对发展中国家进行剥削。据统计，20 世纪 50—80 年代，发达国家通过不平等交换从非洲、加勒比和太平洋地区不发达国家赚取了 2800 多亿美元。进入 20 世纪 90 年代，发展中国家每年以 1500 亿—1600 亿美元的速度向发达国家归还外债。除了这些经济的手段外，以美国为首的发达国家为了维护本国的利益和不合理的国际关系，继续控制和盘剥发展中国家，在经济手段难以奏效的同时，还使用了赤裸裸的战争手段。同时，发达国家还通过其控制的国际货币基金组织、世界银行等机构来维持不合理的国际经济关系，使发展中国家无法摆脱对发达国家的依附。通过这些方式，更具隐蔽性的新殖民主义取代了原有的旧殖民主义。

我们可以看到，在所有这些现象背后隐藏的是垄断资本扩张和攫取利润的动机，正是因为垄断资本的存在，才使得发达国家以一种新的方式取代了原有的殖民方式。尽管在 20 世纪 80 年代后，随着垄断资本迅速向全球扩张，形成跨国垄断资本，使得资本的民族性日益模糊，国家在控制垄断资本方面的作用也有所削弱。但应该指出的是，垄断这一基本特征并未发生变化。大资本家和寡头们利用其垄断优势，通过金融垄断、资本输出等方式从世界各地攫取了惊人的财富。尽管对于当前究竟处于垄断资本主义的哪一具体阶段，是"国家垄断资本主义"、"国际垄断资本主义"、"金融垄断资本主义"还是"超国家垄断资本主义"等，学者有不同的争论，但不可否认的是，当前仍是垄断资本主义阶段这一点是无法否认的。

因而列宁所说的帝国主义的定义仍然适用。

在承认列宁帝国主义概念的适用性的基础上，我们也应看到，当今的帝国主义与列宁所处时代的帝国主义已经有了很大的不同。其中，最主要的区别有以下几点：

第一，当今的新帝国主义已不再采取占领殖民地的方式，这是传统的殖民帝国主义与当代帝国主义最直观的区别。在新帝国主义时代，民族独立与民族解放运动使得发展中国家在形式上保证了国家主权的自主性，新帝国主义此时已不再把控制殖民地作为其目标，而是通过资本扩张等经济方式并辅以武力干涉手段等对世界进行控制以及获取超额利润。

第二，帝国主义控制发展中国家的手段由传统的武力控制等超经济手段为主转变为以经济手段为主，军事手段只起辅助性作用。在传统帝国主义时代，帝国主义列强采用赤裸裸的武力手段强占殖民地和势力范围，通过控制这些国家和地区的主权来实现其对利润的追求、对廉价劳动力和原材料的掠夺等。而在新帝国主义时代，帝国主义国家凭借其强大的经济和技术优势使发展中国家在经济上继续维持依附状态，通过经济手段来获取超额垄断利润，而军事手段只是起辅助性作用，在经济手段难以快速有效地实现目标时会采用军事手段来加速经济目的的实现。

第三，在新帝国主义时代，文化手段也成为帝国主义控制发展中国家的重要手段。如今，文化渗透已经成为帝国主义的重要武器，从思想上为帝国主义的扩张行为开路，美化西方的经济政治发展模式，影响发展中国家人民的价值观，使其在潜移默化中接受西方的统治与奴役。

第四，传统帝国主义是一种局部性、地区性的行为，而当代帝国主义则是一种世界性的机制。[①] 在殖民帝国主义时代，帝国主义列强对世界领土分而治之，各自有不同的殖民地和势力范围。而在新帝国主义时代，帝国主义通过发达资本主义国家主导的经济全球化、世界银行和国际货币基金组织等国际机构、世界贸易组织等多边机制，掌握和控制了各种国际法和国际规则的制定权和解释权，使垄断资本能够在全球扩张，发达资本主义国家的触角能够伸向世界每一个角落。正如罗纳尔多·蒙克所指出的那样："19世纪的殖民帝国的全球规模，与当今的国际经济秩序是不一样的，因为后者具有'稠密的地区性和全球性经济关系网络，它们都超越

---

① 参见王金存《帝国主义历史的终结》，社会科学文献出版社2008年版，第102页。

任何一个国家的控制'。"①

第五,与传统帝国主义相比,新帝国主义更具有隐蔽性。新帝国主义不仅在形式和手段上更多地采用经济方式,在获取利益的同时能够在一定程度上促进发展中国家经济的发展,使其行为更具有迷惑性,同时,新帝国主义还通过各种方式美化其行为,宣称其所作所为是为了发展中国家的利益,为了促进世界和平等,因此更具有隐蔽性。

(三)新帝国主义的适用范围

在分析了新帝国主义的含义及其与列宁所论述的帝国主义的连续性后,我们有必要澄清一个理论误区,即将新帝国主义混同于美国的霸权主义。产生这种误区的原因是由于西方右翼对新帝国主义论这一思潮的宣扬主要集中在美国,加之美国在 20 世纪末和 21 世纪初所采取的对科索沃、伊拉克等地区的一系列军事行动,因此,许多人将新帝国主义等同于"美帝国",在学术讨论中也是重点集中在美国的霸权主义等方面,这其实是混淆了帝国主义的本质和表现形式。帝国主义的经济实质是垄断,只不过在新的条件下表现为国际垄断资本主义。因此,判断帝国主义的标准应该从其经济实质来判断。从这个意义上来说,尽管许多发达国家在战后采取了一些改良的措施,欧洲许多国家推行民主社会主义,等等,但其经济实质仍然是垄断,在国内垄断资本控制着国家经济命脉和政治运行机制,在国际上通过跨国公司获取巨额的垄断利润,并使发展中国家在经济上依附于发达国家,因此,从经济实质上看,这些发达国家仍然处在帝国主义阶段。那么,如何看待这些国家的民主社会主义呢?这是不是对帝国主义的一种背离?

民主社会主义是在第二次世界大战前后,随着凯恩斯主义经济政策在各资本主义国家的实施而开始兴盛起来的一种社会改良主义思潮,这一思潮不仅在西欧国家大行其道,其他一些发达国家的政党也选择了这种理论作为自己的政治纲领,并纷纷成立了民主社会主义的政党,如日本就在 1960 年组建了日本民主社会党。与其他社会思潮相比,民主社会主义相对重视维护劳动者的权益,对平等问题比较关注,主张实行多方位的社会

---

① [美] 罗纳德·H. 奇尔科特主编:《批判的范式:帝国主义政治经济学》,施扬译,社会科学文献出版社 2001 年版,第 196 页。

福利。尽管如此，它与马克思的科学社会主义理论还是有本质的区别。它是一种以人道主义为基础的基本价值观和作为一种生活方式的完全民主观。概括来说，民主社会主义主要有三个本质特点：一是主张指导思想的多元化，反对把马克思主义作为指导思想。德国社民党1989年修订的柏林纲领列举了欧洲民主社会主义的五种思想渊源，并明文规定社会民主党是具有不同信仰和不同思想的人们的共同组织。二是崇尚伦理主义，认为自由、民主、公正、互助这些伦理道德原则可以引导到社会主义，社会主义不是社会历史发展的必然。三是奉行改良主义，认为在资本主义社会条件下，通过民主（即实行所谓的政治民主、经济民主、社会民主），通过改良、和平的办法就可以实现社会主义。"瑞典前社民党领导人帕尔梅讲，我们的运动是改良主义运动，改良主义是一个缓进过程。为此民主社会主义把通过普选取得议会多数作为取得政权的唯一方法，把实现政治民主和经济民主作为变革的唯一途径"[①]。在这种改良主义的指导下，民主社会主义实行以私有制为基础的所谓"混合所有制"和在资产阶级国体条件下的多党轮流执政，深刻表明了这一思潮并不敢触动资本主义的政治经济秩序。正是由于民主社会主义的基本政策主张只是对资本主义社会的改良，而没有触动资本主义社会的根本制度，没有揭示出资本主义社会各种矛盾的根源，所以它不能为资本主义矛盾的解决提供正确的方法，也不能为社会的发展指明正确的前进方向。因而，从理论上看，民主社会主义就其实质来说是同科学社会主义相对立的一种资产阶级思潮，是为改良资本主义制度服务的。

从实践上看，不论是社会民主党执政的国家，还是其他资本主义国家，在第二次世界大战后为了缓和国内激化的基本矛盾和经济社会危机，都在保持基本制度不变的前提下，不断地对各种具体的经济体制进行局部调整，如在经济层面增强国家的宏观调控、实行国有化、加大国家对基础设施和科技的投资；在社会层面，建立较完备的社会福利保证体系等。这些措施在一定程度上避免了经济的大动荡，缓解了社会和阶级矛盾，使资本主义在战后获得了长期的发展。特别是资本主义在战后抓住科技革命带来的有利契机以及全球化为发达资本主义国家带来的巨大利润，将国内的

---

① 裘援平、柴尚金、林德山：《当代社会民主主义与"第三条道路"》，当代世界出版社2004年版，第79页。

经济危机转嫁到发展中国家头上,将自身的经济发展建立在发展中国家贫穷的基础上,掠夺其他国家创造的财富使本国经济获得了巨大增长。这表明,这些国家并没有改变资本主义国家的根本性质,没有改变垄断资本追求利润的本性。从福利国家的典范瑞典来看,对资本的控制权仍然牢牢地掌握在大垄断资本家手中。如2006年,瑞典宜家家居集团创始人英格瓦·坎普拉德以280亿美元的总资产名列福布斯全球富豪榜第4位,而瑞典钢铁、化学工业、森林工业、汽车工业等行业的私有成分分别达到了86%、92%、89%和100%。可以说,垄断资本掌握着国家的经济命脉,也掌握着国家的财富。从对外经济关系来看,实行民主社会主义的国家与美国等国家并没有明显不同,它们也是一方面通过对外投资等方式直接利用发展中国家的廉价资源和劳动力来获取巨额利润,一方面通过不平等交换、利用双重贸易标准以及垄断高新技术等方式,使发展中国家在与发达国家的贸易中处于劣势。更有甚者,在关税和非关税壁垒方面,包括欧盟在内的发达国家在许多产品上都对贫困国家的出口设置了比发达资本主义国家更高的壁垒。著名的国际慈善机构Oxfam就将欧盟列为实施双重贸易标准排名的首位,其次是美国、加拿大和日本。[①]

因此,我们不能因为这些国家实行了一些改良的措施而否定其帝国主义的根本特性,也不能因一些国家在对内和对外政策上表现出一定的温和性而将其与其他资本主义发达国家割裂开来。诚然,与其他发达资本主义国家相比,在社会民主党执政的资本主义国家中,工人阶级的权益能够得到更好的维护,国家在制定政策时也能更多地关注社会公平,从而两极分化能够得到一定程度的遏制,社会福利制度比较完善,同时在对外关系上,也没有如美国等国家一样采取赤裸裸的武力干涉政策,但这些都只不过表明了资本主义在发展过程中的多样性更加明显,也表明了资本主义仍在尽可能地在资本主义制度框架内进行调整,以使生产关系能更适应生产力的发展。但无论如何调整,也不能从根本上否定资本主义制度,也就不能使某些资本主义国家脱离帝国主义阵线。正如恩格斯和列宁曾指出的,"现代国家,不管它的形式如何,本质上都是资本主义的机器,资本家的

---

① 参见[美]弗雷德里克·米什金《下一轮伟大的全球化》,姜世明译,中信出版社2007年版,第204页。

国家,理想的总资本家"①,"资本主义和封建主义相比,是在'自由'、'平等'、'民主'、'文明'的道路上向前迈进了具有世界历史意义的一步。虽然如此,资本主义始终是雇佣奴隶制度,始终是极少数现代('moderne')奴隶主即地主和资本家奴役千百万工农劳动者的制度。资产阶级民主制和封建制度相比,改变了经济奴役形式,为这种奴役作了特别漂亮的装饰,但并没有改变也不能改变这种奴役的实质。资本主义和资产阶级民主制就是雇佣奴隶制"②。

三 "新帝国主义论"的产生

上文已经论述了"二战"后世界的经济、政治形势的变化对发达国家战略转变的影响。正是由于这些新情况的出现,以经济控制为特点的新帝国主义才取代了传统的殖民帝国主义,成为西方国家对外扩张的新方法。

而随着新帝国主义的对外扩张,随着垄断资本的势力越来越强大,新帝国主义迫切需要一种理论来为这种经济殖民主义行为进行辩护,为其披上一层合理的外衣。由此,以欧美右翼为代表的官方学者抛出了"新帝国主义论"。这种理论的产生既与上述战后的世界经济政治格局有关,但更是由20世纪90年代后世界形势的发展变化所推动的。

(一) 20世纪末资本主义经济政治发展的不平衡进一步显现,为美国称霸世界创造了条件

"经济和政治发展的不平衡是资本主义的绝对规律"③。这种不平衡是由资本主义制度的本质决定的,因为"资本主义生产过程的动机和决定目的,是资本尽可能多地自行增值,也就是尽可能多地生产剩余价值"④。正是在这一规律的作用下,资本主义的各个经济部门和各个国家在经济上是不可能平衡发展的。

从历史上来看,西班牙、荷兰、英国等国家先后凭借其经济实力而在

---

① 《马克思恩格斯选集》第3卷,人民出版社1995年版,第629页。
② 《列宁全集》第37卷,人民出版社1986年版,第109页。
③ 《列宁选集》第2卷,人民出版社1995年版,第554页。
④ 《资本论》第1卷,人民出版社1975年版,第368页。

某一阶段确立过自己的霸权地位。在第一次世界大战以前,"当英国迅速丧失它在工业上的垄断地位的时候,法国和德国正在接近英国的工业水平,而美国正要不单在工业品方面,而且在农产品方面把它们统统赶出世界市场"[①]。第二次世界大战后,美国已确立了其经济强国的地位。20世纪80年代末,资本主义国家经历了70年代的滞胀后,纷纷进入了产业结构的大调整时期。美国为了改变传统制造业能力的下降和市场份额减少的状况,加大了对信息产业的投资力度,使网络经济和整个信息产业得到了迅速发展,并由此带动了相关产业的发展。在20世纪90年代,美国年均经济增长率达到3.5%左右,通货膨胀率一直保持在2%左右的较低水平,经济的持续增长还创造了更多的就业机会,1999年,美国的失业率已下降至4.2%。

美国经济实力的强大不仅表现在美国的国内生产总值稳居世界首位、美元在世界货币和资本市场中占据主导地位等硬实力指标上,还表现在美国经济发展模式对世界经济的控制力和影响力上。从某种程度上讲,美国这种软实力的扩张比硬实力的扩张更具欺骗性和针对性。正如美国《大西洋月刊》资深记者罗伯特·卡普兰在其著作中所指出的那样,美国具有新的使命,即"在美国的软帝国影响力之下把繁荣带到世界上遥远的地方"[②]。

与美国的经济稳定发展不同的是,日本以及西欧等国的经济处于发展的低迷期。20世纪80年代末,日本在经济实力上已成为仅次于美国的第二大国。然而随着20世纪80年代和90年代信息技术的兴起,日本的经济发展战略却无法对此作出迅速调整。"二战"后,日本长期奉行"赶超"战略,这在战后初期使日本经济迅速得以恢复及发展,步入世界前列。然而在信息经济时代,这种战略却无法有力地促进科技创新的速度,也就无法使日本经济保持高速的增长。与这种发展战略相对应的是,日本战后建立的企业组织体系是以银行或大企业为主的相互持股而形成的比较严密的封闭型网络和系统。在这种体系下,对高科技的研发和应用被集中在大企业集团和财团手中,而这些集团在选择企业的发展战略时,往往不会选择那些风险大、回收期长的项目,因此限制了企业的技术创新。与日本相反,在美国新经济中大放光彩的多是中小企业,它们凭借高科技的创

[①] 《马克思恩格斯选集》第4卷,人民出版社1995年版,第724页。
[②] Martin Walker, "America's Virtual Empire", *World Policy Journal*, Summer 2002, p. 15.

意，吸收风险投资注入，从而在市场上获得一席之地。经济体制内部的这种不利因素加之泡沫经济的破裂，使日本在90年代陷入了经济萧条的困扰。自1992年以来，日本经济持续低迷，平均增长率仅0.9%，其中1999—2002年间更是负增长。伴随着经济增长下滑的是通货紧缩的加深和失业率的增长，日本的失业率从20世纪90年代初的2.2%左右上升到2001年的5.3%。到2001年，日本银行界资产的25%已被美国控制。

欧洲尽管成立了欧盟，为各国经济的协调发展提供了一个平台，但对西欧各国的经济发展有至关重要作用的福利政策的负面影响也开始显露出来。福利制度是战后西方各国在20世纪50年代开始建立和完善的，到20世纪70—80年代，社会福利已从过去的单纯救济发展成了公民的一种权利，尤其是在德国、瑞典等欧洲国家中，更是形成了一整套的"从摇篮到坟墓"的社会福利制度，福利开支占国民生产总值的比重也迅速增长。1970年，英国、丹麦、比利时、法国、爱尔兰、联邦德国、意大利、卢森堡、荷兰九国平均社会福利开支占国民生产总值的18.1%，到1981年已上升至27%。这种包括社会保险、社会福利、社会救济和商业保险在内的完善的社会保障制度使人民的基本生活有了保证，对于资本主义国家的经济发展是一个强有力的支持和保证，使其获得了较为安定的政治局面。但到了20世纪90年代，在全球竞争加剧的情况下，福利经济政策所造成的一些不利后果也开始显露。这种为西方国家所称道的社会保障制度由于运转费用很高，不仅造成了这些国家在国际市场上竞争力的削弱，也出现了劳动者生产积极性不高、劳动效率降低的情况，欧洲许多国家经济的发展都深受影响。

从另一方面看，在发达资本主义国家间经济日益不平衡的情况下，广大发展中国家却愈加边缘化。西方各国垄断资本利用经济全球化攫取超额利润、控制发展中国家的经济和政治、文化等各个方面，最终使发展中国家不仅经济落后、产业结构处于低水平进而在国际分工链上处于最底层，而且在国际金融垄断资本的冲击下无法确保本国的经济安全，尤其是金融安全。更为严重的是，西方国家利用发展中国家的民族、宗教等问题引发其内部冲突，使经济问题与政治问题结合起来，致使发展中国家的现代化进程迟缓，改革政策难以有效落实且收效甚微。对于发展中国家本身就比较薄弱的经济基础而言，发达资本主义国家采取的这些政策无疑是雪上加霜。因而，在这种情况下，某些新民族主义者和宗教原教旨主义分子将发展中国家的落后单纯归因于发达国家的掠夺、控制和不公平待遇，从而为改善这种依附和不平等状况，采取了一些极端的报复行动，导致恐怖主义在全球蔓延。

这种发达国家内部和发达国家与发展中国家间的经济不平衡为"新帝国主义论"的提出提供了经济上的支持，正如列宁曾经指出的，对于经济实力对比的变化，"除了用实力来解决矛盾"①，没有什么别的办法。

（二）"新帝国主义论"提出的深层次原因是服务于发达国家向发展中国家转嫁危机的经济目的

早在《共产党宣言》中，马克思就明确指出，资本主义"社会所拥有的生产力已经不能再促进资产阶级文明和资产阶级所有制关系的发展；相反，生产力已经强大到这种关系所不能适应的地步，它已经受到这种关系的阻碍；而它一着手克服这种障碍，就使整个资产阶级社会陷入混乱，就使资产阶级所有制的存在受到威胁。资产阶级的关系已经太狭窄了，再容纳不了它本身所造成的财富了"②。

第二次世界大战后，资本主义尽管采取了各种国家调节方式以及发展社会福利制度来缓和社会矛盾，扩大社会有效需求，也在一定程度上使资本主义的经济得以持续发展，但是，国家干预的实质是资本主义国家为了适应生产力发展和生产社会化的客观要求、保证资产阶级的利益而对资本主义生产关系进行的自我调节，这种调节机制不可能触动资本主义的根本制度，因此也不可能解决资本主义的基本矛盾。在前文我们指出了欧洲和日本等发达国家的经济发展在 20 世纪 90 年代后已经面临一系列问题，经济增长乏力，迫切需要新的发展方向。

而 20 世纪 90 年代曾经风光无限的美国，在经历了长达 11 年的繁荣发展后，也由于新经济泡沫的破裂而面临着经济衰退的危险。90 年代，借助新经济的东风，美国不仅保持了长期的经济持增长，同时出现了长达 10 年的"牛市奇观"。由此，一批学者提出了新经济理论，认为在传统的工业经济下，生产要素投入所带来的收益是递减的，因此，经济的发展将不可避免地面临经济周期的制约。而在信息经济时代，全球化和信息技术以完全不同的方式塑造了现代社会，此时，生产要素的投入具有溢出效应

---

① 《列宁选集》第 2 卷，人民出版社 1995 年版，第 658 页。
② 《马克思恩格斯选集》第 1 卷，人民出版社 1995 年版，第 278 页。

和规模递增的特点，因此能够使美国经济在没有通胀的压力下保持长期增长。他们乐观地提出，经济衰退不可能出现，股市也不存在泡沫。然而，进入2001年后，新经济所带来的经济增长已无法继续维持，而股市的泡沫也开始破裂，从2000年3月美国股市达到最高峰至2002年7月，仅仅27个月的时间，美国股市就损失了8.2万亿美元的市值，缩水蒸发掉了48%。与股市的大幅下挫相对应的是美国经济增长率的大幅下降。2000年，美国经济增长率达到了5.1%，是自第二次世界大战以来的最高峰，而2001年的增长仅为1%。根据美国全国经济研究局2001年11月的报告，"按就业人数和工业生产等月度指标衡量，美国经济从2001年3月正式进入衰退"[1]。同时，随着安然公司、环球通讯公司、世界通讯公司等的会计丑闻，民众对美国的信用机制和整个社会的诚信价值体系丧失信任，从而使美国企业出现了多米诺骨牌效应。在布什入主白宫20个月时，道琼斯工业指数下降了20%，失业率上升了三分之一，政府还承担着巨额的财政赤字的负担。

在这种国内经济矛盾日益加剧的情况下，资本主义国家必然要向外寻找出路。可以说，从资本主义制度建立以来，向发展中国家转嫁和输出危机就一直是发达国家缓解国内经济矛盾所常用的手段，这种转嫁危机的方式除了通过经济上的不平等交换等进行，另一种主要的手段就是发动战争，以战争带动国内经济的发展，并以武力来为垄断资本开拓道路，拓展市场。正是由于这一目的，布什政府在20世纪末和21世纪初发动了科索沃战争、海湾战争以及入侵伊拉克等，虽然打着"反恐"的旗号，然而其真正目的是通过军事力量来克服国内的经济痼疾，将美国大众的目光从就业、股市等关系民生的危机上转移到世界其他地方，并以此来获取石油等重要战略资源，为国内的经济发展铺平道路。

（三）新保守主义为"新帝国主义论"提供了理论支撑

"新帝国主义论"的提出不仅有其深刻的经济根源，同时也是政治上新保守主义思潮长期推动的结果。自20世纪80年代以来，新保守主义在美国学术界和政治界的影响日益增强。它的哲学基础不是伯克（Edmund

---

[1] 转引自顾卫平《美国经济复苏的条件、动力与制度分析》，《世界经济研究》2002年第2期。

Burke)式的传统保守主义,而是20世纪50—70年代在美国芝加哥大学任教的列奥·施特劳斯的政治哲学。这种新保守主义认为,美国是理想的普遍价值体系的化身,是民主政治的典范,并由此提出了重塑世界计划或建立"帝国"计划的"新里根外交",致力于以意识形态斗争作为控制和颠覆别国、实现美国支配世界战略图谋的重要工具。[①] 新保守主义者甚至主张美国应不惜采取政治及军事行动,以实现美国治下的世界和平。1992年,《纽约时报》刊登了沃尔福维茨小组的"防御计划指南"的分析报告,其核心思想是这个世界应当由一个超级大国来支配。报告指出:第一,冷战后,美国政治和军事战略的首要目标是保持美国在军事方面的绝对优势和独霸地位,防止任何敌对性超级大国或大国集团的崛起;第二,利用美国的支配性地位和优势力量来塑造一个符合美国利益和价值观的世界秩序;第三,为摧毁恐怖分子和"无赖国家"对美国产生的威胁,美国应当采取先发制人战略或发动预防性战争[②]。从其内容看,这一报告可以说是新保守主义理念的具体体现。

美国著名的学者亨廷顿也提出,输出美国的民主和价值观从长远看符合美国的根本利益,这样不仅可以在国际竞争中抢占道德高地,取得舆论优势,同时还能够使那些经过美国模式改造的国家最大程度地接受美国的领导。前布什政府的国务卿詹姆斯·贝克指出,美国外交政策的宗旨就是推行"普遍性的启蒙理想"。正是在这一理念的指导下,美国通过意识形态手段和战争来向世界推行美国的价值观,并美其名曰维护世界和平。在2003年,《纽约时报》的专栏作家托马斯·弗里德曼就写道,"我们刚刚领养了一个名叫巴格达的孩子。现在美国有了2300万人的第51个州"[③],他还号召共和党和民主党不要再相互指责,而要像负责任的父母那样把这个养子管教好。

为了进一步给美国的行为寻找合理的借口,新保守主义者瓦滕堡还提出了"新天赋使命"的观念,把美国在冷战后向全世界扩张的行为同19世纪以"天赋使命"为旗号向南部、西部的移民和领土扩张相提并论,

---

① David Armstrong, "Dick Cheney's Song of America", *Harper's Magazine*, October 2002, pp. 76–83.
② 参见吴茜、杨芳《美国"新帝国主义论":内容、原因和实质》,《中国党政干部论坛》2007年第7期。
③ Thomas L. Friedman, "Our New Baby", *New York Times*, May 4, 2003.

以表明美国主宰世界是上天赐予的使命。

（四）"9·11"事件成为美国大力推行新帝国战略并提出"新帝国主义论"的直接导火索

随着世界力量对比的变化以及各国经济发展的不平衡，美国在整个世界体系中的超强地位得以形成和巩固。美国也愈来愈希望按美国的方式改造世界，在世界上复制美国式的制度。2001年"9·11"事件的发生无疑为美国在全球范围内推行霸权、按照美国的方式改造世界提供了借口。

2001年9月11日，恐怖主义分子对纽约曼哈顿世界贸易中心进行了袭击，导致近3000人丧生。根据美国《新闻周刊》2001年10月1日的报道，这一事件给美国经济造成的损失为1400亿美元。"9·11"事件之后，美国削减了14.45万个工作岗位，股票市场的损失也高达138万亿美元。

"9·11"事件不仅给美国的经济造成了损失，也对美国民众的心理产生了巨大影响。他们为什么这么痛恨美国？这是美国人民在思考的问题。而对于世界上其他地区的人民来说，这一事件也让人们对美国的价值观是否是全世界最好的观念产生了怀疑，对美国在全球推行的准则产生了疑问。然而，对于美国的政客来讲，他们并没有首先从自身出发来思考这一事件，而是提出了所谓的"失败国家"论等，将事件的责任完全推给其他国家，并借此展开了一场打着"反恐"的旗号而进行的新一轮扩张。

在美国看来，这个世界充满了来自"失败国家"的危险和威胁，这些"失败国家"成为恐怖主义和恐怖分子的庇护所，对发达国家构成了严重挑战，因此，美国负有打击和消灭这些威胁、"给民主一个安全的世界"的使命。2002年9月20日，美国国家安全战略提出，恐怖主义与大规模杀伤性武器的结合是美国国家安全面临的主要威胁。美国不仅要把恐怖主义组织，而且要把"无赖国家"列入全球反恐战争的目标之中，通过反恐战争推翻与美国敌对的独裁邪恶政府。美国还把恐怖主义产生的首要根源归结为穆斯林世界的政治制度，认为只有对中东地区进行政权变更和制度建设，使中东穆斯林国家的政治、经济和教育体制走向自由、民主和现代化,才能削弱穆斯林世界反美极端主义产生的条件和基础[1],最终确立起杜绝恐怖主义的"真正伊斯兰主义和真正民主的政治制度"[2]。在这种情况下,"新帝国主义论"应运而生了。

---

[1] Thomas Carothers, "Promoting Democracy and Fighting Terror", *Foreign Affairs*, January/February 2003, p. 79.

[2] Graham E. Fuller, "The Future of Political Islam", *Foreign Affairs*, March/April 2002, pp. 48–60.

第三章

"新帝国主义论"的理论观点

在20世纪90年代后的经济政治等背景下,欧美右翼抛出了"新帝国主义论",公开宣称世界需要一种新的帝国主义,并提出,在当今时代,西方大国在与其他国家交往的过程中,不必遵循国际法,也可以不与联合国协商就动用武力,甚至可以随意在出现问题的地方推行保护权。这些观点清楚表明了"新帝国主义论"的目的是要为西方国家干涉别国内政、对他国实施军事打击寻找借口、进行辩护。对于这一理论,我们必须全面了解其主要观点并运用马克思主义方法对其进行理论批判,这样才能正确认识和把握以美国为首的西方国家的发展变化及其对发展中国家所采取的行动中所蕴含的真正目的,同时也能对新帝国主义在20世纪末和21世纪初的发展变化有更清楚的认识。

一 新帝国主义存在的理由——"失败国家"论

(一)"失败国家"论提出的根源

在传统的殖民帝国主义时期,各帝国主义列强用枪炮轰开了落后国家的大门,采用赤裸裸的武力来剥夺殖民地的资产。在这种弱肉强食的情况下,帝国主义者也在为自己的行为辩护,如金融大王也是英布战争的罪魁塞西尔·罗得斯在1895年就声称,"我昨天在伦敦东头〔工人区〕参加了一个失业工人的集会。我在那里听到了一片狂叫'面包,面包!'的喊声。在回家的路上,我反复思考着看到的情景,结果我比以前更相信帝国主义的重要了……我的一个宿愿就是解决社会问题,就是说,为了使联合王国4000万居民免遭流血的内战,我们这些殖民主义政治家应当占领新的土地,来安置过剩的人口,为工厂和矿山生产的商品找到新的销售地区。我常常说,帝国就是吃饭问题。要是你不希望发生内战,你就应当成为帝国主义者。"① "愈来愈艰难的生活不仅压迫着工人群众，而且压迫着中间阶级，因此在一切老的文明国家中都积下了'一种危及社会安定的急躁、愤怒和憎恨的情绪；应当为脱离一定阶级常轨的力量找到应用的场所，应当给它在国外找到出路，以免在国内发生爆炸'。"② 从这种辩护中我们不仅可以看到帝国主义殖民扩张的经济根源和社会根源，同时也看到了这种殖民扩张的本质是为了平息国内的各种矛盾，为资产阶级的利益服务，然而，在资产阶级眼中，这种为了获取全球的资源和利润而进行的殖民扩张却被美化成为了本国居民的生计和幸福，是为了解决社会问题而采取的正当行为。

而进入到20世纪末期后，由于各国的民族独立意识和对武装入侵的反抗越来越强，也由于各种国际组织和国际秩序的建立和加强，因此，这种强调为本民族和国家的利益而进行的帝国主义扩张行为已不能为国际社会所接受，发达国家如果想继续其在国际关系中的霸权行为，就必须要寻找一个更为冠冕堂皇的借口。正是在这种背景下，"失败国家"论出台了。所谓的"失败国家"最早是由英国哥伦比亚大学政治学系教授罗伯特·杰克逊于1998年11月在《取代主权？——大国责任与"失败国家"》中提出的。在这篇文章中，他用"失败国家"（failed states）特指那些"不能为本国国内公民提供和平、秩序、安全等最起码条件的国家"。在"失败国家"论者看来，这个世界上存在许多"失败国家"，它们对其他国家构成了严重威胁，因而已经失去了继续存在下去的权利。这种威胁来自"失败国家"内部一系列制度和发展条件的缺失，这些缺失导致了不满情绪和暴力倾向的滋生，这种不满和暴力通常会通过恐怖主义的形式外溢到其他国家，从而对国际社会的安全形成危害。因此，其他国家有权对"失败国家"进行干涉，并可采取预先自卫的原则对"失败国家"进行打击。从这种对"失败国家"的界定和采取的对策来看，这实际上是为干涉和侵略他国寻找借口，并使新帝国主义所倡导的单边行动合法化。

（二）"失败国家"论的内容

在"失败国家"论的基础上，新帝国主义的主要倡导者之一罗伯

---

① 转引自《列宁选集》第2卷，人民出版社1995年版，第642页。
② 同上书，第647页。

特·库珀又提出了三种国家论,对世界各国进行了更加细致的划分。在"新帝国主义论"者看来,世界上所有国家大致可以分为三类:前现代国家、后现代国家和传统的现代国家。传统的现代国家是那些采取常规国家行为的保持传统意义上的国家,它们仍然坚持国家利益至上的原则,如印度、巴勒斯坦、中国等,对于这些国家而言,它们总是将利益、权力奉为圭臬。前现代国家通常是从前的殖民地,而现在则经常处于相互间的无休止的战争状况中,也就是所谓的"失败国家"。在"这类社会中,无处不是危机四伏。这种地区中,混乱是一种常态,而且战争就是一种生活方式。即使那里存在着一个政府,它的运作方式也与一个有组织的犯罪集团毫无二致","如果非国家分子,特别是毒品、犯罪或恐怖主义组织占据使用前现代国家及地区攻击世界上的那些更有序的地区,那么组织良好的国家可能最终必须做出回应"[①]。"新帝国主义"者认为,这种前现代国家有索马里、阿富汗等。后帝国、后现代国家是指那些经济发达、政治民主、不需要靠征服赢得安全的国家,主要是指欧美国家。在"新帝国主义论"者看来,美国以其强大的经济政治实力而当之无愧地成为世界上最强大的国家,而欧盟也是一种高度发达的体系,通过体系内部机制的运转使所有成员国的经济政治都在良好的基础上运行。后现代国家之间没有彼此侵略的动机,其面临的威胁主要来自现代国家和前现代国家。

在"新帝国主义论"者看来,由于"失败国家"的存在,整个世界充满了危险。对于"失败国家"而言,从国内情况看,它们已经不能再给自己的人民带来积极的政治福利和安定的社会环境,如社会安全、教育和医疗服务、经济发展的良好环境、完善的司法体系以及交通、通信设施等基本的社会需求,从而导致国内骚乱不断,政府已无法真正控制整个国家;从国际方面看,它们往往成为恐怖主义的温床并为恐怖组织提供庇护。发生在21世纪初的"9·11"事件,便是"失败国家"对世界构成严重威胁的典型范例。因此,2002年的《美国国家安全战略》报告指出:"美国现在受到的威胁与其说是来自耀武扬威的国家,倒不如说来自衰败的国家。……2001年9月11日的事件使我们认识到,像阿富汗这样的弱

---

① Robert Cooper, "Why We Still Need Empires", *The Observer*, April 7, 2002.

国可以像强国一样给我们的国家利益造成巨大的威胁。"[1]

面对前现代国家带给世界的混乱,库珀认为最合乎逻辑的应对方式是殖民化,然而由于帝国和帝国主义已经声名扫地,因而这种方式是无法被后现代国家所接受的。在库珀看来,人们需要的是一种新的帝国主义——符合人权及普世价值,其目的是按照自愿的原则带来秩序和组织化。"我们将积极致力于把民主、发展、自由市场和自由贸易的希望带到世界每一个角落"[2]。

对于"失败国家"这一称谓,学术界有不同的提法。如美国哈佛大学的国际关系教授斯坦利·霍夫曼认为它们只是一些"虚式国家"(psedostates)。他指出:"在这十年里,许多国家,特别是那些在非殖民化运动中诞生的国家,暴露出它们不过是'虚式国家'的本质。它们不是缺乏稳定的政府机构就是缺乏内在的凝聚力或民族意识。"[3] 从这一解释中可以看出,他所说的"虚式国家"和"失败国家"的内涵完全一样,只是冠以了一个不同的名称而已。

二 新帝国主义的政策和理论基点

殖民帝国主义时期盛行的武力入侵与占有殖民地和势力范围的方式在"二战"后已经无法适应形势的需要,面对第三世界国家民族独立的要求和战后西方世界急需恢复的现状,以美国为首的西方发达国家调整了战后的策略,在对外经济关系上除了运用其经济优势与发展中国家进行不平等交换,获取巨额利润外,还通过经济援助等方式帮助西欧的资本主义国家从战争创伤中恢复、扶持拉美和亚洲一些有地缘关系和亲西方意识形态的国家的经济增长,从而从总体上加强了资本主义的力量,以抗衡以苏联为首的社会主义阵营。

在这一阶段,最有成效的是"马歇尔计划"和对亚洲四小龙的支持。"二战"后,西欧面临着非常严重的经济困境,这一方面是由于长期的战争压制了消费者的需求,因而在恢复和平后出现了需求膨胀的现象,

---

[1] The U. S. National Security Council, *The National Security Strategy of the United States of America*, Sept. 2002.

[2] Ibid.

[3] [美]斯坦利·霍夫曼:《全球化的冲突》,刘慧华译,《世界经济与政治》2003 年第 4 期。

而巨额的战争开支却影响了国内的投资需求，对这种需求膨胀无法作出有效的调整；另一方面是1947年欧洲大部分地区遭受了旱灾，使得当年的农业产量降至20世纪的最低点，无法保证充裕的粮食供给。面对这一情况，杜鲁门政府的国务卿乔治·C.马歇尔在1947年6月5日参加哈佛大学毕业典礼的演讲时声称，必须考虑给予欧洲国家额外的、大量的和无偿的援助，否则，这些国家将会面临非常危险的经济、社会和政治解体的危险，这就是"马歇尔计划"的由来。实际上，美国在"二战"后的两年内，就向欧洲提供过救济和援助，并在1945年联合加拿大共同给英国贷款50亿美元，但由于欧洲复兴所需的资金巨大，因此这次援助并未达到明显的效果。而此时苏联和美国的冷战不断升级，同时在西欧一些国家，由于国内面临严重的经济困难，共产党的作用开始显现。为了稳固资本主义体系，以美国为首的发达资本主义国家不得不设法解决西欧的经济困境。1947年7月12日，英国、法国、意大利、荷兰、比利时、瑞典、葡萄牙等16个国家的代表在巴黎会晤，决定成立"欧洲经济合作委员会"，其后转变为"欧洲经济合作组织"，负责分配美国的援助。1947年9月，这些国家正式联合向美国提出在4年内提供292亿美元援助的要求，后在美国要求下减到224亿美元。但在实际执行过程中，美国只提供了129.9亿美元。尽管援助金额并未达到承诺的标准，但仍大大加速了欧洲经济的恢复，对欧洲经济发展起到了至关重要的作用。到1949年，西欧的工业产量已经超过了战前1937年的水平，到1952年，基本完成了经济恢复。而对于援助国美国来说，也在这一计划的执行过程中大大获益，因为双方约定，援助的美元必须用来购买美国的援欧物资，主要包括粮食、化肥、原料、燃料、半成品和机器设备等。因此，对欧援助有效提高了对美国产品的需求，从而使美国生产能力得以扩大，同时，大部分美元也回流到美国。

除欧洲外，美国对亚太地区也提供了大量援助。如以"占领地区救济基金"和"占领地区复兴基金"的名义，向日本提供了23亿美元的贷款和援助，使日本经济能够迅速恢复和发展。对于新加坡、韩国等国家以及中国台湾地区，则不仅提供援助，还同时采用在贸易上给予大力支持的方式使这些国家和地区迅速发展起来，从而使美国在亚洲的影响力得以巩固和扩大。然而，应该注意的是，"多数实现了经济增长奇迹的亚洲国家，与其他国家相区别的因素在于，作为核心国家旨在遏制苏联扩张的明确战略的一个部分，它们被允许在经济政策上拥有一定程度的独立性，而在进入发达资本主义国家市场方面它们相对自由。是外在的安全问题，向这些国家的统治者提供了一些动力，使他们能够促进国内资本主义的发展"①。

然而，随着冷战的结束，社会主义阵营的力量遭到了极大的削弱，两大阵营已不再是旗鼓相当的水平，因此，为抗衡社会主义而采取的战略援助和支持已不再符合发达资本主义国家的利益，此时，它们需要一个更为强硬的手段，以便更迅速和有效地获取利润以及加强对发展中国家的控制。由此，在提出了新帝国主义战略后，其具体策略和手段也发生了转变。

在"新帝国主义论"者看来，由于"失败国家"正在威胁以美国为代表的西方发达国家的安全，因而必须采取有效的手段来对付这种威胁。他们同时指出，传统的非帝国式的方式如经济援助等已经不能使这些国家摆脱自身的困难，因而也就无法消除威胁世界和平的因素。如美国的塞巴斯蒂安·马拉比在其文章中指出："经验表明，各种非帝国主义的选择——特别是对外援助和各种各样的建设国家的努力全都归于失效。"以经济援助为例，在20世纪"50和60年代，援助主要以提供资金的办法保证贫穷国家自身的持续发展。在70年代，援助重点转到直接建设卫生医疗机构和学校来缓减贫困。80年代，捐助者着重于帮助受援国的经济改革。90年代，他们增加了对于反腐败措施和其他管理改进措施的要求"。"但是谁也没有找到具有魔力的钥匙。在这些机能出现障碍的国家里的顽固集团拒绝上述办法。"由此，他得出的结论是："非帝国主义的一种主要选择——经济援助，不可能使最弱的国家获得稳定。"②

在传统方式不能解决"失败国家"对世界产生的威胁时，库珀等"新帝国主义论"者提出了一种新的解决办法，即由后现代国家推行一种符合人权及普世价值的新帝国主义，将可能威胁西方国家安全的"失败国家"直接控制起来。"新帝国主义论"者强调要实行新帝国主义政策来保证全球的安全除了基于"失败国家"这一现实因素外，还有其理论基点。这些理论基点主要是霸权稳定论和民主和平论。

---

① ［美］罗纳德·H. 奇尔科特：《批判的范式：帝国主义政治经济学》，施扬译，社会科学文献出版社2001年版，第29页。

② Sebastian Mallaby, "The Reluctant Imperialist: Terrorism, Failen States and the Case for American Empire", *Foreign Affairs*, March/ April 2002.

（一）霸权稳定论

"霸权稳定论"是西方学者通过对历史上一些大的帝国兴衰成败的经验加以提炼而概括出来的，这一理论认为，在国际社会中虽然不存在一个中央政府，但如果存在一个起绝对主导作用的霸权国，而且这个霸权国愿意并能够为国际体系提供必要的安全、经济稳定等国际公共物品，那么，国际体系就会保持一定的秩序与和平。反之，如果不存在霸权国家或尽管存在但这个霸权国家却正处于衰落之中，那么，国际体系就可能陷入混乱。

作为一种系统化的理论，霸权稳定论是对20世纪30年代经济大萧条时代的理论总结，从逻辑基础上是由"不列颠治下的和平"（Pax Britannica）转向"美国治下的和平"（Pax Americana）的象征和标志。它是由国际政治经济学的先驱、美国麻省理工学院的查尔斯·金德尔伯格首先提出的。金德尔伯格通过对20世纪30年代经济大危机的研究，提出当时之所以形成世界性经济危机，是因为没有一个大国有能力或愿意承担制止危机的责任，没有一个国家愿意充当阻止金融危机蔓延开来的最后借款者的角色，而是都在采取以邻为壑、转嫁危机的政策。从当时的国际形势来看，英国已经处于霸权衰落期，无力保障国际清算系统的正常运转，而实力强大且正处于上升期的美国在1936年以前一直不愿从英国手中接过这一责任，正因如此，才使得世界性经济危机得以产生。他在《萧条中的世界，1929—1939》一书中指出，世界经济必须有一个"稳定者"，其责任是：为剩余的产品提供一个市场、保证资本流向可能的借方以及在金融危机银行关闭的紧要关头，作为重新启动金融的最终借贷者而发挥作用。

在提出世界经济领域需要一个"稳定者"的基础上，金德尔伯格进一步将这一理论推广到政治学领域。他认为，从欧洲18—19世纪的政治发展中可以看出，没有普鲁士王国的领导，就不可能有统一的德国；没有撒丁王国的带头，也就不可能有意大利的统一。因此，国际经济的真正稳定需要一个世界政府。但在尚不具备建立这种世界政府的条件下，必须由一个既有能力又有责任的大国来领导国际经济体系，这个国家在1914年以前是英国，而在"二战"后则变成了美国。

在金德尔伯格之后，普林斯顿大学的政治学教授罗伯特·吉尔平将这一理论进一步系统化，并以政治、军事实力和生产效率的双重尺度来确定国家地位，而不仅限于金德尔伯格所说的经济实力。之所以如此，是因为他认为，一国的生产效率在很大程度上决定着该国的利益与自由的国际经济体系的密切程度，一国的生产效率越高，它从自由贸易中的获利越大，也就更愿意支持这一体系，而政治、军事实力主要表现了一个国家影响国际经济体系力量的大小。根据这种划分方法，吉尔平将国际经济的参与者归纳为三种：边缘国——面积小且对国际经济体系影响弱的国家、生长点——以自由贸易体制的挑战者面貌出现但生产效率相对较低的国家、霸权国家。也有学者把金德尔伯格和吉尔平的分类概括为搭便车者、搞破坏者和霸权领导三种。

在此基础上，吉尔平将这一理论进一步梳理，将其归纳为霸权的战略目标、霸权的运行机制和霸权的发展过程。

吉尔平指出，只有在霸权存在的情况下，自由的国际经济秩序才能繁荣和充分发展。在他看来，自由市场体系的产生和发展有三个前提——霸权、自由意识形态和共同利益。在这三个前提中，自由意识形态和共同利益是从属和服务于霸权的。因此，自由经济制度是霸权的产物，没有霸权就没有自由经济的繁荣和发展。当然，并不是有了霸权，自由市场经济就一定能顺利运转，这还要取决于霸权国是否具有自由的意识形态。"霸权国本身必须恪守自由主义的价值观念"，即"霸主国的社会目标和国内权力分配必须有利于国际自由秩序"①，才能使市场机制在国际经济中充分发挥作用。而共同利益是相对于霸主国及其麾下主要国家的相互关系而言的。一方面，"霸主国家的经济可以发挥对世界经济的运转至关重要的作用。它利用自己的影响建立国际社会体制"②；另一方面，"其它主要国家也必须对市场关系的发展感兴趣，霸权国家可以鼓励，但不可能强迫其它国家遵守开放性世界经济的规则"③。当然，这种共同利益能否形成关键还是要看霸权国的实力。霸权国除了要提供保障世界自由经济体制正常运转所必需的国际公共品，还要做到以下几点：一是不断使自身成长壮大，以显示实行市场机制的好处，并通过这种示范作用推动自由的市场经济在其他国家得以发展；二是控制自然资源和原材料、金融和资本来源、市场

---

① ［美］罗伯特·吉尔平：《国际关系政治经济学》，杨宇光等译，经济科学出版社1989年版，第87—88页。
② 同上书，第90—91页。
③ 同上书，第93页。

以及特殊技术，从而能够通过各国在世界经济中相互依存的机制来加强对国际市场经济的管理和支配，确保其正常运行；三是在几个举足轻重的经济强国之间进行斡旋和调停。

吉尔平认为，在近现代史上，曾经出现过两次霸权保证自由经济发展的实例。第一次是从拿破仑战争结束到第一次世界大战爆发，当时英国充当了霸权国的角色，把世界经济引入到了自由竞争时代。第二次是第二次世界大战后，美国发挥主导作用，建立了以关贸总协定和国际货币基金组织为主体的国际自由经济秩序，使国际社会实现了安全与和平。

在霸权稳定论中有两个中心命题：一是世界政治中的秩序由一个主导国家创立，二是国际秩序的维持需要霸权国家的持续存在。[①] 在新帝国主义者看来，帝国本身就是一种霸权，这种霸权的存在会使世界形成一种和平与有序状态，而且这种状态在帝国的强盛期将会一直存在，因而他们要求绝对和至高无上的帝国霸权。此外，霸权稳定论提出了霸权护持模式，即认为霸权国要具有充分的军事力量以阻止和遏制其他国家可能对它所主导的国际政治经济秩序进行侵犯的企图。在霸权稳定论的基础上，新帝国主义论又加以推进，提出了必须使用丛林法则，对前现代国家采用武力、先发制人等方式来消除其对后现代国家产生的潜在威胁。

（二）民主和平论

"民主和平论"最早起源于18世纪欧洲启蒙运动时期，当时德国哲学家伊曼努尔·康德提出了由自由国家联合起来建立永久和平的设想。在《论永久和平》一书中，康德把道义法则和人权思想运用到国际关系上，指出要建立国家间的正常关系，就必须坚持国际法的原则，主要是主权独立、维护和平与遵守道义。而对于不同类型的国家来说，共和制国家比采取其他政体的国家更乐意接受和平的、有约束力的国际法，从而更容易实现永久和平，并强化"建立在自由联盟之上的国际法则"。这是因为，在共和制国家中，除非是出于防卫的目的，否则，大多数民众永远不会在投票中支持发起战争。因此，如果所有的国家都是共和国，战争便永远不会出现了，因为没有一个国家会首先发起战争。

[①] ［美］罗伯特·基欧汉：《霸权之后——世界政治中的合作与纷争》，苏长和等译，上海人民出版社2001年版，第36页。

康德的思想在第一次世界大战时期得到了进一步的发展。第一次世界大战后，以美国第 28 届总统伍德罗·威尔逊为主要代表人物的理想主义学派提出，一国的政府体制决定了该国是否好战，从这一意义上来讲，独裁体制比民主体制更具有侵略性，其原因是独裁者可以不经民选立法机构的同意而按其意愿采取军事行动，而"依照自己的方式生活，决定自己制度的国家……爱好和平"①，只有实行民主体制才"能够获得正义的保证，并得到世界上其他民族的公平待遇而不致遭受暴力和损人利己的侵略"②。此后，美国学者熊彼特进一步提出"民主的资本主义能导致和平"的论断。

到 1983 年，约翰·霍布金斯大学的政治学教授米切尔·多伊利（Michael Doyle）在《康德、自由主义遗产与外交》一文中将民主和平论正式作为一种理论提出来，指出"自由民主国家之间从来没有发生过战争"。③而当代的民主和平论者更是试图通过各种统计与分析，来证明这一理论的普遍适用性。拉西特与 Z. 毛兹不仅指出民主和平自 19 世纪末以来就已经存在，还重点分析了冷战时期的民主和平现象。他们通过对所有发生战争及军事危机的国家进行量化分析，得出了以下结论：在民主国家之间，发生军事化国际争端和参与国际危机行动的比率要比民主国家与非民主国家之间及非民主国自身之间小得多。④ 从这一分析可以看出，民主和平论的暗含逻辑就是世界和平的稳固基础在于扩展西方所认同的民主制度。

民主和平论的中心论点是民主国家不会（或很少）发生战争，这是由民主国家的政治制度和文化等决定的。首先，在民主国家内部，民主政治的制衡原则和选举制度等约束机制迫使政府在制定政策时必须要考虑民意，如果战争的代价过高，就会导致其在选举中失败；同时，在民主国家中，关于战争的外交政策是透明的，公众和决策者可以就战争的代价、战争对国家的影响等进行公平辩论，从而对战争所引发的不良后果能够有充分的考虑，这也会减少制定战争政策的几率。其次，在民主国家间发生纠纷时，由于这些国家都具有共同的民主规范和民主文化，从而各自都会希望用和平而非战争的方法来解决相互间的纠纷，这种"共同愿望"就要

---

① 美国驻华大使馆新闻文化处编：《美国历史文献选集》，北京 1985 年，第 131 页。
② 同上书，第 134 页。
③ 转引自龙兴春《民主和平论及其在当代国际政治中的实践》，《传录》2011 年第 5 期。
④ 参见郑安光《民主和平论及其对冷战后美国外交战略的影响》，《美国研究》1999 年第 2 期。

求各方协调相互间的关系，通过彼此尊重与合作、扩大接触来达成妥协，使矛盾化解在萌芽中，并最终导致利益共同体的产生。随着民主国家走向一体化，在相互交往中更加不会使用武力，甚至不会以使用武力相威胁。

在这一中心论点的基础上，民主和平论者又提出了两个基本论点：一是转型中的民主化国家发生战争的可能性大。美国哥伦比亚大学政治学教授爱德华·曼斯菲尔德和杰克·斯奈德在其《民主化与战争》中提出，成熟的民主国家具有和平倾向，而向民主化国家转化的过程却是危险和充满好斗的时期，在此期间，大众政治和独裁精英政治往往交相更迭，极易造成中央权威削弱、利益集团冲突扩大、公众之间产生政治分歧和对峙等情况，从而导致民族主义失控，国家的好战侵略倾向加强。从历史经验看，从混合政体转向民主政体的国家发动战争的可能性比依然是混合政体的国家高50%，比其他类型国家高70%。二是尽管民主国家间不会发生战争，但它们不会回避与非民主国家间的战争。这是因为民主国家之所以愿意用和平的方法来解决政治争端，是因为它能够假定并相信别的民主国家也赞同用相同的规范与本国共同解决争端，这是民主国家之间的相互感知和尊重。但在与"非民主国家"发生冲突时，这种规范将不再起作用，民主国家与"非民主国家"不存在相同的民主文化规范，因此无须克制自己，有必要采取更严厉的国际行为规范，这甚至被看作民主国家的"崇高使命"。

按照民主和平论，对于民主国家而言，它们不仅不能回避与"非民主国家"的战争，而且要以战争的方式帮助那些"非民主国家"重建民主；通过民主机制的建立，在"非民主国家"实现和平，只有这样才能维护全世界的民主与和平。对此观点，新帝国主义者欣然接受，并将其作为行动的指导方针之一。2002年6月1日，布什在西点军校的演讲中公开宣称，为了"支持人类自由与和平"，必须对那些"恐怖主义和暴君的威胁"发动战争。而提出"历史终结论"的弗朗西斯·福山也宣称：在过去的几年里，人们已经看到"自由民主制度作为一个政体在全世界涌现的合法性，它为什么会战胜其他与之相竞争的各种意识形态，如世袭的君主制、法西斯主义以及近代的共产主义"[①]。

---

① [美] 弗朗西斯·福山：《历史的终结及最后的人》"代序"，黄胜强、许铭原译，中国社会科学出版社1993年版，第1页。

在霸权稳定论和民主和平论的基础上，新帝国主义者进一步为他们的行为进行辩护，认为这种新帝国主义是"自由和人道的帝国主义"，是要把人们从混乱或暴政中解放出来，使之生活在民主和自由中的捷径，也就是他们所鼓吹的"仁慈帝国"。他们认为，与以前以征服和剥削为特征的帝国主义不同，新帝国主义"不想奴役其他国家，掠夺资源"，而是"想解放被压迫的人民，给他们带去自由制度之利"[①]。美国的罗伯特·卡根提出："美国施行的仁慈的霸权对世界大多数人来说都是好的。与一切可能的另外的选择相比，它当然是更好的国际安排。"[②]

可以说，当今世界的一些新的不安全因素也就是所谓的"失败国家"为新帝国主义论的产生提供了一个借口，而霸权稳定论和民主和平论则为其提供了理论支持。从这两种理论的内容来看，它纯粹是为资本主义国家在全世界以武力方式推行其政治主张和发展模式、将发展中国家纳入发达资本主义国家的控制之下提供理论支持。

三　新帝国主义的形式

由于"新帝国主义论"流派繁多，因而在许多观点上并未形成统一意见。如新帝国主义在冷战后的经济全球化时期所应采取的形式，就有不同的观点，代表性的有两种：美利坚帝国论和合作帝国主义论。

（一）美利坚帝国论

美利坚帝国论是美国新保守主义所宣扬的、建立在美国强大的经济和军事实力基础上的一种鼓吹美国承担起帝国的使命以维护世界和平的理论。

第二次世界大战后，美国因其强势地位而处于西方发达国家之首。冷战期间，美国历史学家阿瑟·施莱辛格曾把美国的地位说成是"非正式帝国"或"无形帝国"。冷战后，新保守主义派致力于把美国前所未有的优势地位转变成"正式帝国"，鼓吹美国应当成为"现代罗马帝国"和承

[①] Ivan Eland, "The Empire Strikes Out – The 'New Imperialism' and Its Fatal Flaws", *Policy Analysis*, No. 459, November 26, 2002, p. 11.

[②] 转引自［美］威廉·布卢姆《冷战结束以来的美利坚帝国》，徐洋译，《国外理论动态》2004年第10期。

担起帝国的使命。罗伯特·卡根在《仁慈的帝国》一文中，极力鼓吹建立新型的美利坚帝国。他认为，美国天性热爱自由民主，应该通过建立国际制度为国际社会提供公共产品，维持国际秩序，持续不断地作出"国际贡献"。他说："美国的自由依赖于自由在世界的存在和传播……美国的国家安全与国际安全密不可分。"① 只有美国的主导地位才能维持国际安全和繁荣，世界应该接受美国这个"仁慈的帝国"（benevolent hegemony）。美国一些政治精英如保罗·沃尔福维茨、小克里斯托、理查德·哈斯、保罗·肯尼迪等认为，在2015年之前，美国拥有一个非常有利的战略机遇期，即不再面临像冷战时期苏联那样的全球性竞争对手。在这一阶段，美国所面对的威胁主要是地区性强国对美国霸权地位的挑战、大规模杀伤性武器的扩散和全球性问题等对以美国为主导的国际体制的冲击。② 他们主张利用苏联解体的有利战略机遇，通过不断扩大世界发展不平衡状态和彻底打破冷战遗留下来的均势结构，重新制定国际规则，并在经济、科技、军事实力等方面与任何可能的挑战者拉开距离来保持美国的绝对优势地位，从而将冷战时期与苏联分享的均势霸权平稳过渡到独霸世界的单极霸权，使21世纪成为"美国世纪"，再造"美国治下的和平"③。

与传统反面形象的殖民帝国主义不同，在美国战略宏图设计者的心目中，今天美利坚帝国的崛起，是对古罗马帝国的复兴，美国要像古罗马帝国一样维持正义与和平。美国之所以将自己与其他的帝国如大英帝国等区别开来，而将自己比拟为复兴的罗马帝国，是因为，"在美国学术界和政坛的有心人眼中，罗马帝国不仅持续时间长，也不仅有恺撒时期军事和经济上的全盛及奥古斯都时期拉丁文学的繁荣，更重要的是，罗马帝国奠定了基督教在社会生活中精神核心的地位。而且在自由、平等这些从希腊文明发展而来的法律和权利的观念下，罗马帝国征战与统治的旗帜始终是追求和平与正义：它所以发动战争是为了正义与和平，它所以统治被征服者是要为他们提供公正的保障。这样的高尚是近现代西方帝国所不具备的。以坚船利炮开拓海外市场、从殖民地搜刮劫掠的大英帝国自不必说，后来

---

① Robert Kagan, "The Benevolent Empire", *Foreign Policy*, Summer 1998, p. 26.
② *A National Security Strategy For a New Century*, The White House, May 1997, p. 2. and William S. Cohen, *Report of The Quadrennial Deffense Review*, Department of Defense, May 1997, p. 7.
③ 吴茜：《美国"新帝国主义论"：内容、原因和实质》，《中国党政干部论坛》2007年第7期。

有滑铁卢之败的拿破仑法兰西帝国也同样缺少高尚,而且结局悲惨,更令美国无法接受,挑起了两次世界大战的德意志第二、第三帝国则更是被避之惟恐不及,而西方基督教文明以外的诸如蒙古帝国、阿拉伯帝国则根本无法进入美国人的视野"[1]。美国的罗马帝国梦激起了许多新保守主义者的向往,美国力图通过复兴"美利坚—新罗马帝国"来昭告世人,其最终目的是要实现罗马帝国时期就倡导的和平与正义的理想,不仅如此,美国在推行帝国战略时还打出了"人权高于主权"、"解放者而不是征服者"以及自由、民主等旗帜与口号,试图以此来掩饰其剥削与掠夺的本质,披上所谓高尚的外衣。

在"9·11"恐怖袭击事件发生前,"新帝国主义论"在美国并不是一种主流思想,其传播范围仅局限于学术界和部分政界人士,而在广大的普通民众中并没有太大的号召力。"9·11"事件极大地刺激和催化了美国谋求帝国霸权的欲望,促使其加快了实施新帝国战略的步伐。[2] 此时,新保守主义者利用美国民众强烈的民族情绪和渴求安全的愿望,使"新帝国主义论"成为一种极具影响力的思想,建立"新美利坚帝国"、维护美国与世界的和平成为美国社会崇尚的理想和目标。2002年1月29日,布什总统发表《国情咨文》,宣称美国将承担起"领导世界的责任",对邪恶轴心势力、恐怖主义势力和其他挑衅美国的势力发动全面打击,其指导思想正是"新帝国主义论"。

(二) 合作帝国论

除美利坚帝国论外,另一种代表性的观点是合作帝国论。合作帝国论的主要倡议者是英国首相布莱尔的外交政策顾问罗伯特·库珀。2002年4月,库珀在英国的《观察家报》上发表了《我们为什么仍然需要帝国》一文,大力倡导新帝国主义。其后,库珀又在《世界秩序的重组:"9·11"事件的长期影响》、《国家的分裂:21世纪的秩序与混乱》等著作中,全面阐述了其新帝国主义理念,论述了冷战后人类重建新帝国主义的必要性和迫切性。库珀提出,为了对付由"失败国家"引致的威胁,美英等国应确立能以军事手段介入世界任何角落的新帝国主义或防御性的

---

[1] 张西明:《新美利坚帝国》"自序",中国社会科学出版社2003年版,第2—3页。
[2] 参见 Duane Shank, "The Project for a New American Empire", *Sojourners* 32, No. 5, 2003.

帝国主义，这就需要新的殖民政策。他指出：为了对付欧洲后现代大陆之外的老式国家，我们需要回到先前以暴制暴、先发制人的攻击和欺骗的方式。在后现代国家中间，可以通过法律和合作来保证安全，但当我们在丛林中行动时，我们就必须使用丛林法则。①

但与美利坚帝国论的鼓吹者不同的是，作为英国外交家的库珀更推崇欧洲政治的先进性和优越性，强调欧洲政治文化中多边主义、和平主义以及法治、谈判的价值，并试图以此引领国际政治发展的方向。因此，他大力倡导后现代欧洲秩序，认为这是除制衡与霸权之外的第三种稳定形式。这种稳定表现在过去几年中，中欧所有国家都在自愿、合作的基础上改革本国的宪法和法律，调整国内市场规则，建立反腐败机构，同时采纳欧盟立法，使国家间的秩序得以稳定。除中欧国家外，巴尔干国家也在为加入欧盟而改革，所有这些都是后现代欧洲秩序的成就。当然，后现代欧洲秩序也有其局限性，主要表现在以下几个方面：第一，后现代欧洲秩序有赖于欧洲政治文化的扩展。对许多邻国而言，后现代相当于政权改变。第二，有明显的地域局限性。对于后现代国家而言，恐怖主义和"失败国家"的威胁可能来自于世界各个方面，而欧盟的成立与发展尽管使成员国之间获得了稳定的秩序，但欧盟更注重的是经济方面，军事力量并没有快速发展，从而不能将现实政治与合作帝国理念相结合。第三，欧洲内部对秩序的威胁。在欧洲，北约的影响以及欧盟的形成和扩展都在一定程度上削弱了国家的权力，"国家的解构产生溢出效应，又导致社会的解构。社会领域过分的透明化和权力分散会使国家在国际秩序中无所作为。事实上，西欧已进入一个由政府、国际机制和私人部门重叠发挥作用，但无一可以实施控制的时代"②。而在国际关系中，国家是安全领域最有效的行为者，因此，国家权力的削弱必将使后现代国家防范和处理威胁的能力减弱。

尽管存在着这些缺陷，库珀仍认为后现代欧洲代表着今后世界政治的努力方向，也是达成永久和平的合理模型。

库珀还提出，除了后现代的欧洲秩序外，"二战"后建立和发展起来的多边机制也可看成是一种后现代霸权。例如，国际货币基金组织、世界

---

① 参见 Robert Cooper，"Why We Still Need an Empire"，*The Observer*，April 7, 2002.
② 参见杨文静《后现代秩序的逻辑——〈国家的分裂：21 世纪的秩序与混乱〉介评》，《现代国际关系》2005 年第 4 期。

银行、世界贸易组织、国际刑事法院、斯特拉斯堡人权法院、国际经合组织、国际原子能机构等都可在相关领域干涉成员国的内部事务，因此都属于后现代霸权的范畴，这些组织和多边机制都在一定程度上保障了世界秩序的稳定。

但库珀也指出，尽管在多方面的努力下，如今的世界呈现出一种高度机制化和有序的状态，但在安全领域仍处于无政府状态，一旦某些国家决定使用武力，世界体系就可能会重回丛林时代。在他看来，为了解决这种对国际安全的威胁，最好的方法是把欧洲的后现代模式推广到全世界，使法律和谈判成为处理国际关系的准则，使人们对国内利益的认同与国际利益的认同融为一体，只有把认同扩大到"国内外利益相糅合，外国不再是'外'国，而是'我们'的一部分"的时候，才能真正地实现永久的和平。从这一结论来看，库珀的合作帝国论和美利坚帝国论的本质并无不同，都是以西方逻辑为思考的起点和终点，将西方世界作为改造世界的主要动力。这也反映出，在冷战结束后，合理合法地干预别国内政以维护和拓展西方话语下的"自由、和平、民主世界"，已经成为欧美的共同追求，这也因此成为引发欧美相互竞争和发生矛盾的根源，双方都希望在未来的世界中以自己为中心，以自己的模式作为改造世界的范例。

四 美国在新帝国主义时代的领导作用

"新帝国主义论"者大多认为现今的美国是自罗马帝国消亡以来最为强盛的国家，也是可以堪当"新帝国"角色的唯一超级大国。美国的这种优势地位主要是从以下三个方面形成的：

（一）美国的经济、军事、科技等硬实力

"二战"以后，美国经济一直处于世界领先地位。进入20世纪90年代后，在发达国家中，日本经济首先陷入了泡沫经济破产后的萧条状态，德国、法国等西欧国家的经济增长也非常缓慢，只有美国借助新经济力量实现了长达10余年的经济增长，从而进一步巩固了其经济霸主地位。自1992年以来，借助于信息经济的发展，美国经济进入了新一轮经济周期的扩张期，经历了第二次世界大战后世界最长的107个月的经济扩张，形成了自20世纪50年代的"黄金时代"之后的第二次经济

大繁荣时代。1992—2000年间，美国经济年均增长率为3.8%，通货膨胀率则保持在2%—3%之间，失业率大幅下降，公司利润增长了40%。根据世界经济论坛和哈佛大学国际发展中心公布的《2001年全球竞争力报告》，在世界75个主要国家中，美国的竞争力指数居全球第2位，仅次于芬兰。[①] 美国的核心竞争力在于科学技术创新及应用普及率，正是高创新率及应用率支撑了美国的新经济。除技术创新及应用外，美国劳动生产率也以相对较高的水平在增长。1991—1995年间，美国的年平均劳动生产率为1.47，到1996—1999年间，这一数字上涨为2.47，其上涨速度远高于竞争力指数高于美国的芬兰，芬兰的年平均劳动生产率在1991—1995年为3.91，到1996—1999年却降至3.10，出现了负增长。在发展经济的同时，美国的军事力量更是逐年增强。"二战"后，为巩固和维持资本主义世界体系，与世界社会主义阵营相抗衡，美国一直维持着强大的军事力量，并通过《日美安保条约》、北大西洋公约组织等保持其在资本主义阵营中的绝对优势地位。目前，世界上军事开支最大的五个国家分别是美国、俄罗斯、法国、日本和英国，其中，美国一国的军事开支就占世界总额的36%。而且，由于美国在经济发展中强调军事工业的作用，军工业已成为美国重要的经济支柱，从而为美国保持其军事力量创造了条件。

（二）对美国有利的国际机制

美国不仅自身具有强大的经济和军事实力，还通过"二战"后主导建立各种国际经济政治组织以及与世界上多个国家建立多边和双边同盟，最终形成了一整套对美国有利的国际机制，进一步加强了美国的实力。

"二战"后，在美国的倡导下，成立了联合国、国际货币基金组织、世界银行，负责协调国际政治、经济秩序与规则。而在所有这些机构中，美国都占据着举足轻重的地位，从而能够把美国自身的意志强加在这些机构上，使其代表美国的目标。

（三）软实力

除上述两方面外，美国还通过文化即所谓的软实力在世界上的传播加

[①] 参见张春荣《芬兰取代美国位居榜首》，《经济日报》2001年10月23日。

强其政治模式、经济体制和意识形态在世界上的影响，这种软实力是以前的罗马、大英帝国等霸权国所不具备的。对于这种软实力，约瑟夫·奈指出，在国际政治中通过制定议程来吸引他人，与通过威胁或使用军事或经济手段来强迫他人改变立场同等重要。一个国家可以在国际政治中通过软实力达到其所希望的结果，因为他国想追随它，欣赏其价值观，效仿其模式，渴望达到其繁荣水平和开放程度。1999年，法国外交部长于贝尔·韦德里纳指出，美国已经超越了它在20世纪的超级大国地位。美国今天的霸权地位从经济、货币和军事领域等向生活方式、语言以及广泛的大众文化产品领域延伸。这些文化产品左右着人们的思想，甚至使美国的敌人也为之着迷。从古罗马帝国到大英帝国再到现在的新美利坚帝国，在不同的时代，帝国依赖的资源也在发生着变化。对此，约瑟夫·奈曾详细描述了1500—2000年主要国家的实力资源：

表1　　　　　　　16—21世纪西方主要国家的实力资源

时期	国家	主要资源
16世纪	西班牙	黄金、殖民地、雇佣军、王朝纽带
17世纪	荷兰	贸易、资本市场、海军
18世纪	法国	人口、农业、公共管理、军队、文化（软实力）
19世纪	英国	工业、政治凝聚力、金融和信贷、海军、自由准则（软实力）、岛屿位置（易于防守）
20世纪	美国	经济规模、科技领先地位、地理位置、军事力量和盟国、普及的文化和自由的国际机制（软实力）
21世纪	美国	技术领先地位、军事和经济规模、软实力、跨国通信的中心

资料来源　胡鞍钢、门洪华主编：《解读美国大战略》，浙江人民出版社2003年版，第47页。

从以上概括可以看出，21世纪的美国不仅具有以前帝国所具有的强大的经济和军事实力，而且其软实力等因素在帝国扩张中占据着重要地位，这是以前所有的帝国都无法比拟的。

正因为美国具有这种超强的国力优势，一些"新帝国主义论"者表示："目前国际体系中的一大特征是美国同时在所有领域都占据着统治地位。在主权国家体系中从来没有一个国家拥有如此程度的统治地位。"①就连在《大国的兴衰》中预测美国帝国式的过分扩张会导致美国衰败的保罗·肯尼迪也指出:"世界上从未有过现在这样的实力差距。大英帝国统治下的和平不太费力;拿破仑的法国及菲利浦二世的西班牙都要面对强大的敌人,且是一个多极体系中的一部分;查里曼的帝国只是扩大了一点的西欧;罗马帝国稍微再大一点,但同时还有一个大帝国波斯和另一个更大一点的中华帝国。而现在的美国则是无与伦比的。在美国的内圈和外圈,大家都承认美国的实力比历史上任何一个最伟大的帝国都要更强大。"② 由于美国具有超强优势地位,因而,"新帝国主义论"者大多认为,美国应接受新的挑战,发挥其帝国的作用,这是美国的历史使命。马拉比指出,"面对日益增长的失败国家带来的威胁","对于布什政府而言,新帝国主义已是不能不加以接受的了"。"帝国并不总是事先计划好了的","今日的美国甚至是一个更为不情愿的帝国主义者。但是一个新的帝国运动的时刻已经到来,由于其力量的优势,美国有责任发挥领导作用"③。

五 对付威胁的手段和战略

在"新帝国主义论"者看来,对付威胁的手段应包括采取双重标准,实行先发制人、单边主义等战略。

(一) 双重标准的含义

这里所说的"双重标准",是指由西方发达国家组成的后现代国家对其他国家按其所属类型而采取不同的方法以保证安全与和平,即在后工业国家内部通过合作来保证安全,而对于由"失败国家"组成的前现代国家,则采取类似19世纪的帝国主义政策,通过使用新殖民化的手段,向其输出稳定和自由。"新帝国主义论"的代表人物之一罗伯特·库珀在

---

① Stephen G. Brooks and William C. Wohlfoith, "American Primacy in Perspective", *Foreign Affairs*, July/August 2002.
② Paul Kennedy, "The Greatest Superpower Ever", *New Perspctives Quarterly*, Winter 2002.
③ Sebastian Mallaby, "The Reluctant Imperialist: Terrorism, Failen States and the Case for American Empire", *Foreign Affairs*, March/April 2002.

《我们为什么仍然需要帝国主义》中宣称,"这个后现代世界必须开始习惯于双重标准"。在与前现代国家打交道时,"需要恢复以前一个时代的比较强硬的办法——武力、先发制人的打击、欺骗,以及与那些仍然生活在19世纪中的国家打交道时所需要的任何方法";"在我们自己中间,我们遵守法律"[①]。由此可以看出,双重标准是发达资本主义国家为自己武力入侵他国、干涉他国内政而提出的一个幌子。也正是在这种所谓的双重标准下,新帝国主义者在政策实践中提出了先发制人、单边主义等战略。

(二) 美国对外战略的演变进程

从18世纪以来,美国的战略一直在根据自身实力和国际环境的变化而改变。从18世纪华盛顿的孤立主义战略到19世纪初确定其美洲霸主地位的"门罗主义",从19世纪的逐步扩张战略到一战、二战中走向西方世界领导地位的渐进战略,从冷战时的遏制战略到冷战后的接触加遏制战略,并最终走向先发制人的进攻性战略,反映了美国实力的逐渐强大,也反映了美国霸权主义的逐步发展,由美国走向控制美洲,再走向称霸世界。冷战结束后,美国成为唯一的超级大国,遏制战略似乎也完成了自己的历史使命。为了确保自身对世界的领导权,并利用冷战结束后的有利形势,进一步在全球范围内维护和追求自己的利益,美国提出了新的国家安全战略——接触战略(Engagement Strategy)。其核心是:运用美国的影响来构建国际安全环境,继续发挥美国在国际社会中强有力的领导作用;在美国有核心和重要利益的地区确保和平与稳定,扩大自由市场和民主"板块"的范围;通过加强与盟国的联盟和与其他国家的联合来创造更有利的国家环境。而在"9·11"事件发生后,美国认识到接触战略不足以保证美国领土的安全性,因此,提出了颠覆国际规则的先发制人战略。

先发制人战略是布什于2002年6月1日在西点军校的演讲中正式提出的。他指出,"为了对付许多意想不到的威胁,美国必须做好必要时采取先发制人的行动来捍卫我们的自由和保护我们生命的准备"。在2002年的《国家安全战略报告》中,布什政府正式将先发制人确定为美国的安全战略,指明要"赶在威胁到达我们边界之前将其查明和摧毁,保护美国、美国人民以及我们国内外的利益"。这一战略的提出,标志着第二次

---

① Robert Cooper, "Why We Still Need Empires", *The Observer*, April 7, 2002.

世界大战结束以来美国推行了半个多世纪的遏制威慑战略发生了重大改变，已被先发制人的进攻性战略所取代。

（三）帝国主义新战略的作用

与之前的战略相比，先发制人战略使美国具有更多的主动性和随意性。从这一战略的内容来看，其实施的主要目标是恐怖主义活动的地区和拥有大规模杀伤性武器的国家，在某些时候，为了捍卫"自由"，也需要对某些特定对象实施先发制人的打击。从其战略内容可以看出，这一战略是单边主义的明显表现，因为只要美国政府认为某一国家对其存在威胁，就可以不在乎国际社会是否接受，也不用理会联合国是否授权，美国自己就可以对这些国家发动战争，将潜在的威胁解除。事实上，美国自20世纪90年代以来的一系列军事行动，早已充分体现了这一战略。1991年的第二次海湾战争、1993年干涉索马里、1993—1995年干涉克罗地亚和波斯尼亚、1999年轰炸南斯拉夫以及1998—1999年的科索沃战争，都典型地表明了美国的军事行动是由其本身的利益决定的。我们可以通过轰炸南斯拉夫这一事例来看一下美国利益的表现。对于美国来说，南斯拉夫具有很高的地缘政治利益。因此，南斯拉夫的瓦解似乎要比它的存在更有利于美国，这是因为，其瓦解必然会产生在经济和政治上都具有更强依附性的小国家，从而可以使美国不用花很大代价就可以把它们置于美国的控制之下。

而在"9·11"事件后，这一战略似乎有了更现实性的基础。因为，恐怖主义分子或"无赖国家"根本不会被威慑，最有效的、可行的战略就是先发制人。而且，美国拥有的以高科技和庞大军费武装起来的超强的军事实力也保证了这一战略的顺利实施。与此相伴的就是单边主义，从本质上说，单边主义就是要确保美国的绝对自由，其他国家和国际组织必须迁就美国，以美国的利益为行动的出发点。

六 对"新帝国主义论"的评价

通过上述论述，我们可以看出，"新帝国主义论"的实质是：一方面通过以美国为首的发达国家的软实力来影响发展中国家，使这些国家的经济、政治和社会模式向西方靠拢，从而使发达国家继续从经济上控制这些国家；另一方面，以强大的军事实力保证发达国家在全球的扩张，尤其是保证美国的霸主地位，同时也为发达国家对其他国家进行武力干涉提供理论借口。

"新帝国主义论"声称，由于世界上存在"失败国家"，这些国家不仅无法管理好自己的事务和领土，而且也对整个世界产生了不安定因素，因而以美国为首的发达国家应承担责任，采用新帝国主义方式来维护世界和平。这一理论不仅适应了国际垄断资本对外扩张的需要，同时也成为发达国家对广大第三世界国家加以控制的依据，因而一经提出就受到美国等国家官方的欢迎，并作为自己行为的理论依据，所谓的单边主义、丛林法则等等也成为它们向其他国家发动武装入侵的借口。然而，这一理论不仅抹杀了第三世界贫穷落后与发达国家的剥削、控制之间的关系，也掩盖了发达国家对发展中国家进行干涉的真正意图。

"新帝国主义论"声称"失败国家"的存在对世界造成了威胁，但从实际情况看，发达国家在经济全球化的进程中，一方面通过对外投资、经济援助等方式将发展中国家纳入全球资本主义体系中，使它们在经济上受发达国家的剥削与控制，在政治上形成对发达国家的依附；另一方面，发达国家还通过各种公开或秘密的手段在这些国家培植自己的代理人，挑起民族、宗教事端，试图颠覆这些国家的政权。可以说，发展中国家的政治纷争、经济落后在很大程度上都是发达国家输出"民主"与"自由"而引起的恶果，而并非如"新帝国主义论"者所鼓吹的那样——因为世界上存在不稳定因素，所以需要发达国家进行干涉——这种说法实际上是将因果关系倒置了。发达国家的这种干涉行为从其本质上看仍然是霸权主义和强权政治的表现，只不过因为时代的关系而披上了经济的外衣，打着民主的幌子。发达国家还宣称对外援助等非帝国主义的选择全都归于失效，而事实却是，发达国家对发展中国家的经济援助等越来越少。乐施会的《付出代价》报告就指出，富裕国家如今捐助的钱在他们的收入中所占的比例只相当于20世纪60年代的一半。1960年至1965年，富裕国家用于捐助的费用平均约为国民综合收入的0.48%；到1980年至1985年间，这一比例降至0.34%；2003年，进一步下降到0.24%。报告还指出，由于富裕国家不能履行他们为贫困者提供基本生活来源的承诺，到2015年，将有4500多万儿童不必要地死去。[①]

[①] 参见 [英] 瓦西利斯·福斯卡斯、比伦特·格卡伊《新美帝国主义》，薛颖译，世界知识出版社2006年版，第173页。

"新帝国主义论"者一方面认为"失败国家"存在威胁,另一方面又极力地美化自己,声称实行新帝国主义是为了国家的利益,为了全人类的利益。这并不是"新帝国主义论"者的独创,从以前的罗马帝国到大英帝国等,每一个霸权国都是如此。1899年拉迪亚德·基普林在他的《白人的负担》一诗中就曾写道:"征服和控制世界上所有黑暗中的人们,或许要持续几个世纪,……这是白人的责任,不是为了自己的利益,而是为了他们的利益。"[1]"新帝国主义论"只不过是这一论调的延续和扩展,但其本质并没有太大的变化。

从新帝国主义产生的经济动因看,它是全球化条件下资本在世界扩张的反映。西方发达国家通过资本输出与扩张,剥削、控制和掠夺落后国家,使得世界范围内贫富差距越来越大。这不仅造成了发展中国家的贫穷与动荡,也使发达国家间争夺资本增值的最佳场所的斗争越来越激烈,从而加剧了国际矛盾,产生各种冲突。从这一意义上讲,"恐怖主义"可以说是帝国主义自己孵化出的毒蛇。而发达国家与发展中国家的这种矛盾最终是无法用经济手段解决的,必然要诉诸武力和战争来解决。因此,列宁关于"帝国主义是战争的根源"的判断仍然是正确而深刻的。

新帝国主义的推行代表了西方垄断资产阶级的利益,对于广大的发展中国家而言,必然要更多地联合起来反对这种帝国主义行径,这也就注定了新帝国主义必将破产的结局。美国哈佛大学肯尼迪政治学院院长约瑟夫·奈就指出,"越来越多的事情是强大的美国所不能控制的","一度强大的罗马帝国也瓦解了,同样,认为美国是不可战胜的观念也非常危险"[2]。许多西方左翼学者也指出,"新帝国主义论"的兴起实际上反映了美国霸权的衰落和发达资本主义国家间矛盾的加深,他们之所以推出"新帝国主义论",就是试图以武力来维持美国的霸主地位及西方发达国家的优势地位。

---

[1] 参见[英]瓦西利斯·福斯卡斯、比伦特·格卡伊《新美帝国主义》,薛颖译,世界知识出版社2006年版,第13页。

[2] Joseph Nye, "The New Rome Meets the New Barbarians", *The Economist*, March 23rd - 29th, 2002.

第四章

新帝国主义的本质特征

在分析了西方右翼学者和政治精英为了迎合以美国为首的发达国家维持战后的国际经济和政治秩序，维护发达国家的地位而提出"新帝国主义论"后，我们必须对新帝国主义的现实进行具体的分析，来了解这种新帝国主义是否与传统的帝国主义有所不同，这是否是资本主义发展的一个新的阶段，其经济基础是什么。

自列宁创立帝国主义理论后，列宁对帝国主义的本质及五大特征的论述就成为人们认识资本主义、把握其本质的重要理论。然而，随着战后民族解放运动的蓬勃发展和殖民体系的瓦解，尤其是20世纪80年代后新科技革命和经济全球化的发展，帝国主义的形式和内容都发生了许多重大变化。与传统的殖民帝国主义相比，当前的新帝国主义已不能再采取赤裸裸的武装侵略、分割殖民地的方式，更具隐蔽性的新殖民主义取代了原有的旧殖民主义；而与20世纪七八十年代的资本主义相比，新帝国主义也逐渐撕去了温情脉脉的面纱，在国内实施新自由主义政策，逐步拉大贫富差距，在国际上各主要资本主义国家间的矛盾也渐渐显露。在这种新的时代背景下，帝国主义除继续保有并强化了一些列宁所论述的基本特征——如生产集中和垄断的加剧、金融资本的重要性日益增加、资本输出通过跨国公司的对外投资和金融资本的对外扩张这两种主要形式而使得其规模愈加扩大等外，还表现出了一些新的特点。

一 垄断资本的全球扩张

为追求利润而互相竞争的资本主义生产必然导致垄断的产生，这是资本主义发展的必然规律。早在19世纪中期资本主义自由竞争的鼎盛时期，马克思和恩格斯就对资本主义垄断的产生进行了精辟的论述。他们指出：

"在托拉斯中，自由竞争转变为垄断，而资本主义社会的无计划生产向行将到来的社会主义社会的计划生产投降。"① 而随着垄断的发展，"资本的垄断成了与这种垄断一起并在这种垄断之下繁盛起来的生产方式的桎梏"②。

继马克思之后，列宁也深刻地指出，"帝国主义最深厚的经济基础就是垄断"③，"帝国主义是垄断的资本主义"④，这不仅是对帝国主义经济本质的概括，也是对资本主义发展规律的具体化。对于为追求利润而进行生产的资本来说，由竞争过渡到垄断，并最终使垄断占据统治地位是由资本的本性和资本主义的本质所决定的。

从本质上说，资本主义经济是资本家为各自利益而展开竞争的经济形态。在这一经济形态下，追求剩余价值是其客观现象。为了实现各自利益，不断扩大剩余价值，资本家必然不断积累资本、扩大生产规模，从而使资本和生产不断集中；为了各自的利益，他们又不断地展开竞争，在优胜劣汰的作用下进一步加速资本和生产的集中进程。在这种内、外力双重机制的推动下，规模越来越大的资本和企业不断涌现，资本主义竞争也就演变成以大资本、大企业为主导的竞争。而集中发展到一定阶段，可以说就自然而然地走向了垄断，这是因为大型企业因数量较少更容易彼此达成协议，同时，企业的巨大规模所导致的规模效应等也造成了小企业难以对其形成有效竞争，垄断自然就会产生。从资本主义经济发展的这种进程来看，只要有资本家存在，有资本家的利益存在，资本家之间的竞争就必然存在；只要资本家之间的竞争存在，生产必然趋向集中和垄断。资本家对利益的追求既导致了竞争的加剧，同时也使资本主义生产走向集中和垄断。从中可以看出，资本家对剩余价值的追求是资本主义由竞争发展到垄断的根本原因和根本条件。只要这个原因和条件没有改变，资本主义由竞争走向集中和垄断这一基本规律就不会改变。只要资本追逐剩余价值和利润这一本质不改变，资本主义就必然会走向垄断资本主义。

正因为资本主义这一本质的存在，所以，在整个资本主义发展过程中，资本的集中一直在进行。到了私人垄断资本主义阶段，社会条件的变

---

① 《马克思恩格斯选集》第 3 卷，人民出版社 1995 年版，第 752 页。
② 《马克思恩格斯选集》第 2 卷，人民出版社 1995 年版，第 269 页。
③ 《列宁选集》第 2 卷，人民出版社 1995 年版，第 660 页。
④ 同上书，第 714 页。

化使资本集中的速度更快，垄断资本的规模更大。但只有到了全球化阶段，在世界经济联系日益紧密的时代，生产的集中和垄断才达到了高峰，国内大企业的联合以及大型的跨国兼并比比皆是，资本以前所未有的速度在集中。

在经济全球化条件下，之所以会出现生产集中和垄断进一步加强的趋势，一方面是由于经济全球化的发展，各企业不但要面临国内同行业的竞争，还要面临国际上的竞争，在这种双重压力下，扩大企业规模、赢取规模效益成为企业在提高生产效率之外的另一种有吸引力的选择；另一方面，20世纪80年代以后，随着全球化运动的发展，各国的市场日益开放，并逐步放松了对一些部门的管制，如金融服务、电信、基础设施和自然资源等领域，为企业在全球进行资产重组和跨国兼并提供了市场准入的机会。更为重要的是，各国政府日益认识到对外投资是提高国际竞争力的重要手段，因此相继推出了富有吸引力的投资政策，资本流动日益自由化。根据《2000年世界投资报告》中的资料显示，1991—1999年间，各国有关投资的政策变化共有1035项，其中朝自由化方向发展的措施占了94%以上。正是在这种全球竞争加剧以及国际条件放松的作用下，生产和资本集中的速度越来越快，规模越来越大。在如此巨大的垄断规模下，垄断对社会经济生活的影响大大加强了。垄断财团基本上控制了工业生产、交通运输、金融、保险、餐饮娱乐等行业，不仅掌握了资本主义国家的经济命脉，同时也通过参与制控制着资本主义国家的政治等各方面。与传统帝国主义时期不同的是，在新帝国主义阶段，垄断资本的作用不仅表现在国内，在国际上，垄断资本通过跨国垄断的方式，从经济和政治上都进一步加强了对广大发展中国家的控制，使这些国家严重地依附于发达国家。

（一）垄断资本的规模及其在资本主义经济发展中的主导作用

自19世纪末20世纪初开始，西方发达国家的经济已经沿着集中、垄断的轨道在运行，这是一个不可否认的事实。"二战"后，尤其是随着经济全球化的展开，资本主义经济的垄断趋势更是加速发展，垄断资本在全球范围掀起了一次又一次并购浪潮，并购领域不断扩展，并购规模不断扩大。据汤姆森金融证券资料研究公司的统计数据，1990—1995年，全球企业合并和收购的总金额超过3.131万亿美元，1996年为1.14万亿美元，1997年为1.4万亿美元，1998年高达2.49万亿美元，1999年进一步上升为3.073万亿美元,几乎相当于1990—1995年的总和。① 进入21世纪后,并购速度和规模更是迅猛增长。2007年,就在金融大危机的前夕,全世界的并购额达到438万亿美元,比2006年上涨了21%。② 我们还可以通过一些具体的领域来了解企业并购的发展。如,在计算机和互联网领域,微软公司仅在1999年就进行了45次并购行动,并购总金额达到130亿美元;2000年,美国最大的网络公司——美国在线以1780亿美元的数额收购了世界最大的传媒企业——时代华纳公司,两家公司合并后的总资产高达3500亿美元,创下了世界有史以来最大的一宗并购案。垄断资本的全球并购浪潮使世界经济的垄断化趋势更加明显,垄断资本的力量更为集中和强大。如同美国霍普金斯大学著名商业史学家高隆博什指出的那样:"寡头垄断全球化就像日出那样不可避免。"这也就造成了在资本主义国家内部,大公司、大财团在各行各业普遍存在,它们不仅控制着这些国家的经济命脉,而且在整个社会经济生活中占据了主导和支配地位,控制着资本主义经济发展的进程,并因此而成为资本主义深厚的经济基础。

从资本规模状况看,随着资本和生产的高度集中和垄断,大型垄断资本家数量在不断增长。在《财富》(中文版)公布的2012年世界500强中,排名第一的荷兰皇家壳牌石油公司营业额已达到了4844.89亿美元,而埃克森—美孚、沃尔玛、英国石油公司的营业额也分别达到了4529.26亿美元、4469.50亿美元和3864.63亿美元。这家杂志从1954年开始每年公布一次世界500家最大公司经营收入排名榜。自那时以来,沃尔玛公司、通用汽车公司和埃克森—美孚石油公司几乎一直占据着排行榜的前列。

而对于各个国家来说,尽管垄断组织的规模可能会有量的差别,但从其对国民经济和政治的控制程度来看,并无本质的区别。如作为资本主义领头羊的美国,洛克菲勒财团、摩根财团、第一花旗银行财团、芝加哥财团、加利福尼亚财团、波士顿财团、杜邦财团、克利夫兰财团、梅隆财团和得克萨斯财团这十大老牌财团和新崛起的巨富如比尔·盖茨、沃伦·巴菲特等掌控着美国的经济命脉。其中,洛克菲勒财团旗下的埃克森—美孚

---

① 参见靳辉明《国际垄断资本主义的本质特征和历史地位》,《马克思主义研究》2006年第1期。
② 参见[美]约翰·贝拉米·福斯特、罗伯特·麦克切斯尼、贾米尔·约恩纳《21世纪资本主义的垄断和竞争》(上),金建译,《国外理论动态》2011年第9期。

石油公司为世界第一大石油企业，在 2007 年营业收入高达 3472 亿美元，在全球 37 个国家和地区设有 70 多家炼油厂，拥有 184 艘油船，销售机构遍及 135 个国家和地区；财团旗下的大通曼哈顿银行是美国第三大银行集团，总资产超过 6600 亿美元，除此之外，大都会人寿保险公司、世界核电巨头之一的西屋电气、美国第二大航空公司——美国联合航空公司、军火企业马丁·马里埃塔公司等都是洛克菲勒财团旗下企业。其他财团同样拥有众多影响巨大的旗下企业，涵盖多种行业领域。如摩根财团控制着通用电气公司、IBM 公司、通用汽车、美国电话电报公司、美国钢铁公司、摩根大通和摩根士丹利等，花旗财团控制着花旗银行和波音公司等，梅隆财团控制着美国铝业公司、海湾石油公司、固特异轮胎公司等。如今，在铁路、矿山、银行、汽车、钢铁、通信、计算机等各个行业中，基本上都是由几家大的公司垄断，其资产不断增加，对国民经济的影响也日益加深。据资料显示，1995 年，六家最大的银行控股公司（摩根大通、美国银行、花旗集团、富国银行、高盛投资公司和摩根斯坦利公司）拥有的资产仅相当于美国国内生产总值的 17%，而到 2006 年底，这一比例已经上升到 55%，至 2010 年第三季度又攀升至 64%。在美国所有公司中，最大的 200 家公司的收入占全部公司收入的比率也从 1950 年的 21% 上升到了 2008 年的大约 30%。[①]

其他西方主要资本主义国家的情况也是如此。在法国，200 家最大的工业集团控制了法国一半企业。在日本，三菱、三井、住友、芙蓉、第一劝业银行以及三和六大垄断财团掌握着日本的经济命脉，控制着 20000 家公司。其中，三井财团资产总额高达 36 万亿日元，雇员近 24 万人，拥有的核心企业有 24 家大垄断公司，其中 2 家银行、2 家保险公司、15 家工矿企业、1 家商社、1 家大百货商店、1 家房地产和 2 家运输企业。此外，三井财团还通过贷款、持股和人事关系等，控制着一批旁系公司，其中持股率超过 10% 的连带公司达 114 家。三菱财团控制着 30 家大公司，员工人数超过 50 万，年收入在 2000 亿美元以上。

有人可能会提出，在资本主义经济发展过程中，各国政府都相继推出了各种反垄断的法律和法规，限制垄断资本发展的规模。然而，通过上述

[①] 参见［美］约翰·贝拉米·福斯特、罗伯特·麦克切斯尼、贾米尔·约恩纳《21 世纪资本主义的垄断和竞争》（上），金建译，《国外理论动态》2011 年第 9 期。

对发达资本主义国家垄断情况的概括，我们可以发现，这些反垄断法并未从根本上阻止资本主义垄断的产生，不仅如此，在许多情况下，反垄断法成为资本主义政府维护"国家利益"的重要手段。

按照马克思主义的观点，经济基础决定上层建筑。而对于资本主义国家来说，资本的本性已经决定了资本主义必然由竞争走向垄断，因此，这也就从理论上决定了在资本主义制度下反垄断法不可能被严格执行，因为这与资本营利的本性是相悖的。而从资本主义国家的实践来看，反垄断法的运用并不是要改变资本主义的经济基础，而是为了更好地为它服务。在大多数情况下，反垄断法是为了防止滥用垄断地位来排挤竞争对手、损害消费者权益的行为以及某些非经济的垄断行为，因为，这种行为不仅侵犯和损害了消费者的权益，而且更重要的是，它最终会危及整个垄断资产阶级的根本利益。从这种意义上说，反垄断法是为更好地保护垄断资产阶级的利益服务的。对此，最具代表性的解读是美国对微软垄断案的处理方法。

微软公司在研发出 Windows 操作系统后，控制了计算机操作系统的生产和销售，此后，微软公司将 Windows 操作系统与其推出的探险家浏览器绑定，试图通过捆绑销售的方法迅速占领市场，扩展其在计算机领域内的地位。通过这种方法，微软公司成功地将原本在浏览器领域占据重要地位的网景公司排挤出去，获得了在互联网领域的垄断地位。微软公司的这一行为无疑违反了美国的反垄断法，因而，在 1997 年 10 月，美国司法部对微软公司提出起诉。此后，先后发生了数十起控告微软公司违反反垄断法的诉讼，如美国 20 个州的司法部长联合起诉微软公司非法妨碍竞争，美国各地 100 多家民间团体集体指控微软公司违反美国反垄断法，欧洲联盟以及许多美国国内外的公司对微软公司的垄断行为提出起诉，等等。

然而，如此声势浩大的反垄断诉讼，最终结果却出人意料。2001 年，美国曾经裁定，微软公司非法维持其 Windows 操作系统的垄断地位，触犯了反垄断法案，并作出了将微软公司一分为二的司法判决，但这一判决却遭到了美国众多方面的强烈反对。而且，针对这一结果，微软公司也采取了各种方式来加以化解。2001 年 11 月，微软公司与美国 100 多家民间团体达成和解协议，在协议中，微软公司表示愿意支付 10 亿美元的和解费，为美国 12500 所贫困学校提供电脑、软件与培训服务。从 2003 年开始，微软公司又与一系列公司达成和解协议，化解其面对的危机：2003 年 5 月，微软公司和时代华纳旗下的美国在线达成了 7.5 亿美元的诉讼和解协议，同意美国在线在 7 年内可以免费使用微软公司的浏览器，并且可以接触到其基础代码，同时，微软公司还向美国在线提供了数字版权管理技术。2004 年 4 月，微软公司和美国太阳微系统公司达成了 7 亿美元的诉讼和解协议，两家公司将在服务器领域展开更为紧密的合作，Java 服务器和 Windows 操作系统将得到进一步的融合。2004 年 11 月，微软公司和诺勒（Novell）公司达成了 5.36 亿美元的诉讼和解协议。2005 年 3 月，微软公司和博斯特公司达成了 6000 万美元的诉讼和解协议，博斯特公司将继续使用微软的 Windows 操作系统的媒体技术。2005 年 7 月，微软公司和 IBM 公司达成了 7.75 亿美元的诉讼和解协议，IBM 公司还获得了 7500 万美元的用于购买微软公司软件的信贷费用。2005 年 10 月，微软公司和 Real Networks 公司达成了诉讼和解协议，微软公司除了支付 7.61 亿美元高额费用之外，Real Network 公司的音乐业务 Rhapsody 还可以在 MSN 上运行，游戏软件也在 MSN 游戏和 Xbox360Live 中获得一席之地，而 Real 公司则同意使用微软的搜索技术。[①] 通过与美国的民间团体和重要的相关公司达成协议的方式，微软公司成功地化解了拆分危机，维持了其在信息领域的垄断地位。

从微软的实例我们可以明显地看出，反垄断法并没有有效地抑制垄断势力的扩张。在战后初期，为了使美国经济在战后的"黄金时期"得到迅速发展，美国政府比较重视加强市场的竞争性，对企业的垄断行为限制较为严格，如 1945 年"美国铝公司案"中，美国铝公司占有当时铝铸块市场 90% 的份额，被最高法院判为垄断。在 1964 年美国诉 Grinnel Corporation 一案中，最高法院也判定 Grinnel Covporation 为垄断，并判决解散该公司。但自 20 世纪 70 年代以来，随着垄断资本力量的加强，反垄断法的执行力度越来越弱，反垄断的重心也逐渐移向了对维持和扩展垄断行为的控制，而不是对垄断状态的控制。在对垄断行为的处罚上，也从解散或拆分公司转向主要使用损害赔偿的措施。不仅如此，随着经济全球化的不断发展，资本主义国家为了保障垄断企业在国际市场上的优势地位，经常利用反垄断法达到保护本国企业、限制竞争的目的，从而使反垄断法成为增强本国企业在国际市场竞争力的有效工具。如，1996 年，美国波音公司与麦道公司合并，对欧洲的空中客车形成了巨大威胁。鉴于此，欧洲委员

---

① 参见李翀《论国际垄断的形式及其特点》，《福建论坛》2006 年第 4 期。

会于1997年发表了不同意这起兼并的声明。但美国政府在考察这次兼并行为是否形成垄断时，并不是从公司在美国国内市场的占有率等方面来考虑，而是从全球市场来考虑，因此认为这起兼并并不形成垄断，所以，美国政府不仅没有对此进行阻止，反而利用政府采购等措施促成了这一兼并活动。

当然，我们也应承认，反垄断法的制定和完善在一定程度上还是保障了中小企业的利益，在不危及资本主义根本经济基础的前提下，对一些明显的价格垄断行为等起到了很好的遏制作用，使资本主义从表面上看更具有竞争性，对资本主义生产体系的稳定发挥了重要作用。然而，由于垄断是追求利润的资本的必然选择，因而，反垄断法并不能根治这一问题。

（二）垄断资本以其强大的经济实力实现对资本主义政治的控制

巨大的垄断资本不仅为垄断财团控制国家经济命脉创造了有利条件，同时也为垄断资本控制国家的政治运行过程奠定了基础。这不仅表现在资本主义企业通过参与制对资本主义国家进行政治控制，同时更直接地表现在垄断资本对资本主义国家的选举过程、国家权力机关产生的控制上。

以日本为例，20世纪70年代中期以后，垄断财团每年通过各种渠道向自民党提供的政治资金在1000亿日元以上。1991年，自民党本部的政治资金收入总额为292.8亿日元，其中，167亿日元来自国民政治协会筹集的捐款。而在1988年6月，日本财界代表人物、经团联副会长花村仁八郎就公开承认："在很长的时间里，我们一直承诺每年向自民党捐款100亿日元，并信守这一承诺。从前一时期起增至110亿日元，1986年以后将120亿日元作为目标。"[1]

垄断财团之所以肯如此"慷慨"地向执政的自民党提供巨额政治资金，是由于作为日本垄断资本的政治代言人，自民党的利益与垄断财团的根本利益是完全一致的，二者通过提供政治资金、制定利于垄断财团的政策这种方式形成互利的关系。而在垄断财团提供的各种政治捐款形式中，企业和行业团体更倾向于"私下"直接将政治资金提供给自民党内各派乃至政治家个人，从而确保本企业或行业在政治决策过程中处于有利地

---

[1] 转引自王振锁《自民党的兴衰——日本"金权政治"研究》，天津人民出版社1996年版，第57页。

位，对它们而言，这种政治捐款的"回报率"更高、更有效。同时，在政治捐款过程中，垄断财团也会充分考虑到各种可能性，如政权更迭的可能性等，从而采取组合式捐款策略。譬如，在1993年日本政界重组过程中，日本医师联盟除了向自民党提供2.73亿日元的政治捐款外，还分别向日本新党、先驱新党、民社党提供了2000万、1500万和500万日元的捐款；日本牙科医师联盟将对自民党的政治捐款由1992年度的4.85亿日元压缩至2.6亿日元，同时却将对民社党的捐款由1100万日元增至1750万日元，并向新生党提供了1000万日元的捐款。[①] 这种组合式捐款确保了其在新政权中的地位不会受到政党选举失利的影响。此外，垄断财团还会根据其利益大小来调整捐款数额，如1995年，大型制药企业向自民党捐款1亿1940万日元，与1994年相比，捐款金额增加了4600万日元，这是因为这些企业试图通过执政的自民党来对厚生省推行的医药制度改革施加影响。

垄断财团的这种政治捐款不仅确保了其利益不会受到政策的侵害，而且还为其带来了额外的利益，因为，在向各政党提供巨额政治捐款时，它们必然会附带政策要求。例如，2003年9月25日，经团联正式公布了"优先政策事项"，包括税制、财政、社会保障制度改革等10项在内，将之作为财界提供政治捐款的标准，作为评价政党政策的材料，力图促进政治捐款实现所谓的"政策本位"[②]。

而在以政治民主化著称的美国，垄断资本对政治的控制和影响并不比日本弱。查尔斯·德伯在其《公司帝国》一书中曾经指出，在今天的美国，"企业已经成为国家经济发展的引擎、影子政府和顶礼膜拜的神物"[③]。在美国，存在着将近2000万家大大小小的企业，但真正控制美国经济和政治运行的只有200家左右巨型垄断企业，它们"控制着美国经济体系的绝大部分。而这种控制是直接或间接地通过由合约或者合作关系织就的全新企业网来实现的。这些大企业每一年的销售收入与利润水平在美国企业界也是首当其位的"[④]。对这些企业而言，其精英们总是企图联合采取经济行动，并共同对立法机构施加影响。美国《旗帜周刊》高级

---

① 徐万胜：《政治资金与日本政党体制转型》，《日本学刊》2007年第1期。
② 同上。
③ [美]查尔斯·德伯：《公司帝国》，闫正茂译，中信出版社2004年版，第8页。
④ 同上书，第9页。

主编克里斯托夫·考德威尔也指出，美国政治早已被华尔街巨头牢牢绑住，政客们对寡头的"效忠"使得在这种体制下进行的金融监管改革必然先天不足，甚至可能使监管变成一纸空文。在布什就职期间，曾引发财务造假丑闻的安然公司就是政治捐款的重要成员，71%的参议员和众议员都接受过安然公司的资金。而引发2008年危机的房利美1990—2008年提供的选举献金高达1930万美元，因此，尽管约翰霍普金斯大学经济学教授汤姆·斯坦顿早已在危机前发现了"两房"的违规问题，并坚持监管方案应提交国会听证，但却以失败告终。受资本控制的政府不仅无法对资本实行有效的监管，反而顺从资本的需要，进一步推出了金融自由化的法案。2010年1月21日，美国联邦最高法院更以"政府不能干预政治言论"为由，解除对企业和工会在美国政治竞选中提供资金的限制，为"权钱政治"大开方便之门。在这种情势下，广大民众日益看清西方民主制度寡头政治、金钱政治的特性，"绝大多数人认为，政府由极少数大利益集团操控，是他们谋求私利的工具。其他民主国家的调查也显示出，公民对政府的信任和信心呈现类似的下滑态势"①。

上述事实表明，垄断资本对国家政治的控制和影响并未随着资本主义国家提出"小政府、大社会"、"服务型政府"等概念而有所改变，相反，对垄断资本而言，通过对政治的控制和影响来获取有利于垄断资本的政策一直是其不变的目标，而且，随着垄断资本规模的扩大，其对政治的控制力和影响力会越来越大。正因如此，美国学者弗雷德里克·普赖尔深刻地指出："更深程度的寡头控制所需要的经济条件包括少数巨型企业对生产的控制程度越来越高以及某个市场的垄断程度越来越强。在寡头垄断条件下，政府只是这些精英集团的女仆，只会不惜余力地去维护垄断所需要的国内秩序。它也会少量地向其他人发放最低的社会福利金，以防止人民的不满情绪达到危险的程度。"②

（三）跨国垄断资本对国际经济和政治运行的控制

当垄断在国内形成以后，资本追逐利润的本性必然会导致国内垄断发

---

① 臧秀玲、杨帆：《国际金融危机对当代资本主义和世界社会主义的影响》，《山东社会科学》2012年第2期。
② [美] 弗雷德里克·普赖尔：《美国资本主义的未来》，黄胜强等译，中国社会科学出版社2004年版，第277页。

展到国际垄断,从而能利用更广泛的国际资源和国际市场来攫取更大的剩余价值。在传统帝国主义阶段,垄断资本除了在国内获取垄断利润外,也在力图向国际市场扩张。列宁曾形象地指出:"只要资本主义还是资本主义,过剩的资本就不会用来提高本国民众的生活水平(因为这样会降低资本家的利润),而会输出国外,输出到落后的国家去,以提高利润。在这些落后国家里,利润通常都是很高的,因为那里资本少,地价比较贱,工资低,原料也便宜。其所以有输出资本的可能,是因为许多落后的国家已经卷入世界资本主义的流转,主要的铁路已经建成或已经开始兴建,发展工业的起码条件已有保证等等。其所以有输出资本的必要,是因为在少数国家中资本主义'已经过度成熟','有利可图的'投资场所已经不够了。"① 为了争夺更有利的国际投资场所,各个托拉斯之间也在互相竞争,它们支配着几十亿的资本,在世界各地展开重新瓜分世界的斗争。1905年,耶德尔斯就写道:"世界的煤油市场直到现在还被两大金融集团分占着:一个是洛克菲勒的美国煤油托拉斯(美孚油公司),一个是俄国巴库油田的老板路特希尔德和诺贝尔。"② 但应该注意的是,此时,垄断资本的对外扩张主要是通过资本输出,以食利资本的方式榨取其他国家创造的剩余价值,而且在投资的地域上,有明显的战略选择,"在国外投资中占第一位的,是对政治上附属的或结盟的国家的投资:英国贷款给埃及、日本、中国和南美。在必要时,英国的海军就充当法警。英国的政治力量保护着英国,防止债务人造反"③。

然而,到了新帝国主义阶段,以食利资本为主的间接投资方式既不适应"二战"后民族国家已经成为独立国家的现实,也不能为垄断资本带来更大的利润。根据马克思的资本理论,生息资本所获得的利息率低于平均利润率。因而,这种食利资本的输出必将为产业资本的输出所取代。因此,在资本主义发展过程中,跨国公司的出现实际上正是资本为实现利润而采取的最有效的方式。而且,跨国公司在对外投资的地域选择中,至少从形式上看,已经不具有列宁在帝国主义论中所指出的地缘政治的特色,而是更加注重以跨国公司的利益最大化为目标。

---

① 《列宁选集》第2卷,人民出版社1995年版,第627页。
② 转引自《列宁选集》第2卷,人民出版社1995年版,第634页。
③ 同上书,第662页。

如今，一个国家跨国公司数量的多少、强弱程度如何，日益成为衡量一个国家经济实力高低的一个重要标志。早在20世纪70年代，就有人称跨国公司是紧随美、苏两国之后的"第三大国"，这也反映了跨国公司在当代世界经济中的重要地位及对世界经济运行的影响。到了20世纪末，跨国公司在国际经济中的优势地位更是随着全球第六次兼并浪潮得到进一步加强。自20世纪90年代以来，全球每年有16000多家企业被兼并，其中80%以上进入跨国公司行列。据联合国资料统计显示，2008年跨国公司已经发展到8.2万家，它们控制着全球世界贸易的60%，年销售总额在1999年就超过了14万亿美元；跨国公司还控制着先进的技术和大量的资本，国际技术转让的70%都掌握在跨国公司手中，而国际直接投资的90%也是由跨国公司进行的。如今，在全球资本市场上，有97%的市场业务份额被20家最大的投资银行所控制；200家最大的跨国公司控制的国内生产总值超过180个国家（除9个最大的国家之外）的国内生产总值总和。而且，跨国公司还通过组建战略联盟等方式来加强其垄断地位。如美国波音公司与日本三菱结成联盟，共同开发波音767宽体民用喷气客机；摩托罗拉与东芝联合制造微处理器等，显示出强强联合的整体优势。跨国公司通过其区位优势、规模优势及管理优势等，不仅获得了巨大的利润，其实力甚至超过了许多国家，营业额远远高于许多国家的国民生产总值。据统计，在国家与跨国公司经济实力总体排名中，名列世界前100名的经济实体中有29个是跨国公司。

在全球化时代，跨国公司的迅速发展使得垄断财团不仅控制着本国的经济发展命脉，同时还与其他国家的资产阶级联合起来，维护全球资本主义私有制的稳定和对全球劳动者的统治，从而形成了各种形式的跨国垄断资本集团，它是国内垄断财团的向外扩展，其目标仍然是获取最大限度的垄断利润，实现资本的增值，并在全球范围内形成一种"赢者通吃"的制度，使社会财富分配的巨大差异不仅表现在资本主义各个国家内部，同时也表现为发达资本主义国家和广大发展中国家收入差距的日益拉大。如美国波音公司在全球60多个国家都设有代表处，雇用职工高达20万人，欧洲空中客车公司在27个国家有1500个供应商，通过公司在全球的分支和子公司等，跨国公司很容易实现对其他地区劳动者的统治，使全球垄断资本的力量更加强大。

在获取经济利益的同时，尽管跨国公司在对外投资上已不具备地缘政治特色，但在其经营过程中，跨国公司仍然利用其经济优势和技术优势，在维系发展中国家对发达国家的依附上扮演了重要角色，是发达国家控制发展中国家的重要工具。因此，激进政治经济学提出，资本主义世界体系得以存续的核心动力在于中心与边缘的不等价交换，而跨国公司则是维持不等价交换的一种重要手段，它重新塑造了依附关系，使发展中国家在经济、政治、社会和对外关系上都继续依附于发达国家，成为发达国家的原料供应地和产品销售地。这种作用具体表现为以下几个方面：

首先，跨国公司的对外投资一是将传统产业转向发展中国家，维系旧的分工格局。前文已经指出，通过这种产业转移，既可以为跨国公司带来巨大的收益，也会对发展中国家的同类产业造成冲击，并抑制其自主性的科学技术研究与开发系统，最终造成发展中国家的科技水平和产业结构永远无法超越发达国家。二是对于那些尚处在成长期的产业，跨国公司一般会选择建立合资企业而由跨国公司掌控核心技术的方式，从而既能达到利用东道主国家廉价资源的目的，也能使跨国公司最大限度地获取先进技术带来的超额垄断利润。通过这两种方式，发展中国家对发达国家的依附由过去的殖民地商业—出口依附和工业—金融依附发展为工业—技术依附。由于工业发展和技术进步在现今国民经济发展中的重要作用，因而，与以前的依附相比，这种方式可以说使发展中国家对发达国家的经济依附性更强了。

其次，从社会和阶级层面看，跨国公司在东道国的发展塑造了一个追随居统治地位的外国资本的当地资产阶级，以及与发达国家利益一致的精英特权阶层。贝克尔等人指出，跨国公司"把外国劳动力和管理放在依附的国家里，而且还要让当地人参与掌握公司的所有权。在那样的情况下，出现了一个新的社会阶级的两个部分：有特权的国民或由企业管理者组成的资产阶级，以及管理商业和跨国组织的外国公民。这种占主导地位的阶级成分跨越国界的聚合暗示着一个国际寡头集团正在形成"[①]。这种局面的形成是由跨国公司和东道国双方面的原因造成的。对于跨国公司而言，充分利用当地的统治阶层和特权阶层，能更有效地维护公司的利益，使其发展不受当地的限制；而对东道国而言，统治阶层可以利用跨国公司

----

① ［美］罗纳德·H.奇尔科特主编：《批判的范式：帝国主义政治经济学》，施扬译，社会科学文献出版社2001年版，第20页。

的经济优势来攫取更多的利润，使政治为经济服务。在这种情况下，精英与发达国家以及跨国资本建立起一种共生共荣的合谋关系，这种结合终结了旧式帝国主义的殖民统治模式，摧毁了民族资本抵抗的基础，并创造出一个新的统治阶级。因此，跨国公司在发展中国家不仅造成了该国经济上的依附，更加剧了阶级分化。

最后，跨国公司虽然在一定程度上促进了东道国的技术进步和经济发展，但对于大多数发展中国家而言，这种发展只是存在于一些初级产品行业，而对于整个国民经济来说，其在国际经济分工中的地位越来越被边缘化。同时，跨国公司还把资本主义发展的不平衡性移植到依附国，造成依附国内部的收入分配、就业机会、社会生活等方面的失衡。

正是鉴于跨国公司在全球经济和政治运行中的重要地位，许多左翼学者就指出，新帝国主义的目的在于：全世界都要被置于跨国企业的控制和统治之下。"如果说在此前若干个世纪中世界历史的主要主体是民族和他们所创造的国家，那么'世界新秩序'所要求的则是完全另外一种全球化管理机构。它依靠立足于金融经济效益原则基础上的庞大跨国集团"[①]。

（四）资本的跨国经营并未形成超帝国主义

在新帝国主义时代，垄断资本的一大特色就是跨越国界，国内垄断与国际垄断相结合、共同维护垄断资本的利益，而且，随着经济全球化的展开，资本的跨国性越来越强。那么，这是否意味着资本已经不再具有民族性，而是形成了所谓的超帝国主义呢？

对此问题，持肯定态度的有两种代表性观点：一是莱斯利·斯克莱尔的"跨国资本家阶级"理论，二是威廉·鲁滨逊的"跨国资本家阶级"理论。

莱斯利·斯克莱尔认为，随着经济全球化的发展，出现了跨国资本家阶层，"世界被一个跨国资本家阶层统治，而一个特定的国家却被其他群体如控制国家机器、军队、意识形态或宗教组织的社会精英和权贵所统治"[②]。而且，在这种新的背景下，我们"有必要与国家中心主义彻底决

---

① 《久加诺夫论全球化》，《国外理论动态》2002年第12期。
② ［英］莱斯利·斯克莱尔：《跨国资本家阶层》，刘欣、朱晓东译，江苏人民出版社2002年版，第17页。

裂",这包括对国家利益和国民经济这两个概念的批判性的解构。① 斯克莱尔指出,通过跨国资本家阶层,不同的资本被调动起来追求全球资本主义体系的直接利益。跨国资本家阶层由四类人组成:跨国公司经理及其在当地的代理人(公司部分)、全球化的官员和政界人士(政府部分)、全球化的职业经理人(技术部分)以及全球化的商人和媒体(消费主义部分)。第一类即跨国公司经理是占统治地位的群体,而剩下的三个群体即逐渐全球化的官员和政界人士、职业经理人以及消费主义精英们都是支持跨国资本家阶层的成员。在斯克莱尔看来,他们之所以能够形成一个阶层,是因为从其对生产资料的占有、分配和交换的关系来看,他们已经形成一个"阶层";从其个人或集团控制的各种资本来看,他们属于资本家阶级;而从其运营目的来看,他们"力图跨越国家的界限,实现全球化目标"②。具体而言,跨国资本家阶层的跨国性主要表现在五个方面:(1)公司的经济利益尽管在刚开始时体现为本地利益和国家利益,但如今却渐渐成为联系在一起的全球性利益;(2)跨国资本家阶层力图通过特定形式的全球性竞争以及消费主义的口号和经营来实现对工厂的经济控制,对国内和国际的政治控制,以及对日常生活的文化思想控制;(3)跨国资本家阶层的成员通常对大多数经济、政治、文化问题都持有全球视角;(4)跨国资本家阶层的成员都有相似的生活方式;(5)跨国资本家阶层的成员既想把自己塑造成一种世界公民的形象,又想保留作为其出生地公民的身份。③

与斯克莱尔相似,威廉·鲁宾逊与罗杰·伯尔巴赫在他们合著的《世纪末的论争:作为时代变迁的全球化》一文中同样指出:最近几十年,随着世界资本主义从民族国家阶段向新的跨国阶段的过渡,生产的跨国化以及资本所有制的跨国化推动了全球化进程,导致了跨国资本家阶级的崛起。在这一过程中,不仅是发达国家的资本家成为了跨国资本家阶级,而且包括南方国家在内的世界各国的资本家都融入了正在形成中的跨国资本体系,从而出现了一个跨国霸权集团,它将取代正在衰落的美国霸权。鲁宾逊与伯尔巴赫指出,从本质上看,跨国资本家阶级是代表跨国资

---

① [英]莱斯利·斯克莱尔:《跨国资本家阶层》,刘欣、朱晓东译,江苏人民出版社2002年版,第18页。
② 同上。
③ 同上书,第20—23页。

本的世界资产阶级,包括"跨国公司和金融机构、管理跨国经济计划组织的精英、主流政党的主要派别、媒体集团、来自南方和北方的技术精英与国家管理者"①,他们掌握着全球范围内跨国公司和私有金融机构的大部分生产资料。

从这两种代表性理论来看,他们之所以会认为出现了跨国垄断资本家阶层,是因为跨国公司的迅猛发展使全球性生产越来越普遍,资本积累的全球流向超越了地域和政治的局限。然而,这是否就能意味着资本完全脱离了国家的控制呢?

诚然,在经济全球化的时代,跨国公司的经营活动已经是全球性或国际性的,但是,其"根基"仍然在它们的国家,而且,跨国公司的发展和壮大与母国的国内和国际政策是分不开的,正是在资本主义国家的支持下,垄断资本才能在国际市场上获取优势地位,形成跨国垄断。因此,从根本上来说,跨国公司的发展需要民族国家的存在。在垄断资本主义条件下,国家的职能就是为垄断资本的利益服务。正是在民族国家的基础上,资产阶级才能够进行跨国扩张,榨取更多的剩余价值。为了实现资本主义再生产,资产阶级需要民族国家来制定和实行有利于资本的政策,对国内和国际经济运行进行协调,为资本主义生产过程提供一个稳定而有利的环境,等等。从战后跨国公司乃至经济全球化的发展条件来看,以美国为首的发达资本主义国家利用其经济优势和政治地位,在国内实施保护和促进垄断资本发展的经济政策,在国际上通过实施各种自由化政策,强迫发展中国家打开大门,为垄断资本的跨国发展开辟道路,所有这些都是资本能够不断在国际上扩张的直接原因。从这种意义上讲,"各种形式的国家干预都是垄断资本扩大再生产所不可缺少的环节,是使帝国主义之间的竞争中相互对峙的各个集团拥有实力的因素","资本的跨国化要求加强国家干预"②。因此,尽管资本家作为资本的人格化身,其目的是实现利润最大化,并在一定程度上会将这一目标凌驾于对民族国家的忠诚与认同之上,但不可否认的是,资本要想实现利润最大化,其前提和保障就是民族国家的存在,因为"资本积累总是包含着对社会秩序和社会稳定的要求,

---

① William I. Robinson & Jerry Harris, "Towards A Global Ruling Class? Globalization and the Transnational Capitalist Class", Science & Society, Vol. 64, No. 1, 2002, p. 12.
② 法共中央经济部等编:《国家垄断资本主义》下册,宇泉等译,商务印书馆1982年版,第64页。

这一点是资本自身所不能提供的，市场本身需要强迫性的力量（至少需要对工人阶级进行约束）。这些使命现在是、在可预见的未来仍将是首先由民族国家来完成"①。在此情形下，世界上"主要的经济行为者和阶级仍然是以民族国家为基础进行组织和划分的"②。

从另一方面讲，尽管跨国公司经营的主要目的是扩大垄断资本的利益，但不可否认的是，它同时也是其所属国家的一个经济单位，因此，它的活动不仅体现公司自身的利益，也会反映出所属国家的经济目的，它们的行为"可以通过这些企业所效忠的政府的国家利益做出预测"③，跨国公司已经成为帝国主义国家国际活动的基本细胞。在民族国家仍然存在的情况下，西方发达国家的跨国资产阶级在世界范围内维护自身及资产阶级整体利益的同时，也在不遗余力地维护本国利益，这是因为资本在世界的统治不仅依靠资本本身的实力，而且与国家的整体实力息息相关。这一点在荷兰和英国等国家称霸时其民族资本在世界的扩张行为中，已经有了明显的表现，而"现在，帝国主义国家为争夺商品销售市场与有利投资场所的争斗，已不再局限在资本主义世界的'外围地区'，即发展中国家展开，而主要是在其'心脏地带'进行，各自挖对方的墙角。这种争斗更是短兵相接，利害得失对其本国经济的影响更加直接、更加迅速。而且对于垄断资本主义来说，谁都不会安于'你中有我，我中有你'的格局。各国垄断资本相互关系中的'你中有我，我中有你'是个过渡性现象，资本关系的原则是'我的是我的，你的也是我的'"④。因此，尽管今天的跨国公司"能够把生产过程分解成各种分立的操作，并把它们分别置于世界各地"，从而使得它们"对国家的依赖性比从前小了"，它们"能够选择那些劳动市场、税收、规章制度和基础设施最适合于它们的国家"，但是，"这并不是说跨国公司是无祖国的跨国机构，可以无代价地穿越国界，而且不表现出任何具体的民族商业文化。通常，这些公司在赖以起家

---

① 王宏伟：《"跨国资本家阶级"理论评析——经济全球化是否导致了"超帝国主义"？》，《国外社会科学》2004 年第 6 期。
② 同上。
③ [英]莱斯利·斯克莱尔：《跨国资本家阶层》，刘欣、朱晓东译，江苏人民出版社 2002 年版，第 90 页。
④ 吴健：《现代资本主义研究——吴健文集》，对外经济贸易大学出版社 2001 年版，第 245—246 页。

的经济体制和文化中保留着强有力的根系"①。因此，尽管全球化等因素使得资本的跨国性大大增强，但是，资本的民族性并未消失，也没有形成超帝国主义。

(五) 垄断与新帝国主义的腐朽性

在《帝国主义是资本主义的最高阶段》中，列宁指出，帝国主义最深厚的经济基础是垄断，这种垄断同任何垄断一样，必然产生停滞和腐朽的趋向，因为在规定了垄断价格的范围内，技术进步因而也是其他一切进步的动因，前进的动因，就在一定程度上消失了，同时在经济上也就有可能人为地阻碍技术进步。②

在新帝国主义时代，由于经济全球化导致全球竞争加剧，因而对于垄断企业来说，加快技术创新的步伐成为其在竞争中不断保持并扩大优势的重要保证，但这并非表明垄断企业不会为维护自身利益而阻碍技术进步，也不能表明帝国主义的腐朽性不再存在。事实上，帝国主义的腐朽性不仅继续存在，而且表现形式更为多样化。

首先，新帝国主义的腐朽性仍然表现为跨国公司的技术垄断，阻碍技术进步。这种技术垄断一方面表现为发达国家跨国公司垄断着先进技术，限制其流入发展中国家。20世纪末期以来，全球研发投入不断增长，而发达国家的跨国公司由于其从本国及发展中国家中攫取了大量利润，因而能够将更多的资金和优秀人才投入科技创新，由此造成了在资本和技术密集型产业中，几乎所有的重大技术创新都源于跨国公司。据《2006年世界投资报告》统计，世界500家最大的跨国公司控制了全球90%以上的技术贸易额，控制和垄断了绝大部分国际驰名商标。当跨国公司在发展中国家进行投资时，通常只转让低端技术，这样既可以延长其技术专利的期限和生命周期，又能通过对核心技术的垄断和品牌的控制而在不掌握控股权的情况下掌控企业的实际支配权。如摩托罗拉设在中国天津的子公司，中方只负责手机的装配，而产品的核心部分如集成电路板等都来自母公司和其他海外生产基地。另一方面，技术垄断还表现为跨国公司为维护自身

---

① [英] 约翰·格雷:《伪黎明：全球资本主义的幻象》，张敦敏译，中国社会科学出版社2002年版，第75页。
② 参见《列宁选集》第2卷，人民出版社1995年版，第660页。

利益而阻碍某些新技术的应用。1987年，通用汽车开发出一种实用型的使用蓄电池和电动机的插电式电动汽车（EV1），它可以在3.6秒内加速到100公里/小时，既不需要加油，也没有任何尾气排放。不仅如此，通用控制的一家公司只需两年就可以改进该款汽车的电池，通过使用更先进的镍氢电池，可以使汽车的时速高达180公里。然而，这项技术却严重损害了石油巨头的利益，他们收买媒体来诋毁这一技术，宣称电力来自燃煤电厂，会产生额外的污染。而通用公司也最终将这一技术卖给石油公司雪佛龙德士古，结果是，这一技术被弃置不用，生产线也被拆除。

其次，垄断导致的腐朽性还表现在发达国家控制着技术标准的制定。技术标准是企业的核心竞争力之一，成为企业稳定地获得高额利润的途径。在制造业处于中高层次的产业中，技术标准成为跨国公司在区域、全球获得利润，控制产业链条的手段。谁掌握了标准制定权，它的技术就很有可能成为国际技术标准，它也就掌握了国际市场上的操控权。通过掌握标准制定权，跨国公司不仅可以获得由技术标准带来的收入，还可以通过发放许可证来限制本行业内有竞争力的对手，使公司能够维持其市场份额。如今，在国际市场上，技术标准基本上由发达国家所垄断。我国尽管是制造业大国，但在国际技术标准体系中的地位却非常低，如我国纺织行业在国际市场上占有很大份额，但在国际技术标准体系中的地位和影响力却处于非常低的状态。同样，家电、汽车产业都是如此。通过对技术标准的掌控，发达国家的垄断资本就能够在不改进技术的情况下保持其垄断优势。

再次，垄断所导致的腐朽性还表现在跨国公司的管理层攫取了大部分利润。跨国公司在全球掠夺了大量利润，但跨国公司的一般员工及跨国公司所属国家的民众却并未从中获得好处，公司的管理层不仅攫取了大部分利润，还经常采用虚报赢利以抬高股价的方式进一步获利。如在美国电信业排名第四的奎斯特电讯公司的首席执行官及部分高管人员从1999年到2001年间，虚报或编造赢利高达11亿美元，并借此一边抬高股价，一边出手卖掉自己手中的公司股票和期权，套现达5亿美元，其中，首席执行官纳奇欧一人套现金额就达到了2.27亿美元。根据《华尔街日报》对2008年首席执行官薪酬的调查，摩托罗拉负责手机业务的联席首席执行官桑杰·贾（Sanjay Jha）的薪酬高达1.044亿美元，西方石油公司首席执行官雷·埃尔拉尼（Ray R. Irani）的薪酬为4990万美元。2009年，尽管经济不景气,但美国汽车行业上市公司首席执行官的薪酬却大幅上涨,增长了近 100 万美元。2010 年,《华尔街日报》委托管理咨询公司 Hay Group 实施的调查显示,美国 350 家大型企业首席执行官的平均薪酬,包括薪水、奖金和长期激励奖增长了 11%,增长至 930 万美元。美国智囊机构政策研究学会(Institute for Policy Studies)在 2011 年 8 月 31 日发布的报告称,在美国收入最高的 100 位首席执行官中,有 25 位在 2010 年的薪酬超过他所在公司的纳税额。据财新网测算,这 25 位首席执行官的平均薪酬为 1668 万美元,同期,标普 500 公司首席执行官的平均薪酬为 1076 万美元。这 25 家公司的首席执行官平均向美国联邦政府的纳税额为 -3.04 亿美元,也即政府给每家公司平均返还了 3.04 亿美元。①

二 虚拟经济与金融资本

在列宁的帝国主义论中,金融寡头的统治是帝国主义的一大基本特征。在新帝国主义时代,这一特征并没有消失,相反,随着资本规模的扩大和金融行业的发展,金融资本的作用更加明显,而且,与传统殖民帝国主义不同的是,金融资本的形式也发生了变化,它与工业资本的结合方式、在经济中的作用等都有了新的表现形式,这是我们在研究新帝国主义时应着重注意的。

(一) 金融资本的发展是新帝国主义的内在需要

资本的本性就是追逐利润。马克思指出,"资本主义生产的直接目的不是生产商品,而是生产剩余价值或利润"②,"生产剩余价值或赚钱",是资本主义"生产方式的绝对规律"③。而在资本循环的三种形式中,货币资本的循环最直接地反映了这一目的。在虚拟资本产生后,资本家所希冀的直接产生利润增量或价值增值的资本形式似乎出现了,在这种形式中,"和资本现实增值过程的一切联系就彻底消灭干净了。资本是一个自行增值的自动机的观念就牢固地树立起来了"④。随着资本主义由自由竞

---

① 参见《美国收入前 100 名 CEO 25 名薪酬超公司联邦税收》,财新网 2011 年 9 月 2 日。
② 《马克思恩格斯全集》第 26 卷Ⅱ,人民出版社 1973 年版,第 624 页。
③ 《马克思恩格斯选集》第 2 卷,人民出版社 1995 年版,第 247 页。
④ 《资本论》第 3 卷,人民出版社 1975 年版,第 529 页。

争发展到垄断资本主义，再到以国际垄断资本为基础的新帝国主义阶段，产业垄断资本的重要性也开始让位于金融垄断资本，在《帝国主义是资本主义的最高阶段》中，列宁就指明了金融资本是帝国主义的一个基本特征，即"银行资本和工业资本已经融合起来，在这个'金融资本的'基础上形成了金融寡头"①，"金融资本是一种存在于一切经济关系和一切国际关系中的巨大力量，可以说是起决定作用的力量"②。

在产业资本的增值过程中，资本需要使用机器设备和劳动力，通过生产过程生产出产品，最后加以出售来实现利润。也就是说，资本的增值需要通过生产过程以及价值和使用价值的转换来实现。此时，经济关系的结构表现为"使用价值"与"价值"的对立统一，而"根据价值的两重性，资本一方面因具有'使用价值'而构成'生产资本'（即设备、劳动和商品），另一方面又因具有'价值'而以'金钱'（即货币等流通手段）形态出现"③。而在金融垄断资本主义条件下，资本本身就以两种互为补充的面目出现，这两种面目就是金钱和金融证券，它通过投机性交易资产即金融证券等来创造收入，"与生产性资本不作任何交换"④。在这种变化发生后，资本的金钱"价值"形式逐渐在资本的增值过程中占据主导和统治地位，而不再仅仅依靠价值和使用价值的转换来实现增值，从而在时间和空间上，对资本使用价值的生产实现了全面的、不间断的、有效的控制，实现了资本的增值即资本利润的最大化。法国学者弗朗索瓦·沙奈也指出："在资本主义历史上，金融全球化史无前例地加强了货币资本构造资本增殖运动的特殊能力，这种增殖运动表面上看是'自主的'，但在它的背后，却可以清楚地辨认出种种使生产中创造的财富转移的机制。"⑤ 从这个意义上说，金融垄断资本是资本对人类社会生产的最高统治，它把生产的社会化又向前推进了一步。金融资本正是以其独特的增值方式而成为追求利润最大化的垄断资本的最佳表现形式，也成为新帝国主义的重要经济特征。

---

① 《列宁选集》第 2 卷，人民出版社 1995 年版，第 651 页。
② 同上书，第 644 页。
③ ［法］让·克洛德·德洛奈：《金融垄断资本主义》，张慧君译，《马克思主义与现实》2001 年第 5 期。
④ 同上。
⑤ ［法］弗朗索瓦·沙奈：《资本全球化》，齐建华译，中央编译出版社 2001 年版，第 37 页。

(二) 新帝国主义为金融资本的迅猛发展创造了条件

"二战"后，金融资本在各国经济恢复期也得到了迅速发展，尤其是在从"二战"中得益的美国，金融资本更是得到飞速发展，这是因为，从战后一直到20世纪50年代，美国在国内通过政府发行的抵押证券及消费信贷等方式吸引工人阶级扩大消费，在国际上通过"马歇尔计划"的实施直接输出金融资本、通过资本的国际化以产业资本带动金融资本，从而进一步深化了国内和国际金融市场，为金融资本的发展创造了良好条件。在20世纪50和60年代，美国金融公司的利润增长比非金融企业要快得多。从1945年到1954年，金融企业的平均利润率为18%，而非金融企业的利润率只有11%。在1953年到1969年间，这两个数字分别为7.5%和4.5%。

而到了新帝国主义阶段，随着经济全球化和新科技革命的推动，金融资本和帝国主义二者之间的相互推动作用表现得更为明显。

从金融资本的发展来看，新帝国主义的经济和意识形态的扩张为金融资本创造了迅速发展的条件。

首先，"二战"后，作为帝国主义经济载体的微观经济体——跨国公司的迅速发展为金融资本提供了活动舞台。跨国公司是金融资本的载体，控制着巨额的资本，引起了庞大的国际资本流动，促进了国际金融的发展和金融工具的创新。此外，跨国公司还在国际金融市场上直接参加股票、债券、外汇和期货等交易活动，促进了金融业的进一步发展。法国的弗朗索瓦·沙奈这样指出跨国公司的作用："正是由于美国跨国公司没有把它们的利润转回国内（当然也没有投资到生产之中），才形成了欧元市场。"[①]

其次，发达资本主义国家增长方式和宏观调节方式的转变为金融资本的扩张提供了条件。在其国内，20世纪80年代以来，当代资本主义从福特主义增长方式走向后福特主义，其条件是整个生产过程必须具有灵活性。与这种增长方式转变同时发生的是，资本主义的政策手段也从国家干预的凯恩斯主义转变为要求自由放任的新自由主义。在这种背景下，放松

---

① ［法］弗朗索瓦·沙奈：《资本全球化》，齐建华译，中央编译出版社2001年版，第40页。

金融管制、扩大金融机构能够涉足的领域受到各资本主义国家的青睐。如1999年11月，美国国会通过《金融服务现代化法案》，允许商业银行以金融控股公司（FHC）形式从事包括证券和保险业务在内的全面金融形式，实行混业经营。同时，各发达国家的政府除推行放松金融管制、有利于金融资本发展的政策外，还直接参与支持金融资本的活动。例如，经合组织国家的政府把国民生产总值相当可观的部分，即预算开支的20%或国内生产总值的3%—5%，转移到持有国债的金融资本所有者手中，从而使金融资本成为永久性实际正利率的受益者。[①] 在国际上，通过资本主义主导的经济全球化以及以新自由主义为基础的"华盛顿共识"，"主张政府作用最小化，快速私有化和自由化"[②]，迫使发展中国家开放了市场，尤其是金融市场。

再次，企业管理方式的转变为金融资本的扩张提供了资金支持。20世纪80年代以来，西方国家出现了股权分散化的趋势，资本家通过股票期权、职工持股计划、奖励高级员工等方式使各层次的员工都能拥有一定比例的股票，持股人数大为增加。如1953年，美国持有股票的人数是650万人，仅占当时美国总人口的4.2%；到1985年，持股人数已经达到了4704万人，占总人口的20%，占全美劳动力的40%；到20世纪90年代，美国拥有股票的人数进一步增加，90年代末，直接或间接拥有股票的人数大约占总人口的70%。雇佣劳动者的家庭金融资产不能脱离金融垄断资本而独立存在。从这个意义上说，雇佣劳动者对资本的间接从属由于工人持股而更加深了。

在上述各方面因素的作用下，金融资本不仅在总量上大幅度增长，超越了商业资本和工业资本，居于经济的支配地位，而且在形式上也发生了新的变化。在战前，金融资本主要与工业资本相融合，组成大规模的垄断集团来获取垄断利润；而在"二战"后尤其是进入20世纪80年代以后，金融资本已越来越远离工业资本，通过资本的流动而获取利润。据统计，2000年，国际直接投资总额已高达1.3万亿美元。2007年，在全世界每天约2万亿美元的外汇交易中，用于投机的超过90%，而用于贸易和投资的不到10%。在这种情况下，出现了许多新的市场参与者，特别是对冲

[①] 参见李其庆主编《全球化与新自由主义》，广西师范大学出版社2003年版，第112页。
[②] Joseph E. Stiglitz, "Globalism's Discontent", *The American Prospect*, January 2002, p. 14.

基金和私募基金。在2007年德国当地时间5月14日，戴姆勒—克莱斯勒集团宣布，私募基金Cerberus资本管理公司将以55亿欧元收购戴姆勒—克莱斯勒旗下陷入困境的克莱斯勒公司及其相关金融服务业务的80.1%股权，而戴姆勒—克莱斯勒公司将持有剩余的19.9%股权。到2006年底，利率互换、汇率互换和利率期权交易的发行账面价值达到286亿美元，相当于当年全球GDP的6倍。金融资本的发展变化不仅对于企业具有重大的影响，而且也渗入到普通居民的家庭生活中。2000—2003年，在一些主要的发达资本主义国家中，金融资产占家庭净财富的百分比分别为：美国88.4%，日本64.1%，法国62.5%，英国71.6%，加拿大72.1%。在这种条件下，对资本家来说，资本的增值已经不必再仅仅依靠通过生产过程、通过使用价值向价值的转换来完成，而可以直接通过金融产品的买卖和对价格的正确预期来实现。马克思在论述资本循环时曾指出："正因为价值的货币形态是价值的独立的可以捉摸的表现形式，所以，以实在货币为起点和终点的流通形式G…G′，最明白地表示出资本主义生产的动机就是赚钱。生产过程只是为了赚钱而不可缺少的中间环节，只是为了赚钱而必须干的倒霉事。｛因此，一切资本主义生产方式的国家，都周期地患一种狂想病，企图不用生产过程作媒介而赚到钱。｝"① 而在金融资本迅速发展的今天，这种狂想对于资本家似乎已成为现实。

可以说，新帝国主义在生产、意识形态等方面的调整为金融资本超越生产资本、成为新帝国主义的经济实质开辟了道路。

（三）新帝国主义时代金融资本的新特征

在金融资本迅猛发展的条件下，金融资本的特征及其在经济中的作用和表现形式也发生了变化，具体表现为以下几个方面：

首先，金融资本的虚拟化程度增强。金融资本包含长期资本和短期资本，我们通常所说的虚拟资本是指短期资本，长期资本则是与产业资本紧密相连，通过生产过程来获取剩余价值的资本。而随着战后金融资本的发展和资本全球化的展开，金融资本已不再紧密地与工业资本融合在一起，单纯通过金融资本形式的转换以及买卖来获取利润成为经济生活中的常见现象，亦即短期的虚拟资本规模占据了统治地位。正如彼得·德鲁克所说，

---

① 《资本论》第2卷，人民出版社1975年版，第68页。

"90%或90%以上跨国经济的金融交易不是服务于经济家所说的经济功能"①，而是为了追求资本价值的增值。2007年，全球金融商品已超过6000种，外汇交易市场每天成交额超过2兆美元，私人理财部门规模高达12兆美元，这些都反映了虚拟资本在当今经济中的地位和规模。由于这些资本并未用于生产，因而金融资本的发展结果使得虚拟资本与实体资本的差距进一步增大。据统计，从20世纪80年代以来，国际资本流动的年增长率高达25%，而同期世界经济年均增长率只有3%；2000年，世界虚拟资本总量已达到160万亿美元，大体相当于当年世界国民生产总值的5倍。②

这种虚拟程度的加强，一方面是因为虚拟资本所表现出的不经过具体的商品生产而直接由货币运营本身来增值的特性是资本家个人和资本主义所追求的目标。资本的本能就是增值自身、获取剩余价值。马克思和恩格斯曾经指出："在资产阶级看来，世界上没有一样东西不是为了金钱而存在的，连他们本身也不例外，因为他们活着就是为了赚钱，除了快快发财，他们不知道还有别的幸福，除了金钱的损失，也不知道还有别的痛苦。"③ "一切生活关系都以能否赚钱来衡量，凡是不赚钱的都是蠢事，都不切实际，都是幻想。"④ "资本害怕没有利润或利润太少，就像自然界害怕真空一样。一旦有适当的利润，资本就胆大起来。如果有10%的利润，它就保证到处被使用；有20%的利润，它就活跃起来；有50%的利润，它就铤而走险；为了100%的利润，它就敢践踏一切人间法律；有300%的利润，它就敢犯任何罪行，甚至冒绞首的危险。如果动乱和纷争能带来利润，它就会鼓励动乱和纷争。走私和贩卖奴隶就是证明。"⑤ 另一方面，金融资本和金融体系本身在信息经济下的发展为资本家的这种追求提供了现实的可能性。如今，金融体系的结构极其复杂，除了传统资本主义所具有的银行、证券交易所、信托公司、期货公司和保险公司等外，还包括各种各样的新式基金会和投资公司。而它们所经营的产品也不限于以前的股票、债券等，各种金融衍生品层出不穷，大量资本被用于金融产品的买卖。根据美国财政部对美国次贷担保债务凭证（CDO）市场的统计：

---

① 转引自刘晓欣《虚拟经济与价值化积累》，《当代财经》2005年第12期。
② 参见刘国平、范新宇《国际垄断资本主义时代》，经济科学出版社2004年版，第102页。
③ 《马克思恩格斯全集》第2卷，人民出版社1957年版，第564页。
④ 同上书，第565页。
⑤ 转引自《资本论》第1卷，人民出版社1975年版，第829页。

2005年担保债务凭证市场总值为1510亿美元，2006年为3100亿美元，而2007年仅第一季度就达到2000亿美元。在此基础上，华尔街的精英们甚至发明出了担保债务凭证的平方、立方、N次方等新产品。金融衍生品的极度膨胀，使得美国金融服务业产值在国内生产总值中的比重接近40%。这种经济金融化过程不仅影响了金融行业本身，也迫使非金融企业采取削减工人工资、钻营、欺诈等方式来提升利润，化解竞争压力。

正是由于这两方面的原因，金融资本，尤其是投机性的金融资本在资本主义国家才大行其道。在这一时期，由于货币资本的膨胀比起产业资本的扩张速度要高得多和轻松得多，因而引起了产业资本家向货币资本家的复归。

在美国，各大工商金融业公司大都从事金融衍生品交易。著名的安然能源公司在2001年12月2日申请破产前，为扭转债台高筑的危险局面，该公司负责人曾冒险下赌注，企图通过大规模的套利基金交易，在短期内获取大量利润，以挽救公司。然而结果是他们不仅未能捞到想捞回的资金，反而大量亏本。而美国著名的通用汽车公司的金融子公司原本的业务内容是进行汽车贷款业务，该子公司的资本和人员只占全公司的3%，但由于其参与了证券市场业务，所创造的利润居然能占到通用公司的30%，以至于通用公司的许多高层领导都在想"我们是否还应该继续造汽车"。

我们所熟知的"金融杀手"乔治·索罗斯，更是利用虚拟资本来获取巨额利益的典型。1973年索罗斯创建索罗斯基金管理公司时，包括他自己在内，只有三名员工。1979年，索罗斯从海森伯格量子力学的测不准定律得到启示，将公司更名为量子基金，并开始从哲学的角度思考金融市场的运作。他认为市场总是处于不确定的状态，总是在波动，在不确定状态下注，才能赚钱。索罗斯首先在美元贬值的金融行动中赚了大约1.5亿美元，从此，量子基金在华尔街名声大噪。他认为，金融市场动荡无序，股票市场的运作基础不是逻辑，而是人们的心理。跑赢市场的关键在于如何把握这种群体心理。索罗斯善于发现相关市场的相互联系，他非常关注一旦某一市场发生波动，其他相关市场会发生怎样的连锁反应，由此能在多个市场同时获利。1992年，索罗斯抓住时机，成功地狙击英镑，打垮英格兰银行，成为世界闻名的投资大师。索罗斯从英镑空头交易中获利近10亿美元，在英国、法国和德国的利率期货上的多头和意大利里拉上的空头交易使他的总利润高达20亿美元，其中索罗斯个人收入占三分之一。在这一年，索罗斯的量子基金增长了 67.5%，他个人也净赚 6.5 亿美元，荣登《金融世界》杂志的华尔街收入排名榜的榜首。1997 年 3 月，索罗斯及其他套利基金经理开始大量抛售泰铢，泰国外汇市场立刻波涛汹涌、动荡不宁。7 月 24 日，泰铢已跌至 1 美元兑 32.63 泰铢的历史最低水平。泰国政府被国际投机家一下子卷走了 40 亿美元，许多泰国人的腰包被掏个精光。索罗斯初战告捷，但他不以此为满足，他决定席卷整个东南亚。很快，索罗斯飓风就扫荡到了印度尼西亚、菲律宾、缅甸、马来西亚等国家。印尼盾、菲律宾比索、缅元、马来西亚林吉特纷纷大幅贬值，导致工厂倒闭、银行破产、物价上涨等一片惨不忍睹的景象。这场扫荡东南亚的索罗斯飓风一举刮去了百亿美元之巨的财富，使这些国家几十年的经济增长化为灰烬。不仅如此，亚洲的金融危机还迅速波及到拉美和东欧及亚洲其他的外汇和证券市场，货币与证券价值纷纷下跌，全球金融市场变得更加动荡不安，而以索罗斯为代表的金融寡头们却由此获得了巨额收益。[①]

其次，国家对金融资本调控力度的降低和国际金融垄断的形成。国家对资本的干预和调控是所有资本的运行都要考虑的因素。在 20 世纪 50 年代，由于工人阶级不断进行斗争以获取政治和经济权利，加之二三十年代的经济危机所造成的恐慌，西方国家为缓和社会矛盾，都在不同程度上采用了凯恩斯主义的国家干预理论，对国家的经济运行进行管理和调控，使国家对政治、经济等能够具有很高的掌控能力。

然而进入 20 世纪 80 年代后，情况发生了很大的变化。随着经济全球化尤其是金融全球化的发展，一方面，国家对大型全球公司的控制力逐渐削弱，可以说是渐近于无；另一方面，国家本身也受到许多新出现的因素的强力制约，国家的作用被严格地限制了，国家已不再是"解决问题的方法"，而是变成了"问题"本身。随着新自由主义成为西方国家的主流思潮，国家的经济权力被严重削弱了，"大政府"逐渐被"小政府"、"服务型政府"取而代之。出现这种情况不仅是因为资产阶级势力变得更为强大，也因为世界社会主义运动陷入了低潮。资本为追逐利润而需放松管制的要求必然同国家的作用相矛盾，必然要求国家职能的缩小。在这种情

[①] 参见《投资大师索罗斯的人生轨迹》(http://news.xinhuanet.com/stock/2005-10/09/content_3597265.htm)。

况下，西方国家的统治阶级在国家的几个层面上进行了改革：（1）建立了有利于资本全球化的金融、法律和税收环境；（2）大规模地私有化，将服务设施、工业、保险和银行业出售给私人部门；（3）强调市场机制的作用，减少政府的社会干预；（4）制定吸引资金流入的宏观经济政策。

在国家宏观调控能力减弱的同时，金融资本的作用却日渐加强，而且随着经济全球化的展开逐渐形成了国际金融垄断资本。从金融本身的发展规律来看，推动金融全球化的主要动因是西方国家80年代以来金融自由化、信息技术、融资证券化和金融创新等的发展。在20世纪70年代，国家资本主义陷入了深刻的危机之中，这场危机的结果没有导致革命，而是伴随着集中表现为金融全球化的新一轮经济全球化浪潮的到来使垄断资本主义进入了金融资本急剧膨胀的新阶段，也就是说，真正打破国家垄断时代的是1978年以来美英两国率先实施了金融自由化和放宽了金融市场管制政策，各国货币体系和金融市场从此建立了日益紧密的联系，从而出现了金融全球化，并最终使得金融资本的垄断成为新帝国主义条件下垄断资本的一种主要形态。

再次，金融资本加剧了财富的集中。资本和财富的集中是资本主义生产集中和垄断的必然产物，借助金融资本的力量，这种集中的速度和规模更加迅猛。一方面，金融资本强化了产业资本的力量，使产业资本的集中和兼并能够在更广泛的范围内进行。在1980—1990年间，全球所有并购（国内并购和跨国并购）总额每年增长42%，与世界GDP的比率从1980年的0.3%上升至1999年的8%。在全球企业并购中，发达资本主义国家仍占据着主体地位，如2004年第四季度全球企业并购交易额为6700亿美元，其中美国企业达成的并购交易额就有2870亿美元。[①] 另一方面，金融资本内部也存在着日益集中的趋势。马克思曾经指出，"因为财产在这里是以股票的形式存在的，所以它的运动和转移就纯粹变成了交易所赌博的结果；在这种赌博中，小鱼为鲨鱼所吞掉，羊为交易所的狼所吞掉"[②]，"这种向股份形式的转化……并没有克服财富作为社会财富的性质和作为私人财富的性质之间的对立，而只是在新的形态上发展了这种对立"[③]。通过这两方面的作用，财富越来越集中，两极分化日趋严重。从发达国家

[①] 参见《全球并购交易额首季下降23%》（http://finance、sine.com.cn/roll/20050330/09467142st.shtml）。

[②] 《马克思恩格斯选集》第2卷，人民出版社1995年版，第520页。

[③] 同上。

国内来看，2009 年，美国最富的 1% 的家庭拥有 35.6% 的净财富和高达 42.4% 的金融资产。而底层的 90% 的人，仅拥有 25% 的净财富和 17.3% 的金融资产。在金融资本的作用下，美国的收入差距在近 20 年来急剧扩大，从 1980 年到 2008 年，占全美人口 1% 的最富者的收入占国家财富的比例从 8% 升至 18%，目前其年均税后收入在 130 万美元以上，而占人口 20% 的最穷美国人的年均收入仅为 1.77 万美元。① 根据美国人口普查局的数据，2010 年最富的 20% 的家庭收入占居民总收入的 50.2%，最穷的 20% 的家庭仅得到收入的 3.3%。② 巨大的财富差距使美联储主席格林斯潘也不得不承认："令人遗憾的是，经济成果没有像我所希望的那样在所有家庭中广泛享受。"而从全球来看，世界上最富有国家与最贫穷国家的人均收入比在 2006 年已扩大为 340:1。财富的集中使得广大群众的相对收入水平越来越低，从而能为日益扩大的社会化大生产所提供的有支付能力的需求也与生产力的发展越来越不相称，这就为经济危机的发生埋下了伏笔，因为"一切现实危机的最根本的原因，总不外乎群众的贫困和他们的有限制的消费"③。

又次，对货币霸权的争夺。新帝国主义具有传统帝国主义所不具备的一个优势，即货币霸权。在传统帝国主义时代，帝国主义对世界的控制主要是为了占有生产物质产品的资源和市场，各国争夺的焦点也集中在控制国际贸易的流向上。而在新帝国主义阶段，随着美国在"二战"后取得的世界货币的地位，以及 20 世纪末以来欧元地位的提高，货币霸权已成为发达国家掠夺财富的一种有效手段。尤其是货币霸权与虚拟资本的结合，使得美国等国除了在经常项下输出货币外，还可以从资本项下向国外大规模输出虚拟资产，从而为金融资本的对外扩张开辟了道路。具体而言，通过货币霸权掠夺他国财富的途径主要有几个方面：一是获取国际铸币税收益。国际铸币税是指一国因其货币为非居民所持有而得到的直接和间接的收益。现今，由于美元在国际货币体系中无可比拟的地位，因而美国能够获得绝大部分的国际铸币税。二是攫取国际通货膨胀税收益。拥有货币霸权的国家可以通过货币贬值减轻本国债务，从而获取国际通货膨胀税，使债权国

---

① 参见《美国贫富差距日益扩大》（http://roll.sohu.com/20111217/n329337476.shtml）。
② 参见 [美] 迈克尔·D. 耶茨《权力与美国社会日益严重的不平等》，张峰译，《国外理论动态》2012 年第 8 期。
③ 《马克思恩格斯选集》第 2 卷，人民出版社 1995 年版，第 534 页。

遭受巨大损失，这也正是美元从1976年到2006年贬值94%的一个重要原因。"据资料介绍，美元每贬值10%，就有相当于美国经济5.3%的财富从世界各地转移到美国"[①]。三是获取外汇风险规避的成本节约。对于货币霸权国而言，在国际进出口结算中不存在本币与外币之间的结算，从而规避了汇率变动的风险。如"2003年，美国进出口总额为19771亿美元（其中进口12607亿美元，出口7164亿美元），估定外汇即期与远期汇率差价为1%，美国企业2003年可节约的风险规避成本为198亿美元"[②]。

由于货币霸权给美国带来了经济繁荣和大量收益，为了维持这种经济繁荣与货币霸权的地位，美国必须保证美元的强势地位，保持国际资本向美国单向流动。因为一旦美元的地位受到威胁，引致国际资本的流出，那么，经济繁荣就走到了尽头，美元势必疲软，股市势必崩溃，其他资产价格也会一落千丈，美国的整体经济就会受到严重打击。

正是由于货币霸权所带来的巨大利益，在发达资本主义国家间才会出现为维持和争夺这种货币霸权而产生的斗争。而最有希望与美元争夺货币霸权的就是欧元。1999年欧元开始进入使用，2002年欧元现钞又顺利进入流通，使欧元成为美元的有力竞争对手。同时，由于欧洲在经济和政治层面不断进行整合，欧盟力量日益强大，覆盖面越来越广，这些都使得欧元有了更为扎实的基础，形成了欧元的强势地位。

对于想维持单极世界格局的美国来说，欧元以及欧盟整合的成功当然不符合美国的战略。在欧元启动前夕，美国就看到了欧元启动成功后的可怕前景，因此在欧元启动仅仅两个多月后，美国就发动了科索沃战争，其目的之一就是为了在欧洲的心脏地带制造战争恐惧，阻止国际资本流向欧洲。在科索沃战争开始后，欧元迅速下滑，在其后的两年中，最低时曾接近0.8欧元兑1美元上下，极大地动摇了国际资本持有者对欧元的信心。

但是，随着美国新经济泡沫的破裂以及欧洲经济的平稳发展，欧元逐步坚挺起来，并在2002年对美元的汇率超出平价。尤其是在2000年11月，萨达姆宣布伊拉克决定将石油交易从美元改为欧元结算，并把100亿美元外汇换为欧元。此举随即引起伊朗、俄罗斯、委内瑞拉等石油出口大

[①] 戴涛、赵大朋：《从世界金融危机看列宁帝国主义理论的生命力》，《社会主义研究》2010年第2期。

[②] 程恩富、夏晖：《美元霸权：美国掠夺他国财富的重要手段》，《马克思主义研究》2007年第12期。

国的关注。2002年，石油输出国组织官员贾瓦德·雅加尼在西班牙的一次演讲中宣称，石油输出国组织和欧盟的石油交易应该使用欧元结算，这样可以降低价格风险和汇率风险。欧元的坚挺和中东产油国对欧元的看好引起了美国的不安。这不仅是因为石油美元数额巨大，更是因为美国通过向中东产油国开放金融市场，吸纳巨额石油美元资本，接受石油美元存入美国银行并在美国购置不动产及股票、债券等有价证券，能够有效地将美国对石油能源本身的需求和对石油美元的货币需求与石油输出国组织国家石油资源供给以及石油盈余资本在美国的投资回报率捆绑在一起，从而能通过这种方式保证石油美元顺利回流到美国。

然而，如果石油交易以欧元结算，不仅对美元本身是个巨大的打击，也打破了中东与美国的这种依赖关系，并进而对美国经济形成巨大的影响。正是在这种背景下，美国发动了攻打伊拉克的战争。

（四）金融资本的发展使新帝国主义的寄生性更加明显

列宁曾经指出，"食利者阶层完完全全脱离了生产，给那种靠剥削几个海外国家和殖民地的劳动为生的整个国家打上了寄生性的烙印"①，"在世界上'贸易'最发达的国家，食利者的收入竟比对外贸易的收入高4倍！这就是帝国主义和帝国主义寄生性的实质"②。而如今，金融资本的规模及其虚拟化程度的增强更加凸显了帝国主义的寄生性。

与列宁所处时代不同的是，在发达资本主义国家中，食利者阶层已经完全不必再依靠"剪息票"为生了，现代资本主义为寄生的资本主义创造出了股票、债券等各种投机方式，而这些方式所带来的利益远非"剪息票"所能比拟的。瑞·坎特伯雷曾经指出："债券持有阶级是超级富裕家庭中的精英，华尔街的一些投资银行家和证券经纪人构成了其中的一小部分……这一新的美国有闲阶级组成了年收入从开始大约19万美元随后上升到几千万美元的家庭。"③ 对于金融资本为少数人带来的巨大利益，坎特伯雷用统计数据进行了证明："在1983年和1995年期间，美国最富裕的1/5的家庭的盈利大约是11%，平均净金融资产的价值达到73万美

---

① 《列宁选集》第2卷，人民出版社1995年版，第661页。
② 同上书，第662页。
③ [美]瑞·坎特伯雷：《华尔街资本主义》，吴芹译，江西人民出版社2001年版，第6—7页。

元。接下来的1/5的家庭损失了4.3%，再接下来的1/5的家庭损失了7.8%，而最后4%的家庭的损失令人震惊，达68.3%，他们最后的金融净值为负值，价值为-10.06万美元。如果我们回到财富榜的顶部，我们会发现这期间最富的1%的家庭盈利将近20%，足够把他们的金融财产的平均值提高到740万美元。如果他们在接下来的3年里继续从债券和股票市场新增同样比例的财富，那么在1998年他们的平均金融财产将达到1000万美元。"① 2004年，《财富》杂志列出了587名世界亿万富翁年度排行榜，其中近半数生活在美国，其财富总额达到1.9万亿美元，比世界上较穷的170个国家的国内生产总值之和还多，这种巨大的差距深刻表明了在新帝国主义时代寄生性达到了何种程度。

塔西佗曾这样描述罗马政策："他们制造了一片野蛮，将之称为和平。食利者寡头运用其控制力将纳税负担转移到农民和手工业者身上，从而导致债务高筑、人口缩减和落入奴役制后对帝国中心不断加深的依靠。"② 如今，金融资本仍然发挥着这种作用，只不过其手段更加多样化，所造成的后果更加严重，而其寄生性也更为明显。正如列宁所指出的，"只要资本主义还是资本主义，过剩的资本就不会用来提高本国民众的生活水平（因为这样会降低资本家的利润），而会输出国外，输出到落后的国家去，以提高利润"③，"这就是帝国主义压迫和剥削世界上大多数民族和国家的坚实基础，这就是极少数最富国家的资本主义寄生性的坚实基础"④！对于21世纪的新帝国主义来说，这一判断仍然正确。新帝国主义通过跨国公司和金融资本两种形式的资本输出，实现了利润向发达国家的转移，同时使发达国家垄断资本家的寄生性不断加强。

三 经济全球化和区域一体化成为发达资本主义国家维持旧的国际分工的有效手段

战后，在科技革命的推动下，由于资本主义国际经济活动的急剧扩大

---

① [美]瑞·坎特伯雷：《华尔街资本主义》，吴芹译，江西人民出版社2001年版，第11页。
② 转引自[德]赫尔弗里德·明克勒《统治世界的逻辑——从古罗马到美国》，阎振江、孟翰译，中央编译出版社2008年版，第180页。
③ 《列宁选集》第2卷，人民出版社1995年版，第627页。
④ 同上书，第628页。

和跨国公司的发展，经济全球化成为20世纪80年代以后资本主义经济发展的一个重要特征。马克思曾经科学性地预见了这一发展趋势，认为"资产阶级，由于开拓了世界市场，使一切国家的生产与消费都成为世界性的了。……过去那种地方的和民族的自给自足和闭关自守状态，被各民族的各方面的互相往来和各方面的互相依赖所代替了。物质的生产是如此，精神的生产也是如此。各民族的精神产品成了公共的财产。民族的片面性和局限性日益成为不可能"[①]。不过我们也应看到，20世纪后半期所发生的这种全球化的态势已远远超出了马克思当时所描述的情形，它不仅对资本主义的发展，同时也对整个世界的发展造成了巨大的影响。

列宁在《帝国主义是资本主义的最高阶段》中曾指出，"瓜分世界的资本家国际垄断同盟已经形成"[②]，在经济全球化条件下，新帝国主义不只在垄断资本的全球扩张过程中通过垄断企业的合并、联合等方式形成更大的国际卡特尔，而且通过区域一体化、国际机构和组织等形成新的国际垄断同盟。

（一）经济全球化的兴起

经济全球化是科技进步和社会生产力发展的必然结果，它是伴随着资本追求利润最大化、在国内和国际上寻求最大利润的实现场所而兴起的。

在人类经济史上，经济全球化是一种既新又旧的经济现象。所谓"旧"，是指全球化并不是一个全新的现象。在过去的两个世纪里，由资本扩张引发的经济全球化过程一直在继续，只是由于国内及国际条件的变化使资本的扩张受到阻碍，进而使全球化呈现出一种阶段性的、曲折发展的特点。所谓"新"，是指现今的经济全球化由于经济、科技等条件的变化，已表现出与原先阶段的全球化不同的特点，其规模和影响力之大都是先前所无法比拟的。可以说，直到20世纪80年代以后，真正意义上的经济全球化才正式形成。

纵观全球化的发展进程，我们可以看出，其主要表现在国际贸易量迅速增长、全球性资本流动的规模扩大以及在全球范围内利用资源，尤其是在当今时代，经济一体化和多边贸易组织的建立和完善，使全球化进程日

---

① 《马克思恩格斯选集》第1卷，人民出版社1995年版，第276页。
② 《列宁选集》第2卷，人民出版社1995年版，第651页。

益加快。那么，促进全球化兴起的动因是什么呢？

首先，现代科技为全球化提供了技术上的可能。过去每一阶段资本的国际扩张和生产的国际化，都是由于科技革命的推动。新科技的出现一方面使交通、通信等更为便利，使产品生产和商品在全球流通的成本逐步减少。正如有关学者所说："正是技术……才如此巨大地缩短了地理和社会的距离。正是通过喷气飞机、计算机、地球卫星以及许多其他的发明，比以往更迅捷和安全地跨越空间和时间传输着人员、商品和观念。正是技术深刻地改变了人类事务发生的规模……一句话，正是技术促进了地区、民族和国际共同体的相互依赖。"[1] 另一方面，科技的发展尤其是信息革命的产生及互联网的运用，使人类活动的范围和想象的空间空前扩大，推动全球化进程的主体的范围越来越广，数量越来越多，这一主体包含国家、国际组织、跨国公司以及个人等。

其次，跨国公司的发展有力地促进了全球经济的融合。在"二战"前所发生的经济国际化过程中，商品的国际交换和借贷资本的国际流动是其主要形式。只有在"二战"后，跨国公司作为国际化生产的垄断组织才得到了蓬勃发展，在这一形式下，生产资本的流动成为经济全球化的主要形式，而随着跨国公司在全世界的扩张，为寻求区位优势、避免东道国设置的各种壁垒，跨国公司会把更多的国际分工转化为企业内部的分工，从而使国际分工更为深化和细化，由同一行业内部不同产品之间的分工发展到同一生产过程内部各种零部件的分工。在这种新的国际分工体系下，跨国公司的每一次新发展都会使全球的经济联系更加紧密，经济全球化的程度也会进一步提高。

再次，20世纪70年代后新自由主义的兴起为经济全球化提供了有利的国际环境。从全球化的发展进程看，尽管科技进步对全球化的推进起了很大作用，但作为一个历史事件，并不是科学技术，也不是政治文化，而主要是商业和金融推动了全球化的进程[2]，科技只是为全球化的形成提供了一种技术上的手段而已。我们可以看到，在每一个资本流动性扩大、金融管制放松的时代，国际经济联系就变得十分密切。不论是19世纪20年

---

[1] 岳长龄：《西方全球化理论面面观》，《战略与管理》1995年第6期。
[2] Michael Pettis, "Will Globalization Go Banlrupt?" *Foreign Policy*, September/October 2001, p. 52.

代英国黄金储备的大量增长,还是20世纪80年代非流动的抵押贷款向流动的抵押债券的大量转化,抑或是金融市场的其他结构性转变,都成为每一个全球化阶段的催化剂。正因为如此,20世纪70年代末期以后新自由主义的兴起为资本的流动性提供了更为广泛的舞台,同时也为全球化提供了更好的发展机会。

(二) 经济全球化的特点

首先,经济全球化最基本的表现形式是商品和资本流动的自由化,由此导致世界贸易总量和投资总量的大幅度增加。从商品贸易方面看,战后,由于多边贸易体系的建立和区域一体化的发展,尤其是关贸总协定的成立,使各国的关税逐步下降。在乌拉圭回合结束后,发达资本主义国家的加权平均进口关税就已经下降到3.7%,发展中国家也下降为11%。1995年世界贸易组织取代关贸总协定后,更是致力于建设一个完整的多边贸易体系。在多边贸易组织的推动下,各成员国的关税壁垒和非关税壁垒逐渐降低,为贸易自由化提供了有利的条件。在这种情况下,国际贸易总量迅速增长。从1950年到1999年,国际商品贸易(世界商品出口)从676亿美元增长到5.625万亿美元。而国际服务贸易总值则从1970年的952亿美元上涨为1999年的1.3238万亿美元,年均增速为9.5%。[①] 从资本流动方面看,战后,各国政府不断削减对外国投资的限制,尤其是20世纪八九十年代,各国不仅在政策上鼓励外国直接投资,同时加强了对本国投资环境的建设,因而使资本流量大幅度增加。根据联合国贸易和发展组织发布的报告显示,2010年全球各国对外直接投资总额高达1.24万亿美元。从资本流向来看,尽管发达国家仍然吸收了大量的国际直接投资,但近几年,发展中国家由于其优惠的政策以及日渐改善的经济环境,在吸收国际投资中占据了重要地位。东亚、东南亚和拉美地区2010年引资额同比增长近200%,新兴经济体成为吸引对外直接投资的主要来源(2010年引资额占全球52%)。[②]

其次,在信息技术迅速发展的条件下,企业的目标定位和组织结构等

[①] 参见余永定、李向阳主编《经济全球化与世界经济发展趋势》,社会科学文献出版社2002年版,第35页。

[②] 参见《2010年全球各国对外直接投资总额同比增长5%》(http://www.sina.com.cn,2011年7月28日)。

都发生了巨大的变化，跨国公司的数量和规模有了显著的增长。在经济全球化之前，企业尽管会从事出口业务，但其主要目标仍然是保持和巩固国内市场，以国内需求的变化调整企业的生产。但在全球化阶段，信息技术的高度发展已经把地区间的距离拉得很近，企业在全球进行生产和销售已经成为现实，因而，企业的目标已转向全球，生产组织也向全球网络迈进。在这一过程中，跨国公司成为了经济全球化的载体。

再次，各种国际组织及机构的成立为经济全球化提供了一种体制保障。在"二战"以前的经济国际化浪潮中，主要表现形式为商品和资本的自发流动，但对于国与国间这种商品和资本的流动并没有一个为大多数国家所承认的组织来促进或保障。只有到了"二战"后，关贸总协定、国际货币基金组织以及世界银行的建立才使经济全球化有了正式的组织机构来协调成员国之间的商品交易和资本流动，多次削减成员国的关税和非关税壁垒，在成员国发生国际收支不平衡时也给予一定的支持，从而使成员国间的经济交往能比较顺利地进行。

(三) 经济全球化进程中的区域一体化

战后，与经济全球化趋势并行的是经济区域化和集团化的发展。按照国际货币基金组织在《贸易统计年鉴》中的分类，经济区域集团大概分为四种性质：第一种是优惠贸易联盟，组成联盟的国家之间关税和贸易实行优惠；第二种是自由贸易区，组成自由贸易区的国家相互之间取消关税和其他贸易限制，使商品在区内自由流动；第三种是关税同盟，除自由贸易区的各种规定外，成员国对第三国采取共同关税率；第四种是共同市场，即在关税同盟的各项内容外，增加资本和劳动力在集团内部自由流动。迄今为止，世界上的区域性一体化组织已超过了160个，大多数国家都属于一个或多个区域一体化组织，其中比较典型的是欧盟和北美自由贸易区。

从区域一体化组织的发展来看，它主要是由一些地缘相近、文化观念相容的国家为了促进相互间的经济合作、达成经济互补而由政府通过谈判与协商成立的。由于区域一体化能促进成员国之间的商品和技术交流，打破相互间的贸易壁垒，同时由于各成员国的文化背景比较类似，因此达成协议所需耗费的成本较小，并能有效促进各成员国的共同发展，促进成员国间的相互交流与合作，因此，区域经济一体化在近年来发展越来越快，新的组织不断成立，原有的集团也在不断扩大范围。

区域一体化不仅促进了成员国之间的商品和技术交流，同时也成为国际垄断同盟的一种表现形式。如北美自由贸易区成立后，墨西哥对美加两国开放了采矿、银行、电话等经济部门，利用《北美自由贸易协定》提供的优越条件，美、墨、加三国一些大企业已建立了战略联盟。

（四）全球化加深了发达国家对发展中国家的控制与剥削

随着经济全球化和区域一体化的发展，西方发达国家将越来越多的发展中国家纳入资本主义世界体系中，使之成为其原材料和廉价劳动力的提供地及商品的倾销地，而经济全球化也成为发达资本主义国家剥削发展中国家的一个新途径，通过不同的方式使发展中国家的经济、政治等更多地依附于发达国家。

1. 通过传统产业的转移，维系旧的国际分工格局

20 世纪 90 年代以来，发达国家在积极调整国内产业结构和进行技术升级的同时，将传统产业逐步转向发展中国家，由此造成了发展中国家与发达国家在产业布局上的依附关系，使发达国家在国际分工中永远处于"领头雁"的地位，也使中心和外围的关系进一步稳定。

2. 通过贸易上的不平等交换获取巨额收益并使发展中国陷入"比较利益陷阱"

随着经济全球化的迅猛发展，全球贸易量猛增。新自由主义者秉承古典经济学家李嘉图的比较优势理论，提出各国在参与国际竞争过程中，应着重发展比较优势产业，从而实现资源的有效配置和社会福利的提高。这在表面上似乎是无可置疑的，但按这一理论行事所最终造成的贸易格局就是：发达国家进口劳动密集型和自然资源密集型产品，出口资本和技术密集型产品；与之相反，发展中国家则进口资本和技术密集型产品，出口劳动密集型产品。按此发展下去，发展中国家的产业结构、就业结构等都会固定下来，从而陷入"比较利益陷阱"，经济更加依附于发达国家，最终受益的是发达国家。美国总统经济顾问委员会就曾指出，当其他国家和美国一起降低关税时，美国获利最大。

3. 通过资本输出使发展中国家陷入债务危机

发展中国家一方面要解决自身经济发展中的资金缺口，另一方面要弥补在与发达国家的不平等贸易中所遭受的巨大外汇损失，因而只能接受发

达国家的资本输出。这尽管在一定程度上弥补了其自身建设资金的不足，促进了经济和技术的发展，但也使发展中国家掉入了债务陷阱。到1997年，发展中国家的债务总额已高达2.2万亿美元，许多国家陷入了严重的经济和支付危机。为了缓解这一困境，许多国家不得不接受发达国家提出的结构调整政策，并在政治上追随发达国家，进一步加深了对发达国家的依附。

4. 通过各种国际组织维持对发展中国家的控制

"二战"后成立的国际货币基金组织、世界银行以及关贸总协定等为保障国际经济秩序的稳定发挥了重要作用，也在一定程度上促进了发达国家与发展中国家的经济联系与合作，使发展中国家的经济得到了不同程度的发展。然而，由于美国等发达国家对这些组织具有很大的控制权，因而其主要任务还是推动全球金融和贸易自由化政策，迫使广大发展中国家开放市场，确保第三世界服从于国际资本的需要。如在国际货币基金组织中，发达国家拥有超过60%的份额，其中约45%的份额集中于七国集团，而美国一家就拥有17%的份额。由于国际货币基金组织的决策一般需要50%以上的投票权通过，重大决策需要85%的投票权通过，因此发达国家足以决定国际货币基金组织的日常决策，而美国更是事实上拥有对国际货币基金组织重大决策的一票否决权。同时，这些组织还在发展中国家经济陷入困境时插手借款国或受援国的经济和社会政策，使之向西方发达国家希望的方向进行改革。如国际货币基金组织在援助陷入东南亚金融危机的国家时，要求受援国必须进一步开放市场、削减政府开支、提高利率以及为消除"裙带资本主义"而进行更为深刻的改革，等等。这些条件不仅是对受援国内政的干涉，使这些国家接受发达资本主义国家的经济模式和政治模式，同时某些条件也延缓了受援国经济的复苏，如高利率会使受援国的经济衰退进一步加剧。因而亨廷顿在《文明的冲突》中曾这样评价国际货币基金组织："西方透过国际货币基金组织推广其利益，并将它认为合适的经济政策强加给别的国家，所以把国际货币基金组织描述成'喜欢夺取别人的金钱，爱把经济上和政治操守上的不民主和相异的规则强加于人，又喜欢压制经济自由的东西'，并不过分。"日本学者福田泰雄也指出，"国际货币基金组织和世界银行是垄断资本对发展中国家的第三股支配力量，其主要受制于七国集团（美国，日本，德国，法国，英国，加拿大和意大利），七国集团拥有对这两个组织将近42%的否决权。而在七国集团内部，只有美国（特别是美国财政部）具有否决权，而且，美国和欧盟公司通常与国际货币基金组织和世界银行直接保持着友好关系。……

正是在这个背景下，国际货币基金组织和世界银行通过有条件贷款，迫使发展中国家采取门户开放政策，打开市场，允许发达国家商品大量涌入。"① 在这些国际组织的推动下，发展中国家的贸易政策、金融政策等都走向自由化，政府也逐渐失去了支配政策的空间，无法通过灵活的关税体制、资本控制等方式保护本国的幼稚产业，只能听命于垄断资本的摆布，给发展中国家的经济发展设置了障碍，也使发展中国家经常陷入经济动荡之中。根据国际货币基金组织的研究资料，在1980年至1995年间，国际货币基金组织181个成员国中的133个国家至少遭受过一次包括显著金融困境的动荡。世界银行也确认，从20世纪70年代后期至1994年，90个发展中国家和前共产主义国家发生了超过100次的重大金融领域破产事件。对此，纽约城市大学皇后学院经济学教授威廉·泰伯就指出，基金组织三分之二的成员国遭遇此类危机的事实应归结于国际货币组织这些年强制推行金融自由化的结果。

对于国际组织在维持发达国家对发展中国家的控制这方面，西方右翼学者也并不避讳，只不过，他们将之美化为"帮助这些国家维持良好的秩序等"。如曾提出"历史终结论"的弗朗西斯·福山就认为，国家的孱弱和失败可能是发展中国家贫困的最重要的根源之一，因此，应当走向一些分享主权的模式。"在这些模式中，国家从国际社会那里接受提供某些基本管理服务的长期帮助——事实上，从存在着良好管理的管辖权限那里进口良好的管理。最近的一个最引人注目的分享主权的例子是乍得—喀麦隆的天然气管道，在这一例子中，乍得政府同意把预计从天然气出售中得到的能源收入放入一个由世界银行和其他国际受托人管理的信用基金中。乍得实际上接受了国际社会的看法：它没有能力适当地使用自己的能源收入，而是需要外部的帮助来避免自己被拖入腐败和寻租的泥沼中。"②

四 文化帝国主义

在以往对帝国主义的论述中，大多将帝国主义描述为一国对其他国家的政治、军事和经济的征服和控制，如《美国传统词典》认为，帝国主

---

① ［日］福田泰雄：《世界贸易组织体制：帝国主义的新阶段——衰退的资本主义及其替换方案》，《当代经济研究》2010年第8期。
② ［美］弗朗西斯·福山：《美国处在十字路口——民主、权力与新保守主义的遗产》，周琪译，中国社会科学出版社2008年版，第158—159页。

义是"通过占有领土或对其他国家建立经济和政治霸权来扩大一国权威的政策",而《微软电子百科词典》则将帝国主义定义为"一个国家对别国的政治、军事和经济控制"[①]。如今,全球化的发展使得全球生产链日益成为全球资本主义文化传播的节点。西方发达资本主义国家在通过全球化过程进行经济扩张和金融垄断的同时,也想方设法将其文化价值、政治制度和意识形态推向发展中国家,对此所采取的手段是进行大规模的资本主义文化产品的输出,这不仅带来高额利润,也使以美国为首的发达资本主义国家的文化、价值观和意识形态为全球所接受,因而成为新帝国主义的重要手段。基于文化的这种重要作用,许多学者用"文化帝国主义"来对当前的情况加以定义。西方左翼学者更是指出,从文化的角度看,全球化的实质就是西方化。在新帝国主义时代,西方发达资本主义国家不仅拥有了世界性的政治和经济霸权,而且拥有了世界性的文化霸权。

事实上,在帝国主义的征服过程中,文化渗透一直是其有效武器,他们运用华丽的辞藻来掩饰自己的侵略本质,声称追求霸权是为了被侵略、被压迫民族的利益,甚至是为了全人类的利益。只不过,在新帝国主义时代,这种文化战略更为明显,在新帝国主义的对外扩张中,文化扩张成为一种重要武器,它不仅为帝国主义的武装入侵提供理论上的支持,而且通过日常的文化交流和渗透,影响着发展中国家的思想观念和意识形态,使其能通过和平和隐蔽的方式转变发展中国家的政治主权,因此,它已日益成为新帝国主义软实力的重要组成部分。

对于这种文化扩张,早在《共产党宣言》中,当马克思和恩格斯分析资产阶级所开辟的世界市场和全球范围的经济交往与经济一体化时,就已进行了科学的预见。他们指出:"过去那种地方的和民族的自给自足和闭关自守状态,被各民族的各方面的互相往来和各方面的互相依赖所代替了。物质的生产是如此,精神的生产也是如此。各民族的精神产品成了公共的财产。民族的片面性和局限性日益成为不可能,于是由许多种民族的和地方的文学形成了一种世界的文学。"[②]

在新帝国主义时代,文化战略的重要作用乃至文化帝国主义的出现有

[①] 转引自[英]瓦西利斯·福斯卡斯、比伦特·格卡伊《新美帝国主义》,薛颖译,世界知识出版社2006年版,第13页。

[②]《马克思恩格斯选集》第1卷,人民出版社1995年版,第276页。

其经济、政治和理论上的根源。

首先，从经济上看，战后尤其是 20 世纪 90 年代后，以美国为首的西方发达国家强大的经济以及在两大阵营的对抗中苏联社会主义的瓦解为西方的文化强势奠定了经济基础。

从国际范围来看，一国文化的影响力从来都是与该国的经济实力或政治影响力联系在一起的，二者之间存在一种正相关关系。可以说，它是经济优势的必然产物，只有强大的经济和政治实力才能产生出"强势文化"。"二战"后，美国等发达资本主义国家凭借着先进的科学技术以及有利的国际环境、国际规则，使经济获得了长足的发展，尤其是美国，更是创造了新经济的神话。在这种经济背景下，这些发达国家一方面将经济的发展归因于资本主义私有制，鼓吹以自由放任为基调的新自由主义思想作为国家实施政府调控和管理的主要思想，宣称，要发展经济，必须采取西方国家的经济模式，而且，它们还凭借其在各种国际组织的重要地位向发展中国家推行这一思想，并最终成功地在拉美等国推行了以私有化、市场化和自由化为主旨的"华盛顿共识"，将这些国家纳入了资本主义发达国家所希望的发展轨道，沦为发达国家经济的附庸。另一方面，发达国家凭借其强大的经济实力，对文化输出战略提供了强有力的支持。据统计，当今世界 80%—90% 的新闻被美国和西方通讯社垄断，美联社、路透社和法新社基本主宰了全球国际新闻的报道。美国控制了全世界 75% 的电视节目的生产和制作，每年向国外发行的电视节目超过 30 万小时。它们正是通过这种软实力来影响发展中国家，使这些国家的经济、政治和社会模式都向西方靠拢，从而使发达国家继续从经济上控制这些国家。按照西方的说法就是"积极致力于把民主、发展、自由市场和自由贸易的希望带到世界每一个角落"[1]。

其次，软实力和文明的冲突等理论的出台为西方国家推行文化帝国主义提供了理论依据。

国际政治学家普遍认为权力的竞争是国际政治中的一个重要内容，甚至把权力作为形成、发展和瓦解世界秩序的基本动因。而在战后强调国家综合实力的时代，权力的含义已不仅仅表现在政治和经济方面，文化的影

---

[1] The U. S. National Security Council, *The National Security Strategy of the United States of America*, Sept. 2002.

响力等也已成为其重要组成部分。正是在这种背景下,美国著名的国际关系理论家、哈佛大学教授约瑟夫·奈于 1990 年在其《注定领导世界:美国权力性质的变迁》和《软实力》等著作中,首次提出了软实力概念,它是与"硬性命令式权力"相对立的"软性同化式权力"。约瑟夫·奈认为,一个国家的综合国力由硬实力和软实力构成,硬实力包括经济、科技和军事实力等,软实力则以文化和价值观念、社会制度、发展模式、生活方式、意识形态、国际影响力与感召力等为基础,它是通过吸引而非强迫来得到想要的结果的能力,其核心内容是文化和意识形态的影响。在任何一个国家,软实力的基础都是它的文化以及这一文化的吸引力。在他看来,"硬实力和软实力相互作用,互相促进。二者都是我们影响其他人的行为、实现我们的目标的能力"[1]。尤其是在现时代,文化因素在国际关系中的作用越来越突出。因此,包括美国在内的所有国家,都更加注重软实力的作用,通过这一新的权力资源来实现其目标。而且,从效果来看,软实力虽然不具备硬实力那种明显的、直接的力量,但却有更加持久的渗透力,能够对其他国家产生更为深远的影响。他进一步指出,在冷战时期,缺乏软实力的支撑正是苏联瓦解的一个重要因素。

与这种软实力理论相呼应的是,美国哈佛大学的萨缪尔·亨廷顿在《文明的冲突》、《西方文明:是特有的,不是普遍的》、《文明的冲突与世界秩序的重建》等著作中,提出了"文明冲突论",认为未来世界主要冲突的根源并不是经济冲突,而是文化冲突,全球政治的主要冲突将发生在不同文明而不是民族国家之中,如果发生下一次世界大战,那么它将是一场"文明之间的战争"。在《文明的冲突和世界秩序的重建》中,亨廷顿指出,全球政治正沿着文化的界限重构,随着时代的发展,以意识形态和超级大国关系确定的结盟正在让位于以文化和文明确定的结盟,而文化共同体正在取代冷战期间各国结成的阵营,文明间的断层线正在成为全球政治冲突的中心界限。在他看来,冷战后,决定世界格局的主要因素是中华文明、日本文明、印度文明、伊斯兰文明、西方文明、东正教文明、拉美文明和非洲文明,而伊斯兰文明和中华文明有可能共同对西方文明构成威胁或提出挑战,这主要是因为伊斯兰国家的

---

[1] Joseph S. Nye, *The Paradox of American Power: Why the World's Only Superpower Can't Go It Alone*, New York: Oxford University Press, 2002, p. 9.

"不宽容"和中国的"武断"。

这两种理论从不同的角度出发,强调了文化和文明在国际关系中的重要作用,从而在客观上促进了西方国家文化输出战略和文化帝国主义的形成,为其文化霸权主义提供了强大的理论支持。

再次,冷战后的国际政治形势为文化帝国主义的推行提供了条件。

20世纪90年代苏联和东欧社会主义的解体和剧变使西方发达国家认识到,文化渗透在国际政治格局变迁中能发挥武力和军事所无法比拟的重要作用。与传统的赤裸裸的军事干预、政治压迫和经济剥削相比,通过文化输出战略征服其他国家民众的心灵,使这些国家认同美国等发达资本主义国家的政治、经济和社会模式,从而最终达到不战而胜的目的,不仅是经济上的最佳选择,而且更具有隐蔽性和迷惑性,避免了引发国际舆论的谴责和国际争端的发生。因此,在冷战后,一些资产阶级极力鼓吹文化全球化,将社会主义国家的"失败"和世界文化的"融合"及文化全球化联系在一起,鼓吹西方文化的普适性,其实质是以西方的文化取代各国的民族文化,为政治上的演变铺路搭桥。这种所谓的文化全球化,是建立在西方民主制和自由主义价值观基础上的,其核心内容仍然是意识形态和价值观,其实是文化霸权主义的表现,对此,美国学者汉斯·摩根索曾一针见血地指出,其目的"是征服和控制人心,并以此为手段改变两国之间的强权关系"[①]。日本学者星野昭吉也提出,"今天文化全球化的每一种潮流从根本上都处于西方思维方式的影响之下","文化全球化就是非西方文化被西方文化同质化与一体化的过程"[②]。汤林森在《文化帝国主义》中同样指出,帝国主义致力于将某种特定的社会体系向全球扩散,而文化帝国主义正是致力于文化的全球化。

在上述条件下,新帝国主义的文化输出战略日渐加强,这种战略主要体现在以下几个方面。

(一)制定文化产业发展战略,使本国文化成为"强势文化"

要使文化输出战略有效运行,就必须使本国的文化产业高度发展,成

---

① [美]汉斯·摩根索:《国际纵横策论:争强权,求和平》,卢明华等译,上海译文出版社1995年版,第90页。

② [日]星野昭吉:《全球政治学:全球化进程中的变动、冲突、治理与和平》,刘小林、张胜军译,新华出版社2000年版,第196页。

为在世界上有影响力的文化。弗朗西斯·斯托纳·桑德斯就指出，"如果我们把冷战界定为思想战，那么这场战争就具有一个庞大的文化武器库，所藏的武器是刊物、图书、会议、研讨会、美术展览、音乐会、授奖等等"①。因此，"二战"后，西方各国都十分注重发展自己的文化产业。

对于文化产业极其发达的美国来讲，这种文化的优越性从美国建国开始就一直存在。由于美国是一个移民国家，最早到达北美的是以"上帝选民"自居的英国清教徒，他们肩负着复兴世界的"使命"来到了这片土地，力图创建一个新的世界。这种梦想与他们的宗教信仰结合起来，就形成了美国是"整个世界的山巅之城"，是"自由的灯塔、民主的堡垒"的观念，认为美国人是"上帝的选民"，美国应该担负"拯救世界"的使命，这是上帝赋予美国的"使命"。正如 J. 斯帕尼尔所说的："美国人从其国家一开始就坚信他们的命运是——以身作则地向一切人传播自由和正义，把人类从罪恶之路引导到世间新的耶路撒冷。"② 正是在这种观念的指导下，美国人长期以来就形成了这样的认识：美国的文化价值观是最优的，美国的民主制度是全球最好的，因而美国有责任和义务向全球推广其价值观和民主制度。

20世纪80年代后，在经济全球化的影响和推动下，文化战略在美国更是受到了空前的重视。在信息技术高度发展和美国经济实力迅猛增长的条件下，文化产业获得了更大的支持，从而使美国的文化以前所未有的速度和力度在全世界广泛传播。例如，20世纪90年代后期，全世界电影票房的总价值约为155亿美元，而美国电影所创造的票房价值就达到了105亿美元，占到了全世界的三分之二以上。针对美国文化在全球的这种广泛传播，当时任法国外交部长的于贝尔·韦德里纳指出，美国已经超越了它在20世纪的超级大国地位，"美国今天的霸权地位已经延伸到了经济、货币、军事、生活方式、语言和铺天盖地地涌向全球的大众文化产品等领域。这些文化产品左右着人们的思想，甚至使美国的敌人也为之着迷"③。

除美国外，其他西方发达国家也日益注重文化产业发展战略，努力使

---

① ［美］弗朗西斯·斯托纳·桑德斯：《文化冷战与中央情报局》，曹大鹏译，国际文化出版公司2002年版，第2页。

② ［美］J. 斯帕尼尔：《第二次世界大战后的美国外交政策》，段岩石译，商务印书馆1992年版，第10页。

③ 参见胡鞍钢、门洪华主编《解读美国大战略》，浙江人民出版社2003年版，第39页。

自己的文化成为世界强势文化。如欧盟强调"欧洲文化认同",认为欧盟不仅仅是欧洲各国的经济联盟和政治联盟,同时它还是一个"价值联盟",要使文化因素成为欧盟的第二特征。欧共体奠基人让·莫内曾说:倘若我今天开始建设欧洲,那我首先将从文化方面着手。正是在这种观念的指导下,欧盟制定了一系列文化发展战略。1991年,欧盟开始实施为期5年的"欧洲媒体计划",其预算高达2.4亿美元。1994年4月,针对美国电影在全球独领风骚的局面,欧盟发表了绿皮书,提出要利用自身技术优势,提高欧洲影视产品质量,扩大欧洲影视作品在全球的市场份额,形成对美国的有效竞争。1996年,第一期"欧洲媒体计划"到期后,欧盟又开始实施新一期的"欧洲媒体计划2",同样是为期5年,主要内容是资助、扶持欧洲电影的生产、发行和放映,振兴欧盟电影业,以对抗美国娱乐业对其的冲击。而作为欧盟和整个欧洲老牌强国之一的法国,更是一直致力于发展法国及欧洲的文化产业,他们提出了"文化例外"和"文化特殊"理论,强调文化不是普通的商品,要保护法国的民族文化特色。在1993年关贸总协定乌拉圭回合谈判中,法国力争把视听产品排除在自由贸易之外,并为此与美国进行了激烈斗争,其目的也是为了保护法国的文化产业。

日本在先后实施了军事立国、经济立国战略后,于20世纪80年代提出了文化立国的战略,制定了《文化立国21世纪方案》、《文化产业振兴法》等法案,全面加强日本的文化建设,具体内容包括国语改革、教育改革、发展大众传媒、扩大保护文化遗产的对象、加强文化对外攻势等。

俄罗斯在恢复经济的同时,也提出了要发展自己的文化。时任总统普京在题为《千年之交的俄罗斯》的演说中阐述的俄罗斯思想,不仅是俄罗斯的治国方针,也是其全方位的文化战略,它包括爱国主义、强国意识、国家作用和社会团结等多个方面。普京强调指出,将外国课本上的抽象模式和公式照搬到俄国是没有用的,俄罗斯必须有自己的文化发展战略。

(二)通过网络、影视、文学作品等多种方式来推行西方国家的价值观和人权标准

美国前国务卿奥尔布赖特曾经说过:"中国不会拒绝互联网这种技术,因为它要现代化,这是我们可乘之机,我们要利用互联网把美国的价值观送到中国去。"这句话不仅适用于中国,也适用于所有发展中国家。

为了发展国内经济，尽快缩小与发达国家的差距，发展中国家必然要采取对外开放政策，从而在引进外国的先进生产技术和资金的同时，也为外国文化的渗透大开方便之门。

据统计，目前全球网上信息中，美国提供的占80%，网络已日益成为西方国家的有力武器。它们利用互联网传播西方的价值观，宣扬色情、淫秽和暴力等腐朽思想文化；雇佣大批"写手"，采取网络贴文、电子邮件、手机短信等手段，制造舆论，对发展中国家进行"信息围攻"；资助各种敌对势力建立网站，支持他们利用互联网蛊惑人心、煽动闹事。

除网络外，以其他方式传播于世界各地的新闻中，大约90%是由美国等西方国家垄断的，而在美国本土播放的电视节目中，外国节目仅占1.2%。据报道，目前，"美国、日本和欧盟控制了全球90%的媒体。世界上每发布5条消息，就有4条来自美国。在新科技和图像领域内，垄断更加明显，例如世界上80%的视听节目是美国制作的"[①]。这种信息的垄断不仅表现在一般的新闻、娱乐等领域，在专业领域也是如此，如 SCI、SSCI、EI 等科技文摘期刊已经成为评判各国科技成果先进水平的重要标准。

然而，这些标榜"公正性"、"客观性"的西方传媒，却带有明显的意识形态偏见和西方的政治目的，它们一方面宣传西方的价值观，鼓吹其优越性；另一方面，对发展中国家的报道经常采取夸大、贬损和无中生有的态度，使视听传媒成为一个没有硝烟的战场。如美国把不能干涉"美国之音"作为同意中国享受最惠国待遇的前提条件之一，1995年，美国又开办了自由亚洲电台，与"美国之音"相互配合，进行各种反华宣传。从20世纪50年代初直至60年代，"美国之音"的对华广播一直服务于美国拒不承认中华人民共和国、孤立和封锁中国的对华政策。1979年，中美正式建交，其反华态度逐渐有所改变。20世纪80年代，为进一步利用广播对社会主义国家进行意识形态的渗透，时任美国总统的里根亲自出马，配合其"以实力求和平"的强硬外交政策，使"美国之音"进入了新的发展时期。在"美国之音"的全部广播节目中，时事类新闻节目占60%左右，主要报道社会主义国家的"阴暗面"和持不同政见者的活动与言论，并进行反共和所谓"民主"、"自由"、"人权"的宣传。

作为世界上传媒最发达的国家，美国媒体已经覆盖了全球。美国两大

---

① 玛尔塔·卡拉万特斯：《任北方评说的南方》，西班牙团结网站2002年4月23日。

通讯社——美联社和合众国际社，使用 100 多种文字，向全球 100 多个国家和地区的 2 万多家用户昼夜发布新闻，每天发稿量约 700 万字。美国有线电视新闻网已经成为许多国家最普及的新闻来源，它有数以千万计的观众，是许多国家的政治家、政策制定者、新闻从业人员以及任何想迅速看到突发性新闻和相关深入报道的人必须收看的电视台。除此之外，美国的《纽约时报》、《华盛顿邮报》、《时代》周刊、《新闻周刊》、《国际新闻报道》、《国际先驱论坛报》等也成为各国有关政府部门、学术界和大学的必订报刊。这些新闻巨头事实上已垄断了国际新闻的来源，决定着什么是"新闻"，报道什么和不报道什么，从而成为美国对外文化输出最强有力的工具。其指导思想正是西方精英所宣扬的："如果世界趋向一种共同语言，它应该是英语；如果世界趋向共同的电信、安全和质量标准，那应该是美国的标准；如果世界正在由电视、广播和音乐联系在一起，那节目同样也应该是美国的；如果共同的价值观正在形成，它应该是符合美国人愿望的价值观。"[1]

除了这种直观的传媒手段外，发达国家的跨国公司也肩负着推广价值观的目的。在它们的广告中也渗透着西方所谓的"自由"、"民主"观念，同时，它们还通过将其产品向全世界推广来传达发达国家的产品优于发展中国家、而支持这些产业发展的发达国家的经济制度和政治制度也优于发展中国家的观念。正因如此，美国文化学家多夫曼指出："可口可乐可不是简单的事，在它背后顶着整个上层建筑。"[2]

（三）利用教育文化交流进行文化输出

在推广西方价值观和意识形态的各种手段中，文化交流占据着重要地位。这主要是因为这种方式不仅能使发展中国家的文化工作者直接感受到西方的先进文明、科学技术，并进而通过他们在国内学术界的地位来影响广大的在校学生和普通民众，还能够将发展中国家的优秀人才和具备发展潜质的学生吸引到发达国家，使发展中国家成为发达国家科技人才的培养基地。

"二战"后，美国政府推出的最大的对外教育文化交流项目是富布赖

---

[1] David Rothkopf, "In Praise Cultural Imperialism", *Foreign Policy*, Summer 1997.
[2] 李丹：《冷战后美国对华的意识形态斗争》，《中共福建省委党校学报》2001 年第 10 期。

特项目。该项目始于 1948 年，主要是资助美国和世界各国的学生、专家学者等出国或到美国学习、访问和研究，截至 1997 年，参加者已超过 24.5 万人，有 140 多个国家和地区与美国进行该项目的合作。对于这种文化交流的作用，富布赖特曾指出，"一代人之后，我们与其他人进行社会价值观念交流的好坏要比我们的军事、外交优势对世界格局的影响更大"①，因为"它造就了一批致力于加强国家间相互了解的领导人和舆论创造者"②。除此之外，各种基金会在文化交流中也发挥了重要作用。如美国的福特基金会每年都有资助世界各国的学生和学者到美国学习的名额。众多的交流项目能够使发展中国家的学者亲自体验美国的文化和社会制度。当然，他们所接触的都是美国最为优异的地方，而美国社会的阴暗面则并不包括在这种交流范围之内。

除了这种学术性较强的文化交流项目外，西方国家还成立了许多民主基金会，通过邀请发展中国家的异见人士出国讲学、参加国际会议等方式，来扶持发展中国家所谓的民主力量。如美国于 1983 年成立了"全国民主基金会"，该机构的主要目标是国外的"民主"人士和组织，通过向这些民间组织提供基金来支持和促进当地的"民主"进程，从而最终达到颠覆当地现存政权、实现"和平演变"的目的。

此外，捐赠图书也是文化交流的重要部分。据统计，1988—1993 年间，美国向国外赠送了大约 460 万册图书，这些图书都是关于美国历史、文化、对外政策、经济和政治方面的，在宣扬美国的价值观和意识形态上发挥了重要作用。

现今，西方强大的文化输出战略已取得了一定的成效。在发展中国家，优异的学生都希望能出国留学并最终留在国外，教师希望在西方主流的国际刊物上发表论文来增加其影响力，对西方政治制度和经济模式的向往已不局限于异见人士，而是深入到了大部分人心中。而发展中国家的民族文化已经被遗忘。对许多发展中国家而言，在通过进口通信器材、国外生产的软件、工程技术人员等建立起对国外经济上的依赖关系的同时，也"在自己国内建立了一套外国的行为准则、价值观念、对未来的期望，以

---

① Philip H. Coombs, *The Fourth Dimension of Foreign Policy*: *Educational and Affairs*, New York, 1964, p. 11.
② Leonard R. Sussman, *The Culture of Freedom*: *The Small Word of FulbrightScholars*, Maryland, 1992, p. 87.

此代替了本国原有的行为准则、价值观念和对未来的期望。这样，发展中国家在不同程度上改变了国内文化和人们的社会化过程"①。

西方国家的文化输出战略不仅促进了有利于垄断资本的全球消费模式和生产方式的形成，而且强化了垄断资产阶级在全球的统治，导致了意识形态同质化的倾向，已经成为使"全世界生活殖民化"的重要手段。

对于发达国家而言，"文化帝国主义的东西，是最巧妙的，并且如果它能单独取得成功，也是最成功的帝国主义政策。它的目的，不是征服国土，也不是控制经济生活，而是征服和控制人心，……文化帝国主义在现代所起的典型作用，是辅助其他方法。它软化敌人，为军事征服或经济渗透做准备"②。对此，我们一定要有深刻的认识。所谓的"文化全球化"，其实质就是文化霸权主义和文化帝国主义，其核心是西方的意识形态和价值观，所谓"普适性"的"全球化"的文化并不存在，它的实质只能是"西方化"的文化。

江泽民同志在2000年联合国千年首脑会议上曾明确指出，"世界是丰富多彩的，各国人民走过了不同的历史发展道路，有着不同的经济发展水平、文化背景、社会制度和价值观念，延续着不同的生活方式"，"我们应当承认差异，有差异才能有进步"③。这一论述指明了各国民族文化存在差异，只有在相互尊重、相互学习的基础上才能取长补短、共同发展，既保留本国民族文化的优秀部分，又吸收国外的先进文化，这才是正确的文化发展战略。也正因如此，世界各国都已开始采取措施，保护本民族的文化，抵制带有意识形态目的的美国文化的冲击。如加拿大于1995年将美国乡村音乐电视台逐出国门后，为保护本国的期刊业又开始实施C—55号法案，法案规定：加拿大企业不得在加拿大发行的外国期刊上做广告，否则将被处以高额罚款。法国为抵制和限制美国文化娱乐产品在法国的销售、传播，保护法国文化和文化产业，规定法国的电视和广播节目至少有40%的时间要使用法语，硬性规定其全国4500家影院所放映的影片，好

---

① 转引自龚滟《论美国文化输出战略》，《燕山大学学报》（哲学社会科学版）2003年第3期。

② [美] 汉斯·摩根索：《国际纵横策论：争强权，求和平》，卢明华等译，上海译文出版社1995年版，第90页。

③ 《江泽民主席就重大问题阐述中国政府立场》，《光明日报》2000年9月8日。

莱坞影片最多只能占四分之一。①

五　地区军事霸权

（一）军事霸权存在的必要性

在世界范围内进行领土扩张是传统的殖民帝国主义的重要特征之一。然而，随着资本主义向全球扩张，经济法则逐渐取代超经济强制成为帝国可靠的统治工具，正如埃伦·伍德所指出的，美国等发达国家在"二战"后最终确立了资本帝国的统治。大卫·哈维也深刻地指出，新帝国主义的真正意义在于，以剥夺性积累为主要方式而进行的对其他国家和地区的掠夺，权力的资本逻辑取代了权力的领土逻辑。权力的领土逻辑和权力的资本逻辑概念是乔万尼·阿瑞吉提出的，在权力的领土逻辑下，行为主体是国家或国际组织，通过政治、外交和战争的形式谋求政治利益和经济特权，行为者的权力奠基在领土控制和动员人力资源、自然资源以达到政治、经济和军事目的的能力之上；而权力的资本逻辑是指资本在时空中的分子式积累过程，其中占首要地位的是对资本的控制和利用。在权力的资本逻辑下，权力范围没有固定的边界限制，可以随资本的流动而随意扩散。

但新帝国主义是否就此放弃了武力、战争等超经济强制手段呢？回答是否定的。在实行经济强制的同时，发达资本主义国家并未放弃武力、军事战争等超经济手段，尤其是进入20世纪90年代后，随着发达国家与发展中国家经济差距的进一步拉大，发展中国家对发达国家的不满和反抗也在累积，因而单纯地采取经济手段已难以达到其目的，武力、战争等超经济手段再次成为帝国主义的重要工具。但与传统殖民帝国主义时代不同的是，这种手段的最终目的是实现剥夺性积累和经济强制。正如伍德所说，资本主义的矛盾是：一方面，资本主义制度下政治与经济的分离使资本的经济霸权可以远远地超出直接政治控制的界限，但是另一方面，它又不得不依赖外在于己的政治与军事力量来建立有利于扩张经济霸权的社会秩序。正因此，军事霸权仍然是新帝国主义的重要特点之一，只不过其目标是为了保障经济强制和经济法则的实现，而且在形式和手段上都有了新的

---

① 参见郭洁敏《文化战略——立足综合国力的宏观选择》，载《经济全球化论丛》，高等教育出版社2001年版，第235—236页。

表现形式,正如德国学者赫尔弗里德·明克勒(Herfried Münkler)所指出的:"在整个20世纪的历史进程中,帝国边缘地区的力量普遍获得了明显的增强……帝国秩序重新出现了新的形式。帝国放弃了易受攻击和损害的地面领土控制,转而在空间层甚至宇宙空间层谋求自己的控制。通过这种变化,帝国既可以实施局部干预,又可以实施选择性干预。它在政治空间方面所失去的,可以通过技术的发展得到充分补偿。"① 而当前帝国主义所选择的维持帝国秩序的方式既能顺利保障其经济和政治目标的实现,也避免了大规模的军事占领和管理、维护的开支。爱德华·吉本在《罗马帝国衰亡史》中曾以罗马和大英帝国为例指出,当帝国陶醉于在地域上的肆意扩张并不加节制地承担起某些"责任"和"义务"时,它距离危险的挑战就已经不远了。而对于帝国而言,"时不时从不太重要的地方全身而退,或在一段时间之后挣脱先前在特定条件下承诺的义务,恰恰更符合自己的生存利益。也正是在这一方面,帝国的自持律令和国家世界的作用原则背道而驰:帝国的地域束缚越小,承担的条约约束越少,其稳定性越强;相反,一个国家系统内的成员国如果疆域越固定,通过条约相互联系越紧密,则国家系统的稳定和和平越容易得到保障"②。

(二) 军事霸权的表现

对于新帝国主义的军事霸权,我们可以通过查默斯·约翰逊(Chalmers Johnson)在《帝国的悲哀》一书的描写有一个大致的认识:"根据五角大楼的年度不动产清单,也就是所谓的《基地结构报告》,我们在全世界132个国家部署有725个军事基地。美国这一庞大的基地网络构成了一种新式帝国——一个军事飞地组成的帝国,而不是以老的帝国主义形式存在的殖民帝国。为了控制全世界的海洋,我们维持了近13支航母打击大队,它们构成了流动基地。"③

自20世纪80年代初以来,"美国以执行联合国决议、维持和平、实施人道主义援助、反对侵略以及保护美国公民的生命财产安全等为借口,

---

① [德]赫尔弗里德·明克勒:《统治世界的逻辑——从古罗马到美国》,阎振江、孟翰译,中央编译出版社2008年版,第134页。
② 同上书,第108页。
③ 转引自[美]迈克尔·赫德森《美国金融霸权与新自由主义》,查林、林贤剑摘译,《国外理论动态》2006年第7期。

先后对外出兵达40多次，其中对他国进行强力军事干预就有10次：1983年10月，闪电入侵格林纳达；1989年12月，突袭巴拿马，拘捕巴军政府首脑诺列加；1990年6月，入侵利比里亚首都蒙罗维亚；1992年12月，武力干涉索马里；1994年9月，占领海地；1994年8—9月，连续两周出动大批飞机对波黑塞族军事目标及部分民用设施进行猛烈轰炸；1998年8月，打击苏丹和阿富汗；1999年3—6月，悍然对主权国家南联盟发动代号为'联盟力量'的大规模战略空袭；2001年10月，发动阿富汗战争；2003年3月，入侵伊拉克"[①]。这些局部战争既维护了美国的霸权，也为美国带来了大量的经济利益。因为战争不仅意味着军事工业的巨大利润和战后重建过程中的巨额订单，还意味着巨大的金融资本流入发达国家，维持发达国家的经济繁荣。据统计，自1999年美国轰炸南斯拉夫后，美国来自世界其他国家的金融资本的净增长从1999年第一季度的492亿美元猛增至第二季度的1109亿美元。而对伊拉克的入侵更是使美国金融资本的净流入由2002年第四季度的542亿美元猛增为2003年第一季度的866亿美元。这才是当前帝国主义维持军事霸权的最终目的。

---

① 辛向阳：《当代资本主义腐朽性的典型表现》，《红旗文稿》2009年第16期。

第五章

西方左翼学者对新帝国主义的
理论批判

自列宁创立帝国主义理论后,对帝国主义问题的研究就成为西方左翼学者批判资本主义制度、探讨社会发展道路的一个重要议题。随着新帝国主义的形成与发展,帝国主义在表现形式、剥削方式等方面都出现了一些新的特点,发达资本主义国家与第三世界国家的关系也发生了一些新的变化,在这种背景下,对帝国主义问题的讨论再次成为西方左翼学者的关注点。如何看待帝国主义出现的这种新变化,如何正确认识帝国主义的新形式,在西方左翼学者眼中出现了不同的观点。

一 对新帝国主义含义的界定以及对传统帝国主义理论的评价

帝国主义一词来源于拉丁语 IMPERATOR,其含义是专制的权力和集中的政府。而对马克思主义学者来说,其理论的关注点是资本主义生产关系下的帝国主义。如何界定这种"帝国主义",一直是学者们争论的问题。

(一) 新帝国主义含义的界定

在列宁之前,对帝国主义如何界定并没有一个统一的标准。罗莎·卢森堡认为帝国主义是资本积累为争夺世界上非资本主义地区而进行斗争的政治表现,布哈林、希法亭等人将帝国主义视为金融资本的对外政策。直到列宁将帝国主义定义为资本主义的垄断阶段后,帝国主义的含义才有了一个明确的答案。

然而,"二战"后,随着资本主义发达国家情况的发展变化,对帝国主义定义的纷争又起,而且对列宁帝国主义论本身的看法也发生了争论。如美国学者熊彼特从所谓的社会学角度对希法亭等马克思主义者的帝国主义定义进行了反驳,他反对把帝国主义看作资本主义阶段中的一个特定的历史范畴,认为"把帝国主义看作资本主义的一个必要阶段,或者甚至说资本主义发展成帝国主义,都是一种基本性错误"①。在他看来,帝国主义通常是在国内政治压力下实行的一种对外侵略、扩张和征伐的军事政策,它包含关税保护、出口垄断和19世纪以来的殖民主义等内容。这一定义实际上抹杀了帝国主义与资本主义的必然联系,将帝国主义与一些侵略和扩张政策等同起来,否定了资本主义经济关系必然导致资本主义垄断的产生和帝国主义形成的命题。埃及著名左翼学者萨米尔·阿明也提出:"帝国主义不是资本主义的一个阶段——也不是其最高阶段,它是资本主义的永久特点。"②

之所以会出现对帝国主义含义的争论,是因为"美帝国"的兴起及经济全球化的进展等时代背景的改变导致帝国主义的表现形式和内容出现了一些重大变化,而学者的争论也往往是针对这种新条件下的帝国主义,试图用其新的特征对当代的帝国主义进行重新定义,实质上就是如何定义新帝国主义的问题。对于如何界定全球化条件下出现的新帝国主义,归纳起来主要有两种,一种是在坚持马克思主义经典作家对帝国主义定义的基础上,结合当代资本主义的新发展对帝国主义进行的阐释,另一种是针对当前全球资本主义所进行的重新定义。

1. 在坚持马克思主义立场基础上对帝国主义的重新阐释

许多左翼学者如约翰·贝拉米·福斯特、大卫·科茨、萨米尔·阿明、埃伦·伍德、大卫·哈维以及马格多夫等都基本上坚持了列宁对帝国主义的定义,只是认为当今帝国主义出现了许多新的变化,因此结合新的现实对新帝国主义作出了一些新的阐释。

约翰·贝拉米·福斯特认为,金融化导致资本主义经济体制出现了深刻变化,但由于生产中的积累这一根本问题不变,因此,资本主义尚未进入全新的发展阶段。相反,金融化导致垄断资本主义步入新的混合时期,

---

① 转引自周穗明《"新帝国主义论"及其批判述评》,《国外社会科学》2004年第3期。
② 转引自[美]罗纳德·H.奇尔科特主编《批判的范式:帝国主义政治经济学》,施杨译,社会科学文献出版社2001年版,第217页。

这一阶段可称为垄断资本主义阶段的"垄断金融资本时期"。在这一时期，出现了一种新的、赤裸裸的帝国主义，其代表是美国，表现形式是对其他国家进行武力干涉和实施经济霸权。但从本质上看，"帝国主义从来不仅仅是一种政策，而是植根于资本主义发展本性之中"①。美共主席萨姆·韦伯也指出，金融化是资本主义体制性弱点和矛盾的产物，同时它也是新自由主义的资本积累和治理模式的急先锋。他以美国为例指出，金融化在创造巨大财富的同时，也成功地把美国历史上最多的财富由财富的创造者工人身上转移到财富占有者——美国金融资本的上流社会手中。

萨米尔·阿明则是将帝国主义与全球化联系起来，认为全球化就是帝国主义的最新变种。

大卫·哈维通过分析权力的领土逻辑与权力的资本逻辑之间的相互关系来界定新帝国主义，认为它是"'国家和帝国的政治'（帝国主义作为一种特殊的政治方案，其行为体的权力建立在拥有一定领土，能够动员其人力和自然资源来实现政治、经济和军事目标上面）和'资本积累在时空中的分子化过程'（帝国主义作为一种在时空中扩散的政治经济进程，支配和使用资本占据着其首要的地位）这两种要素矛盾的融合"②。

埃伦·伍德则认为，资本主义创造了一种自主的经济统治形式，从旧帝国主义废墟中成长起来的新帝国主义不是那种宗主国与殖民地的关系，而是变成两种自主程度各不相同的主权国家之间复杂的相互作用。

除这些定义外，还有许多左翼学者也对帝国主义进行了阐释。这些定义的共同点就是坚持了马克思主义的基本观点和方法，主要强调的是帝国主义在新时代出现的新特征。

2. 对帝国主义的重新定义

在全球化进程日渐加速的条件下，有学者针对当前全球资本主义的发展状况，提出了新的帝国概念，以取代传统的帝国主义，其代表人物是美国左翼学者麦克尔·哈特和意大利左翼学者安东尼奥·奈格里。二人在《帝国——全球化的政治秩序》一书中指出，资本主义制度的性质已经与以前大不相同，现今是后工业化制度，这种制度在某种意义上已不局限在

---

① [美]约翰·贝拉米·福斯特：《帝国主义的新时代》，《国外理论动态》2003 年第 12 期。

② [英]大卫·哈维：《新帝国主义》，初立忠、沈晓雷译，社会科学文献出版社 2009 年版，第 24 页。

资本主义国家范围，而是具有全球性质，"是一种特定的全球关系统治形式，我们称之为帝国"①。哈特和奈格里认为，这种帝国概念与传统的帝国主义有本质区别，帝国主义代表着资本主义国家的殖民政策，它用武力确立对其他国家和地区的控制，并对其进行残酷的掠夺和剥削，也就是说，帝国主义具有浓厚的强权国家的色彩，但随着全球化的展开，帝国主义已趋向没落。而帝国则不仅要使世界各地受到美国的控制，迫使其服从美国的战略利益，还要从根本上改变世界面貌，将全人类纳入统一的政治经济制度，并逐步消除任何国家、民族、宗教、文化和社会界限。在帝国中，占统治地位的与其说是美国，不如说是作为经济政治形式的美国主义。

在哈特和奈格里看来，帝国概念的基本特征是没有边境，它的规则是没有限定。这一概念表现了帝国有几个方面的含义：第一，没有国界限定它的统治权，也就是说，帝国是全球性的；第二，帝国不是代表着历史的运动中转瞬即逝的规则，而是一种没有暂时的疆界，并且在这个意义上是位于历史之外或位于历史终点的体制；第三，帝国的规则操纵着世界每个层面的社会秩序，它不仅管理着疆域和人口，统治着人类的相互交往，而且直接寻求统治人性；第四，尽管帝国的实践不断地沐浴在血中，但帝国的概念一直是用于和平的——一种在历史之外的永久而普遍的和平。②

麦克尔·哈特和安东尼奥·奈格里对帝国主义的论述引起了极大反响，《帝国——全球化的政治秩序》一书也被称作一部新世纪的"新马克思主义宣言"和"新共产党宣言"，但由于他们的理论几乎从根本上推翻了列宁对帝国主义的论述，因而受到许多左翼学者的批判，如佩尔·奥尔森就指出，"资本主义仍然植根于因为共同的语言、文化、领土所有权等历史因素而社会地形成起来的民族国家。每一民族的统治阶级都依赖于它的国家机器所提供的各种支持和保护"③，"世界不可能受虚构的假想中的'帝国'统治，而只能受'三位一体'的美国、欧盟和日本的统治阶级的

---

① ［美］麦克尔·哈特、［意］安东尼奥·奈格里：《帝国——全球化的政治秩序》，杨建国、范一亭译，江苏人民出版社2003年版，第51页。
② 同上书，"序言"，第4页。
③ 转引自刘志明、林强编《超国家的"帝国"秩序，还是帝国主义的新阶段？》，《国外理论动态》2002年第7期。

统治。帝国主义绝对没有'死去',随着全球化进程的推进,帝国主义进入了一个新时期或一个新阶段"①,但否认美帝国主义在这个新阶段的主宰作用,"是对现实的盲目无知"②。许多左翼学者都指出,当代资本主义的帝国主义性质依然十分明显,而民族国家的主权也并没有随着全球化的进程而消亡。

实际上,正如我们在前文分析"二战"前的帝国主义理论及新帝国主义的特征时所指出的,经济全球化和垄断资本的国际扩张并没有消除资本的民族性,也不能消除资本主义国家间的矛盾,在由资本主义发达国家主导的经济全球化条件下,根本不可能实现哈特和奈格里所希望的"将全人类纳入统一的政治经济制度,逐步消除任何国家、民族、宗教、文化和社会界限"的"帝国"。③

(二) 对列宁帝国主义理论的评价

在对帝国主义的含义众说纷纭的同时,对传统的帝国主义理论即列宁的帝国主义论的评价也产生了尖锐的对立。

部分左翼学者认为,列宁的《帝国主义是资本主义的最高阶段》"对帝国主义理论的发展做出了很少的贡献,或者说没有贡献。它的理论内容是微不足道的,且来源于希法亭、布哈林和霍布森"④。美国学院派马克思主义者约翰·威洛比等人指出,列宁的理论就其内容而言,仅仅涉及了帝国主义理论中的经济部分,而没有对帝国主义进行一个全面、系统的论述。此外,从资本主义的发展来看,帝国主义也并没有像列宁所论述的那样是资本主义最后的、行将崩溃的并将引发社会主义革命的阶段。⑤ 部分左翼学者还指出,列宁的帝国主义论仍然是基于霍布森、卢森堡等人的消费不足论的前提,而战后凯恩斯主义的实施和福利制度的完善已经使这一前提不存在了。当前,工人阶级不仅是剩余价值生产的工具,而且是剩余

---

① 转引自刘志明、林强编《超国家的"帝国"秩序,还是帝国主义的新阶段?》,《国外理论动态》2002 年第 7 期。

② 同上。

③ [美] 麦克尔·哈特、[意] 安东尼奥·奈格里:《帝国——全球化的政治秩序》,杨建国、范一亭译,江苏人民出版社 2003 年版,第 51 页。

④ [英] 布鲁厄:《马克思主义的帝国主义理论》,陆俊译,重庆出版社 2003 年版,第 118 页。

⑤ 参见《美国学者布劳特撰文捍卫列宁的帝国主义理论》,《国外理论动态》1998 年第 4 期。

价值实现的基础。前提的变化使得这一理论的适用性被质疑。美国学者乔万尼·阿瑞吉指出，不同的帝国主义国家有不同的扩张模式，列宁的理论只是当时帝国主义扩张的模式，而不是一种普遍的模式。后来的马克思主义把古典帝国主义理论的特殊模式作为了一种普遍性。①

而与此相反，美国学者特伦斯·麦克多诺则对列宁的理论给予了高度评价。1995 年，他在美国《科学与社会》杂志第 3 期上发表了《列宁、帝国主义与资本主义的发展阶段》一文，指出列宁的《帝国主义是资本主义的最高阶段》有两个重大贡献，一是明确了帝国主义是资本主义的一个"阶段"，对帝国主义五大基本特征的论述强调了资本主义在这一新阶段的具体表现；二是指明了帝国主义是垄断的资本主义。

美国左派马克思主义者詹姆斯·布劳特也指出，列宁的帝国主义理论并不仅限于《帝国主义是资本主义的最高阶段》一文，实际上，在《第二国际的破产》、《社会主义与战争》、《帝国主义和社会主义运动中的分裂》等著作中，列宁从政治、经济和社会等各个方面对帝国主义进行了论述，形成了一个关于垄断资本主义在政治、经济、社会上占据统治地位时代的资本主义社会以及资本主义世界的完整理论。②

英国剑桥大学的费尔德豪斯（D. K. Fieldhouse）则肯定了列宁帝国主义论在社会形态更替中的意义，认为，列宁"把帝国主义定义为资本主义社会发展过程中的一个内在的与不可避免的阶段，因而是不可能通过社会改良来消除的"③。

除上述学者外，许多左翼学者如约翰·贝拉米·福斯特、马格多夫等人都对列宁的帝国主义论给予了高度评价，认为当今的时代是全球化高级阶段的垄断资本主义，这正表明了列宁帝国主义论的成功。

二 新帝国主义的特征

"二战"后，随着殖民主义的土崩瓦解和民族独立国家的建立，帝国

---

① 参见吕薇洲编写《从古典帝国主义理论到新帝国主义理论》，《国外理论动态》2008 年第 2 期。
② 参见《美国学者布劳特撰文捍卫列宁的帝国主义理论》，《国外理论动态》1998 年第 4 期。
③ 转引自罗荣渠《殖民主义理论选读》，北京大学出版社 1991 年版，第 75 页。

主义的基本特征发生了一些新的变化,如美国学者哈里·马格多夫指出,"二战"后的帝国主义有几个新的特征:"(1)主要的重点已从分割世界的竞争转移到防止帝国主义体系缩小的斗争;(2)美国充当了世界帝国主义体系的组织者和领导者的新角色;(3)性质上具有国际性的技术的出现。"①

对于帝国主义在当代出现的新特征、新帝国主义与传统殖民帝国主义的区别与联系等,西方左翼学者都进行了论述。

(一)新帝国主义与传统帝国主义的区别

对于新帝国主义到底"新"在何处,它与传统帝国主义有没有本质的区别等问题,许多左翼学者都指出新帝国主义表现出了一些新的特性。

左翼学者指出,新帝国主义在形式和内容上都出现了许多新的变化,这种变化尤为集中地体现在帝国主义的对外扩张、帝国主义与发展中国家的关系等问题上。

在帝国主义对外扩张的原因上,左翼学者都强调了资本积累在帝国主义扩张中的重要性。如大卫·哈维指出,新帝国主义表现为权力的领土逻辑对权力的资本逻辑的最终服从。他指出,权力的领土逻辑和权力的资本逻辑的不同点在于:首先,目的不同。拥有货币资本的资本家的目的是将货币资本投到可以产生利润的地方以积累更多的资本,而政治家则谋求维持或增加本国的权力。其次,追求的目标不同。资本家追求的是个人利益,而政治家追求的是集体利益。第三,限制条件不同。资本家的活动不受时空的限制,而政治家则只能在一定的地域范围内活动。第四,稳定性不同。资本家的公司可以任意地建立和解散、变更地址、合并或歇业,而国家则是长期存在的实体,它不能够迁移,除了地理征服这一异常情况外,它总是被限定在固定的边界之内。② 在实践中,这两种逻辑经常会互相竞争,有时甚至会完全对立。在传统的帝国主义时代,国家强权被置于绝对统治的地位,扩张领土成为帝国主义的重要目标,权力的领土逻辑占据重要地位。而在新帝国主义时代,主要表现为资本的竞争,权力的资本

---

① [美]哈里·马格多夫:《帝国主义时代》,伍饣译,商务印书馆1975年版,第37页。
② [英]大卫·哈维:《新帝国主义》,初立忠、沈晓雷译,社会科学文献出版社2009年版,第25页。

逻辑的重要性远超过权力的领土逻辑。埃伦·伍德也指出，现代资本主义社会政治与经济的分离是资本主义社会—财产关系的基本要素，它使资本主义的经济领域成为一个"自主的领域"，从而使资本主义的发展并不依赖于直接的政治统治或领土要求。

在帝国主义对外扩张的方式上，左翼学者强调了新帝国主义的经济手段。如萨米尔·阿明指出，新帝国主义以经济控制和人道主义、人权等方式替代了原来的殖民控制。罗伯特·布伦纳也指出，传统帝国主义在保护国家和民族资本的利益时是垄断的、排他性的，这自然导致战争。而新帝国主义阶段，维护霸权和资本的增值是通过实施国际经济和地缘政治战略而实现的，这些战略中的绝大多数也能够实现其经济伙伴甚至竞争对手的利益。他认为，"二战"后的25年中，美国在日本和欧洲所实施的军事保护和经济复兴计划主要不是为了美国自身的资本，而是为了对付苏联的威胁以及各国劳工阶级的抵抗，以维护当地资本主义的产权制度和资本获利的机会，这构成了欧洲和日本经济复兴的前提条件。埃伦·伍德认为，资本主义的帝国主要是运用经济法则，通过市场来控制并最终实现统治。在传统的殖民主义时代，帝国主义是通过军事征服等超经济手段来控制其领土及属国，而在新帝国主义阶段，则采用经济手段来实施统治，即通过资本积累来实现对其他国家的控制。在资本主义制度下，经济与政治的分离使经济领域成为一个自主的领域，这是资本主义区别于前资本主义生产关系的一个重要方面，而在新帝国主义时代，这种分离更为明显。[①]

在宗主国与附属国的关系上，左翼学者指出，这一关系已被中心与外围的关系所取代。许多左翼学者都认为，现代资本主义世界体系已经形成了三大中心集团，其他所有国家都处于外围或半外围状态。如萨米尔·阿明指出，在当代的资本主义全球体系中，形成了三个边缘地区和三个中心地区，"北美贸易协定已经把墨西哥（将来还有整个拉丁美洲）挂在美国大车后面，欧洲联盟内部的非洲、加勒比海和太平洋国家联盟把非洲国家置于从属于欧洲的地位，而东南亚国家联盟能够在南亚和东亚促进由日本主导的地区的建设"[②]。

[①] 参见复旦大学国外马克思主义与当代思潮国家创新基地等编《国外马克思主义研究报告2008》，人民出版社2008年版，第413—418页。

[②] 转引自[美]罗纳德·H.奇尔科特主编《批判的范式：帝国主义政治经济学》，施杨译，社会科学文献出版社2001年版，第221—222页。

(二) 新帝国主义的特征及与传统帝国主义的联系

左翼学者普遍认为，新帝国主义尽管出现了一些传统帝国主义所不具备的新特征，但它并未改变其帝国主义的根本属性，而是与老的帝国主义保持了很大的连续性。

1. 垄断仍是新帝国主义的本质特征之一

在新帝国主义的本质特征方面，左翼学者指出，垄断仍然是新帝国主义的本质特征之一。左翼学者指出，在战后，为应对经济全球化的要求，资本主义国家为了从事国际竞争的垄断组织的利益而动用了自己的全部干预手段，促进垄断的生产国际化。在一国内部，国家加速资本积聚，并为国际化生产创造物质条件；在国家间，通过各国签订有关协议为国际化生产创造有利的环境，通过对发展中国家的控制帮助垄断组织掌控新的原料来源。此时，垄断主要通过跨国公司和西方国家主导的国际组织对国际金融市场和资本市场的操纵和控制而实现。如恩克鲁玛就在其《新殖民主义：帝国主义的最后阶段》一书中指出，新殖民主义的另一种圈套就是通过一些人们所共知的国际组织——国际货币基金组织、国际复兴开发银行（即世界银行）、国际金融公司以及国际开发协会等而进行的"多边援助"。萨米尔·阿明指出了新帝国主义的五种垄断方式，即：对新的科学技术的垄断、对全球范围内的金融流动的垄断、对获取地球自然资源的垄断、对现代通信工具和媒体手段的垄断、对大规模杀伤性武器的垄断。"通过工业和金融跨国公司占主导地位的资本和为他们服务的国家的有时互补有时冲突的共同活动，这种垄断的作用得以实现。总之，这些垄断确定全球化了的价值规律的新形式，它们使从对工人的剥削得来的利润和超额利润，集中到了占主导地位的资本"[1]。

2. 垄断资本的金融化、文化帝国主义等也是新帝国主义的重要特征

除垄断这一本质特征外，左翼学者还指出了新帝国主义的其他特征，如金融资本的作用进一步增强，"在资本主义历史上，金融全球化史无前例地加强了货币资本构造资本增殖运动的特殊能力，这种增殖运动表面上看是'自主的'，但在它的背后，却可以清楚地辨认出种种使生产中创造

---

[1] 转引自［美］罗纳德·H. 奇尔科特主编《批判的范式：帝国主义政治经济学》，施杨译，社会科学文献出版社2001年版，第224页。

的财富转移的机制"①。金融资本正是以其独特的增值方式而成为追求利润最大化的垄断资本的最佳表现形式，也成为新帝国主义的重要经济特征。各国都重新建立起资本的单边逻辑，这种逻辑排他性地发挥了有利于占主导地位的资本尤其是金融资本的作用。因此，新帝国主义，无论在其国内方面还是在其国际方面，金融化都是其当今制度的最主要的特征之一。法国学者让·克洛德·德洛奈更是明确指出，资本主义在20世纪80年代后已进入一个新的历史阶段——金融垄断资本主义阶段。在这一阶段，不仅金融资本与其他各种资本相结合，同时，各国的私人垄断资本也与国家垄断资本相融合而形成了全球的私人垄断资本。这种融合的目的都是为了保证资本在全球扩张和获利。

此外，有学者还指出，文化帝国主义是新帝国主义的重要特征之一，西方发达国家不仅在政治、经济和军事等各方面都占据主导地位，而且还拥有文化霸权。从文化的角度看，全球化的实质就是西方化，是"第三世界国家文化的美国化"②。

3. 新帝国主义对发展中国家的剥削并未改变

在新帝国主义与发展中国家的关系方面，左翼学者指出，非殖民化带来的形式上的帝国的结束并没有消除财富和权力上的不平衡，而发展中国家的政治独立本身也没有使富国与穷国之间的不平衡发生根本的变化，"形式上的帝国主义统治的结束，掩盖着经济帝国主义的继续"③，新帝国主义的本性依然是对其他国家的剥削。迈克尔·巴拉特·布朗对这种剥削方式作出了进一步阐释，他认为，当前富国对穷国的剥削主要采取三种形式：建立合资企业、使用殖民地国家廉价的劳动力、通过对殖民地国家的贷款和债务干预、控制其经济生活。④

4. 新帝国主义的手段更加多样化

在新帝国主义的手段方面，左翼学者认为，新帝国主义仍以疯狂追求资本利润和国家霸权为目标，二者都以军事力量为后盾，同时，新帝国主

---

① [法] 弗朗索瓦·沙奈：《资本全球化》，齐建华译，中央编译出版社2001年版，第37页。

② 俞可平：《全球化时代的资本主义——西方左翼学者关于当代资本主义新变化若干理论的评析》，《马克思主义与现实》2003年第1期。

③ [美] 罗纳德·H. 奇尔科特主编：《批判的范式：帝国主义政治经济学》，施杨译，社会科学文献出版社2001年版，第97页。

④ 同上书，第66—67页。

义在国际事务中继续执行双重标准。在现实中，帝国主义经常会以民主和人权的名义对他国进行干涉，实际上，这些都是严格地从属于帝国主义大国的战略目标的。这种干涉通常的做法是，先把人民的民主愿望的实质内容完全掏空，然后在进行鼓励内战干涉的同时，通过"低强度民主"的办法为管理混乱局面作准备。

5. 新帝国主义造成了许多不良后果

在新帝国主义造成的后果和影响方面，左翼学者指出，新帝国主义给人类带来的悲惨、痛苦和野蛮并不比老帝国主义少。约翰·福斯特指出，在新帝国主义的垄断—金融资本的统治下，"悲惨的积累"是资产阶级"相应的财富积累的必要条件"。即使在美国，多数工人的实际工资已经停滞了一代或更多代，家庭债务攀升，失业增加，福利减少。在新帝国主义时代，"重新建立起来的资本的单边逻辑，由到处都以相同方式执行的政策表达出来：高利率、公共社会福利支出的缩减、旨在充分就业的政策的被取消、对有计划地让工人重新失业的追求、实行有利于富人的减税、非调控化、私有化等。这一整套措施使反对工人和反对人民的霸权主义集团重新上台了"[①]。哈特和奈格里也指出，帝国在有些地方比帝国主义更野蛮。越来越多的财富控制在越来越少的人手中，几乎人类的全部要么被吸纳入资本主义剥削之网，要么屈服于它。

6. 帝国主义间的矛盾加剧

在帝国主义的矛盾和冲突方面，左翼学者指出，随着各国力量的消长以及经济形势的变化，帝国主义之间的矛盾也将进一步加剧。与帝国主义之间的矛盾加剧并行的是，帝国主义内部的矛盾也在日益积聚。随着国家干预的发展，资本和劳动之间、垄断资产阶级和工人阶级之间的根本矛盾有了进一步的发展。这种矛盾的加剧，其根源在于生产社会性的加强和为数越来越少的大垄断集团对生产资料的占有，而国家干预无疑使这种对立进一步加深了。大卫·科茨还举出了具体事例，如1991年海湾战争结束后，日本抱怨美国迫使日本为美军的高额费用埋单；2003年伊拉克战争爆发后，美国国防部长拉姆斯菲尔德轻蔑地称德法等反对伊拉克战争的国家为"老欧洲"，而把支持伊拉克战争的东欧国家称为"新欧洲"。上述

---

① [美]罗纳德·H.奇尔科特主编：《批判的范式：帝国主义政治经济学》，施杨译，社会科学文献出版社2001年版，第220页。

事例，就是这种矛盾的具体体现。

从上述论述来看，左翼学者都认识到，尽管在新帝国主义时代，列宁所论述的五大基本特征发生了一些变化，但并不是说原有的特征全部发生了转变，实际上，有些特征反而得到了加强。从帝国主义的目的和本质来看，它与战前传统的帝国主义是一致的，都是强国为弱国，即资本主义霸权国家为被其支配的国家制定和输出"秩序"和制度。

三 新帝国主义与不发达的根源

列宁在帝国主义论中，对帝国主义国家与殖民地之间的经济关系进行了分析，从二者的关系出发研究了殖民地经济落后、长期处于不发达的根源，丰富和发展了马克思关于不发达经济问题的研究。"二战"后，随着民族解放运动的兴起，许多殖民地纷纷独立，但政治上的独立并未给它们带来经济的发展，一些独立后的殖民地仍长期处于不发达状态。与此相反，发达资本主义国家的经济却获得长足发展。对此，西方左翼学者从不同的角度探讨了这种现象出现的原因，进一步深化了对不发达问题的研究。

对不发达的根源进行研究，首先要弄清楚不发达的含义。不发达是由于西方发达资本主义国家的控制和剥削所形成的经济发展的扭曲阶段，它不仅表现为较低的国民收入，更重要的是表现为典型的结构性特征。萨米尔·阿明把这种结构性特征概括为以下三个方面：第一，外围的典型特征是劳动生产率分布上的极端不平衡和由中心转移过来的价格制度极端不平衡；第二，按照中心的需要调整外围的生产方向所造成的部门之间的不平衡，阻碍了经济进步的好处从发展的一端遍及整个经济；第三，中心的经济控制。[1] 弗兰克也指出，"当代的不发达状态大部分是不发达的卫星国和现在发达的宗主国之间过去和当前经济等关系的历史产物。而且，这些关系正是全世界资本主义制度整个结构和发展的一个主要组成部分"[2]，"目前的西方发达国家过去虽然可能经历过未发

---

[1] [埃及] 阿明：《阿明论不平等发展的几个问题》，文贯中译，《现代外国哲学社会科学文摘》1982年第10期。
[2] [德] 安德烈·弗兰克：《不发达的发展》，载 [美] 查尔斯·K.威尔伯《发达与不发达问题的政治经济学》，高铦译，中国社会科学出版社1984年版，第146页。

展状态,但是决没有经过不发达状态"①。正是存在于宗主国和卫星国之间的控制与被控制、剥削与被剥削之间的经济关系,使发展中国家处于"不发达的发展"之中。

西方左翼学者针对这种不发达状态及原因,提出了不同的理论。

(一) 巴兰的剩余转移理论

保罗·巴兰开创了对发达与不发达问题的研究。他在《论落后问题的政治经济学》、《增长的政治经济学》以及与保罗·斯威齐合著的《垄断资本》等著作中提出了"经济剩余"的概念,并从剩余转移方面来探讨不发达问题,指出,造成不发达的原因一方面是发展中国家的社会经济结构,另一方面是发达国家的剩余转移行为造成的②。

所谓的"经济剩余",就是指"一个社会所生产的产品与生产它的成本之间的差额"③。巴兰认为,在垄断资本主义时代,垄断的存在能够使价格更容易被控制,而为了争夺市场,生产者必然要通过技术革新来降低成本,这样,生产成本和商品价格之间的差额会不断加大,从而经济剩余不断增长。他们以此来代替利润率下降规律,并认为"关于从竞争资本主义向垄断资本主义的结构改变的最本质的东西,在这个代替中获得了它的理论表现"④。同时,他也指出,垄断资本主义是一个自相矛盾的制度,它总是形成越来越多的剩余,但又"不能提供为吸收日益增长的剩余所需要的因而是为使这个制度和谐运转所需要的消费和投资出路"⑤,所以,垄断资本主义经济的通常状态就是停滞。

为了解决经济停滞的难题,为国内的剩余寻找出路,发达资本主义国家必然会借助其强大的经济和军事实力以及其在世界经济中的主导和支配地位,通过贸易、资本输出以及军事行动等各种方式向发展中国家进行剩余转移。对发达国家的私人企业而言,不发达国家成为扩大国际市场、吸

---

① [德] 安德烈·弗兰克:《不发达的发展》,载 [美] 查尔斯·K. 威尔伯《发达与不发达问题的政治经济学》,高铦译,中国社会科学出版社1984年版,第146页。
② 参见 [美] 保罗·巴兰《增长的政治经济学》,蔡中兴等译,商务印书馆2000年版,第286页。
③ [美] 保罗·巴兰、保罗·斯威齐:《垄断资本》,南开大学政治经济系译,商务印书馆1977年版,第14页。
④ 同上书,第74页。
⑤ 同上书,第105页。

收发达国家国内剩余的重要场所。为使这种剩余转移能够得以维持并不断扩大范围，私人垄断企业就会要求本国政府通过军事、经济、外交等方式向所在国政府施加压力。这种政策的具体体现就是帝国主义。巴兰认为，推行帝国主义政策，不仅对发达资本主义国家的垄断资产阶级有利，而且也有利于工人，因为大量的军事支出使垄断资本主义的经济机制能够顺利运转，从而能够改善发达国家工人阶级的就业前景。

从发展中国家内部来看，当地存在的独特的社会经济结构阻碍了当地社会经济的发展。这种社会结构主要包括几个部门：一个巨大而又十分落后的农业部门、一个规模虽小但相对先进的工业部门、一定数量的外国资本控制的生产初级产品的出口企业以及一个规模巨大的商业部门。巴兰指出，工业发展不足是这些国家陷入不发达状态的关键原因，而导致工业发展不足的原因有：国外企业的竞争和发达国家剩余的转移限制了本国民族工业的发展；国民贫困造成的国内市场狭小为工业的发展设置了障碍；在发达资本主义国家的控制下，不发达国家的政府无法制定促进民族工业发展的政策，也无法扫清发展民族工业面对的各种障碍。

在这种国内因素和国际因素相结合的情况下，不发达状态必然会产生并得以持续。

（二）弗兰克的不发达理论

弗兰克主张从世界经济的相互联系中来分析不发达的原因。在《资本主义和拉丁美洲的不发达》一书中，弗兰克指出："和保罗·巴兰一样，我相信资本主义既是世界性的，也是民族性的，它在过去造成了不发达，现在仍然在制造不发达。"[①] 他把资本主义视为一个世界体系和一种世界经济，不同的国家和地区只是这一经济体系的组成部分，其经济会相互影响。在此基础上，弗兰克提出了"中心—卫星链条说"，指出，卫星（satellite）的剩余被中心（metropolise）榨取，而这些中心本身又可能是更高层次的中心的卫星。在弗兰克看来，在这个互相联系的经济体系中，部分国家之所以会出现不发达的状态，是因为发达的资本主义宗主国对这

---

① Frank, A, G., *Capitalism and Underdevelopment in Latin America: Historical Studies of Chile and Brazil*, New York: Monthly Review Press, 1967, p. 3.

些国家的控制,是同发达资本主义的垄断与剥削密切联系的。①

在宗主国和卫星国构成的这种中心—外围结构中,中心对外围的剥削是通过不等价交换或对外贸易的垄断来进行的。为保障中心与外围链条的存续,中心的国家机器发挥着关键作用,而卫星国的统治阶级则起中间人的作用,为了自己的利益,他们乐于维护这个体系和作为这个体系存在基础的旧的生产方式。

(三) 多斯桑托斯的依附理论

弗兰克的理论主要是从世界经济体系内中心对外围的剥削来说明不发达的原因,而依附理论则提出不能仅从外部去探寻不发达的原因,还必须要对不发达国家内部的经济结构等因素进行分析。依附理论的主要代表人物巴西学者特奥托尼奥·多斯桑托斯就指出:"必须克服那种仅仅从霸权中心的角度来分析问题的片面研究方法,应当把外围作为世界经济—社会关系体系的一部分,进行整体分析。"② 在他看来,不发达是"世界形势发展的产物,是资本主义在世界范围内扩张的结果"③。

多斯桑托斯所说的依附是指一些国家的经济受制于它所依附的另一国经济的发展和扩张。对此,他进一步作了扩展分析,指出:"两个或更多国家的经济之间以及这些国家的经济与世界贸易之间存在着互相依赖的关系,但是结果某些国家(统治国)能够扩展和加强自己,而另外一些国家(依附国)的扩展和自身的加强则仅是前者扩展——对后者的近期发展可以产生积极的或消极的影响——的反映,这种相互依赖关系就呈现出依附的形式。不管怎样,依附状态导致依附国处于落后和受统治国剥削这样一种局面。"④

多斯桑托斯认为存在着三种依附形态:(1)殖民地商业—出口依附。在这种形态内,与殖民主义国家机构结盟的商业和金融资本通过贸易垄断,支配着欧洲和殖民地国家的经济关系。在殖民地国家,对贸易的垄断

---

① 参见[德]安德烈·弗兰克《不发达的发展》,载[美]查尔斯·K. 威尔伯《发达与不发达问题的政治经济学》,高铦译,中国社会科学出版社1984年版,第150页。

② [巴西]特奥托尼奥·多斯桑托斯:《帝国主义与依附》,杨衍永等译,社会科学文献出版社1999年版,第300页。

③ 同上。

④ 同上书,第302页。

还伴随着对土地、矿藏和劳动力的殖民垄断。（2）金融—工业依附。其特点是大资本在各统治中心居领导地位并不断对外扩张，向原料和农产品生产部门投资，以满足各统治中心的消费之需，这种依附在依附国形成了一种从事这类产品出口的生产结构，产生了外向型发展的情况。（3）技术—工业依附。这是战后获得巩固的一种新型依附，其基本特点是跨国公司的技术—工业统治，它们转而向以不发达国家内部市场为目标的工业部门进行投资。

多斯桑托斯指出，这三种依附形式反映了世界市场内的不平等关系，在这个体系内，一部分国家的发展是以牺牲另外一些国家的发展为代价的。这种不平等表现为，在贸易关系上，发达国家对市场进行垄断性控制，把在依附国生产的盈余转移到统治国；在金融关系上，就统治国而言，表现为放贷和资本输出，这使它们能够获得利息和利润，从而增加它们的国内盈余并加深对依附国经济的控制；就依附国而言，则表现为利润和利息的输出，从而使它们国内生产的部分盈余遭掠夺并使它们丧失了对其生产资源的控制。不仅如此，这种贸易和金融上的不平等关系还影响和决定着依附国的内部生产结构、资本积累形式以及社会和政治结构等，使依附国在各个方面都依附于发达国家。[①]

（四）沃勒斯坦的世界体系理论

与弗兰克、多斯桑托斯等人以国家为单位来分析不发达状态及其原因不同，沃勒斯坦对不发达问题的研究是从全球性的总体分析出发，把世界体系作为研究的出发点，他所说的世界体系是指具有广泛劳动分工的实体。在沃勒斯坦看来，世界经济是一个整体，研究这一体系中任何局部地区的社会变化，包括民族、国家、区域、种族集团和阶级等，都必须从一开始就确定这个部分在体系中的位置，然后检验它在体系中的演化过程，以及体系的其他部分在体系内部运动的因果变化。他进一步指出，这个体系是一个世界经济体，"因为这个体系各部分之间的基本联系是经济的，尽管这种联系在某种程度上是由文化联系而加强的，并且终于由政治安排

[①] 参见［巴西］特奥托尼奥·多斯桑托斯《帝国主义与依附》，杨衍永等译，社会科学文献出版社1999年版，第309—310页。

甚至联盟结构而加强的"①。

通过对现代世界体系的分析，沃勒斯坦提出了中心—半外围—外围的结构，这个结构是动态的，半外围的地位最不稳定，会随着体系的变化而上升或下降。

沃勒斯坦认为，资本主义世界体系在经济方面的发明就是发展了一种占用剩余品的新形式，它既不像传统的世界帝国那样通过贡品的形式直接占用剩余品，也不像封建制度那样通过地租的形式来占用剩余品，而是运用世界市场机制和国家机器来攫取剩余品。中心国家通过强大的国家机器的力量改变贸易条件，借助不等价交换使剩余从外围地区转移到中心地区。同时，这种剩余的转移又进一步强化了不合理的国际分工，在这一分工体系中，中心国家从事制造业的生产，而外围国家只能从事面向出口的初级产品的生产，以此来换取工业品。最终所导致的结果是，剩余集中在中心国家，而外围国家则陷入贫困。

沃勒斯坦还强调了半外围在世界体系中的作用：一方面，它是中心和外围发展变化中的一个过渡地带，新的中心国家能从半外围中产生，而半外围又是从中心地区衰落的归宿；另一方面，它在中心和外围的冲突中起着缓冲作用，如果世界体系只有两个终极，就极易引起混乱。

通过对世界体系的分析，沃勒斯坦指出，资本主义世界体系的资本积累过程就是处于外部区域的国家和地区不断融入和边缘化的过程，这一过程带来了体系的不平等，"在资本主义世界经济体中，大多数世界人口和生产过程在与中心区核心生产过程互动中不断发生的边缘化，说明在体系内国家辖区间或辖区内财富分配的极大不平等"②。

（五）阿明的资本积累和不平衡发展理论

萨米尔·阿明对不发达原因的分析主要是从中心与外围间不平等的国际贸易关系和不同类型的资本积累结构这两个角度进行的。他以拉丁美洲等为例，对国际贸易关系的不平等进行了实证分析。阿明指出，拉丁美洲的作用就是建立外围结构，后来，其他地区的民族社会也趋向这种结构而

---

① ［美］伊曼纽尔·沃勒斯坦：《历史资本主义》，路爱国、丁浩金译，社会科学文献出版社 1999 年版，第 31 页。

② ［美］特伦斯·K. 霍普金斯、伊曼纽尔·沃勒斯坦等：《转型时代——世界体系的发展轨迹：1945—2025》，吴英译，高等教育出版社 2002 年版，第 4 页。

形成了第三世界。外围国家对中心国家存在着严重的商业依附、金融依附和技术依附。而从资本积累结构来看，阿明认为，资本主义有两种不同类型的资本积累，一种是中心型模式积累，一种是外围型模式的积累。中心型模式积累又称为"以自我为中心的积累"，其积累是从内部产生的。而对于外围而言，其重视和强调的是为出口服务的生产，但这种出口实际上是为中心国家提供廉价的原材料、农产品等，其结果是进一步加强了中心国家的力量，而在外围则形成了所谓"外向的积累"，经济结构也呈现出畸形发展：

第一，出口畸形。主要表现为：外围地区的出口部门凌驾于整个经济结构之上，但面向出口的产业依然受中心国家控制，以中心国家的需求为转移。

第二，第三产业的畸形发展。出口畸形的经济结构造成了第三产业的过度膨胀。

第三，积累过程畸形的外向性。外围国家的资本主义生产中所形成的资本积累大量渗漏，流到中心国家，因而阻碍了本国独立的资本积累的形成。

阿明认为，正是这种畸形的经济结构使外围国家长期处于不发达的状态。

左翼学者从不同角度论述了帝国主义所导致的不发达，这表明，尽管民族独立运动使这些国家获得了形式上的独立自主，但并没有消除中心与外围的差别，不仅如此，二者的差别进一步增强。发达资本主义国家对广大发展中国家通过在经济上疯狂剥削、在政治上实行新殖民化政策以及在军事上进行武力干预使发展中国家仍旧处于依附地位。美国著名政治学家罗伯特·吉尔平就曾明确指出："通过专业化和国际贸易，一个有效的国家可以获得比通过领土扩张和占领所获得的更多的东西。市场的扩张和通过贸易使可获得的资源多样化，促进了那些最善于利用世界环境变化的国家的财富和权力的增长。"[①] 而作为外围的后发国家却成为处于中心的发达国家资本积累的对象。

新帝国主义通过这种新的殖民方式使发展中国家的经济无法得到充分

---

① ［美］罗伯特·吉尔平：《世界政治中的战争与变革》，宋新宁、杜建平译，中国人民大学出版社2004年版，第133页。

发展，发达国家与发展中国家的收入差距持续扩大。霍华德和金（Howard & King）就通过实证分析验证了帝国主义国家和边缘国家之间的差距。他们指出，1820 年，欧洲和非洲之间的平均收入之比为 2.5∶1，到 1999 年已接近 10∶1。美国和印度之间的收入比例已经由 3∶1 扩大到接近 18∶1。世界上经济最富裕的国家仍然集中在北美、欧洲和澳大利亚。众多发展中国家被隔离在世界经济之外，只能在最大程度上依赖于国内资源来发展本国经济，没有条件发展本国的比较优势和规模经济。[①] 凯恩（Cain）也指出，在大部分问题上，边缘国家继续被排斥在解决问题的协议之外。物质文明和文化的发展继续被保留在发达国家内部，边缘国家和第三世界国家继续被排斥在外。[②]

而对于第三世界经济处于欠发达状态的原因，西方右翼则宣称是这些国家的制度因素导致的，并以此为由在全球推行以新自由主义为基础的"华盛顿共识"。那么，走西方化的道路能否使发展中国家摆脱贫困和依附状态呢？对此，"新马克思主义者们深信，沿着西方路线的现代化不可能成功"[③]。他们指出，一些亚洲国家通过这一路线取得了成功，但多数实现了经济增长奇迹的亚洲国家，与其他国家相区别的因素在于它们是核心国家遏制苏联扩张的明确战略的一个部分，它们不仅在经济政策上可以拥有一定程度的独立性，而且在进入发达资本主义国家市场方面也获得了很大程度的优惠。正是外在的安全问题，使这些国家能够获得经济发展和结构调整所需的助力。而对于大多数发展中国家而言，走这种道路并不能摆脱贫困，如照搬西方模式的非洲仍旧陷于贫困状态中，而非洲倒退到如此地步的过程，正是由那些带来了人道主义援助和"侵略军"的势力主导的！

四　全球化与新帝国主义的关系

全球化是资本追逐利润的必然结果，也是西方国家在全世界推行资本

[①] 参见孙秋鹏《列宁帝国主义思想及国外学术界最新发展》，《陕西行政学院学报》2011 年第 8 期。

[②] 转引自孙秋鹏《列宁帝国主义思想及国外学术界最新发展》，《陕西行政学院学报》2011 年第 8 期。

[③] ［美］罗纳德·H. 奇尔科特主编：《批判的范式：帝国主义政治经济学》，施扬译，社会科学文献出版社 2001 年版，第 29 页。

主义生产方式的重要途径。从对全球化的定义及分析看，西方主流学者仅注重从生产和交换的全球依存方面来研究，而没有将之与资本主义的扩张逻辑及帝国主义的发展相联系。对此，西方左翼学者提出，所谓的全球化只是垄断资本在全球范围的积累，今天的全球化代表了反动的全球帝国主义和资本主义的胜利，其基础是剥削性的阶级关系的深化和向原先处于资本主义生产之外的地区的扩展，它所带来的结果是不公平、不公正的国际政治经济秩序与贫富悬殊的两极分化。经济全球化的实质是西方经济体制和政治、文化观念的全球性扩张，而各国政府已经沦为国际垄断资本的代理人。他们认为，全球化就是"帝国主义的最近变种"，"资本主义全球化的逻辑，正是在于要在全球范围开发经济，把政治和意识形态置于经济需求的从属地位"[①]，其手段是以跨国公司为载体，以不平等交换为手段，以国际货币基金组织、世界贸易组织、世界银行为依托，以新自由主义为理论基点，使发展中国家在经济上依附于发达国家，进而在政治、文化等各个方面都继续依赖于发达国家，其实质是垄断资本主义的跨国化。

（一）新帝国主义与全球化

美国学者爱德华·斯·赫尔曼对全球化与新帝国主义之间的关系进行了深刻的评价。他认为，跨国公司的头面人物操纵全球化的过程，并使之服务于他们的利益，他们成功地传达了这样一种观念：全球化不仅是不可以避免的，而且已经取得了巨大的成功。[②]

在全球化条件下，帝国主义国家凭借其强大的经济、军事实力加强了其垄断力量。埃伦·伍德指出，全球化就是资本的国际化，其内容包括资本在全球范围内的自由快速流动和金融投机。在她看来，现今全球化的前提是美国对全球经济的控制，即通过操纵债务、贸易规则、对外援助及整个金融体系，迫使其他经济体系为新帝国主义霸权服务。福斯特也指出，"从一开始帝国主义就内在于资本主义全球化趋势之中"，而"我们这个时代的特征是全球化高级阶段的垄断资本主义。实际上，这正是马克思主义者帝国主义理论的成功之处。它深刻地揭示了资本主义对外围的制度性

---

① [美]罗纳德·H.奇尔科特主编：《批判的范式：帝国主义政治经济学》，施杨译，社会科学文献出版社2001年版，第213页。
② 转引自何玉长、王宏伟、潘孟菊《批判与超越——西方激进经济学述评》，当代中国出版社2002年版，第234页。

剥削和帝国主义列强间的竞争状况"①。

萨米尔·阿明进一步分析了新帝国主义与新自由主义全球化的同盟关系，指出二者是同一枚硬币的正反两面。新自由主义一方面到处散布"自由病毒"，强迫很多国家开放市场；另一方面动用政府干预手段保护本国弱势产业，并防止外围地区的劳动力向资本主义中心地带自由流动，这些都需要靠新帝国主义的全球霸权作支撑。正是从这种意义上讲，全球化一方面是在推动一体化，但同时又在阻止一体化，这就是在新帝国主义时代全球化的悖论。埃伦·伍德也指出，全球化与自由贸易毫无瓜葛，相反，它不过是出于对帝国主义利益方面的考虑而对贸易环境所作的操控。美国让一些国家向其开放市场，并非真正地想促进这些国家的经济发展，而是要让这些国家无力面对资本市场时，最终成为其附属国。在她看来，贫穷国经济面临的主要危险不是帝国市场对它们的封闭，而是它们自身市场在面对帝国资本时的脆弱。由于存在富国和穷国之间的利益冲突，因此，帝国主义在全球化进程中一方面要不断地开拓市场，而另一方面，又不能使竞争者过于强大。②马格多夫也强调说，帝国主义是以全球面目出现的资本主义，它就像利润的驱动力一样，对这个体系来说具有根本的重要性。他还认为，"二战"后建立起来的国际货币基金组织和世界银行促成了一种美国处于霸权地位的国际秩序的发展。

（二）全球化对第三世界和整个世界格局的影响

左翼学者进一步指出了全球化对整个第三世界国家在经济方面的影响："在这个全球体系内部，边缘地区的剥削率远远超过中心地区的剥削率，与此同时，边缘地区的经济盈余被转移到国外，以便满足中心地区的需要。因此，在中心与边缘之间的收入差距与福利差距是一个普遍发展趋势，尽管一些边缘国家有所发展，但是这种差距还是在不断扩大，中心与边缘直接的冲突是不可避免的。"③

在全球化条件下，发达国家对第三世界的剥削与控制主要是从三个方面进行的，"第一，通过瓦解第三世界国家的自给自足能力和使它们面向

---

① ［美］约翰·贝拉米·福斯特：《重新发现帝国主义》，《国外理论动态》2004年第1期。
② 参见俞可平《国外马克思主义研究报告·2007》，人民出版社2007年版，第190页。
③ ［美］约翰·贝拉米·福斯特：《垄断资本与新的全球化》，载张世鹏编译《全球化与美国霸权》，北京大学出版社2004年版，第13页。

出口，来确保便宜的初级产品的供应；第二，向在发达资本主义经济中占据了如此重要的地位的自由流动的金融资本开放它们的经济；第三，向来自发达资本主义经济的制造业产品和服务开放它们的市场。这3个过程的净效果是使停滞不前状态长期延续下去，恶化第三世界内部的收入分配，以及使第三世界国家降低到它们在殖民主义时代所处的地位"[1]。约翰·贝拉米·福斯特也指出："持续的全球化，外加金融化，已制造出一个假象，即一些资本主义意识形态的拥护者宣称'世界是平的'。然而，资本主义仍是一个按照不同权力资源划分为独立民族国家的世界经济体系——这是这种制度中无法超越的矛盾。同时，基于中心国家之上的跨国公司的增长历史地服务于将全球剩余价值从外围汇集到中心。权力在中心国家的集中（经济、军事、金融、通信）是资本主义作为一个世界体系的内在本质。"[2]

全球化不仅对第三世界的经济方面产生了许多负面影响，也为美国霸权提供了机会。萨米尔·阿明就指出，对全球化矛盾的管理，为美国霸权的维护提供了新的机会。"减少国家的作用"这个口号意味着，在一切地方都要减少国家的作用，但美国是例外。美国靠它的双重垄断地位，即美元的势力和军事干涉的势力，支持了扮演荣耀的第二角色的德国和日本，维持了自己在全球的霸权地位。

五　对"新帝国主义论"的批判

20世纪90年代以来，西方发达资本主义国家借助全球化浪潮，通过跨国公司在全球的经营活动和金融资本在全球的流动，使发展中国家成为其取得廉价的生产要素并获得超额剩余价值的场所。在获取经济利益的同时，英美等发达资本主义国家在处理与发展中国家的关系上也采取了更为强硬的态度，对于不服从自己意愿的国家进行赤裸裸的武装干涉，为给这些行动以合理的解释，发达资本主义国家纷纷抛出了"新帝国主义论"，宣称"由于'失败国家'带来的威胁与日俱增，作为'历史上唯一的非

---

[1] [美]罗纳德·H.奇尔科特主编：《批判的范式：帝国主义政治经济学》，施杨译，社会科学文献出版社2001年版，第237页。
[2] [美]约翰·贝拉米·福斯特：《失败的制度：资本主义全球化的世界危机及其影响》，《哲学动态》2009年第5期。

帝国主义超级大国'，美国才临危受命，不得不变成帝国主义，担负起扭转乾坤的重任"等论调。在这一论调的指导下，单边主义、先发制人等政策纷纷出台，并与经济、文化等的扩张结合在一起，构成新帝国主义的时代内容。对于这种新帝国主义，西方右翼赞誉有加，如乔治敦大学专门研究全球正义的教授G. 约翰·伊伦伯里（G. John Ikengerry）撰文指出，"有这样一幅新帝国主义的景象：美国把自己置于全球主宰者的地位，它有权制定规则、决定威胁、使用力量和建立正义"[1]，而"美国的帝国目标和所制定的规则与老牌的帝国相比，要节制和仁慈得多"[2]。

针对西方右翼所提出的"新帝国主义论"，左翼学者进行了猛烈的抨击，主要集中在以下几个方面。

（一）"新帝国主义论"的产生是为以美国为首的西方发达国家干涉、控制他国的行为进行辩护

西方左翼学者认为，自"9·11"事件以来，"发动大规模军事干涉以促进美国权力的扩张成为统治阶级共识的组成部分"[3]。在欧美，无论是新保守主义右翼还是政治自由主义者，无论是单边主义者还是多边主义者，都赞同"新帝国主义论"，认为以美国为首的发达国家应积极发挥其作用来重塑世界，实现全球范围的和平与民主。然而，这种论调只不过是西方推行新殖民主义、谋求自身利益的借口。在旧的殖民体系破裂后，西方国家已不可能通过对发展中国家的政治和军事控制来谋求经济利益，因而以跨国公司为载体、以经济全球化为手段、以西方发达国家主导的国际组织为保证的新殖民方式逐渐形成，运用经济力量使发展中国家继续保持对发达国家的依附性。尤其在苏东剧变后，美国抓住伊拉克入侵科威特的机会在海湾地区建立了军事霸权，向所有发展中国家以及美国所有的潜在竞争对手炫耀美国的军事能力。之后，通过轰炸南斯拉夫、攻打伊拉克等行动，进一步扫清妨碍世界经济重组的障碍。

美国等国家之所以推行新帝国主义也表明现今美国的处境并非如其所宣扬的那样美妙和强大，而是"一个没有实权的超级大国、一个得不到

---

[1] 转引自约翰·贝拉米·福斯特《帝国主义的新时代》，王宏传译，《国外理论动态》2003年第12期。

[2] 同上。

[3] 同上。

尊重和服从的世界领袖、一个在它无法控制的全球乱局中随波逐流的国家"①。美国对全球的控制力和影响力已受到了极大的削弱，这不仅表现在政治和军事方面，也表现在经济上。从当前世界经济形势来看，美国的经济已经出现了衰败的迹象，如新经济的神话已经破灭，美国与欧、亚、拉美的贸易长期存在大量逆差，等等。正是由于美国控制力的削弱，美国等国家才希望借助新帝国主义来维护其地位。

（二）新帝国主义与旧帝国主义的本质相同

列宁在《帝国主义是资本主义的最高阶段》中曾指出，"帝国主义是作为一般资本主义基本特性的发展和直接继续而生长起来的"②，它"是资本主义的垄断阶段"③，而不只是一种政策。而在"新帝国主义论"的鼓吹者看来，新帝国主义可以说是西方大国所实施的一种战略，是在全世界推行西方民主与价值观、实现和平的途径。对此，左翼学者坚持了列宁对帝国主义的论述，认为"帝国主义从来不仅仅是一种政策，而是植根于资本主义发展本性之中。人们如果考察帝国主义的历史变迁并将其与'单极世界'的出现联系起来，就不会把帝国主义在当代的发展简化为少数强权人物的疯狂野心"④。他们指出，新帝国主义与以前的帝国主义一样，都是由资本竞争和扩张的本性决定的，它的出现仍然是源自资本主义本质的一种体制性现实，是资本力量急剧膨胀的表现，因而新帝国主义仍然是"资本主义的垄断阶段"⑤，而所谓的追求民主价值、"人权大于主权"等只是为新帝国主义的扩张行为提供了一个借口。

总之，西方左翼学者通过对新帝国主义的本质特征、新帝国主义与不发达的根源、新帝国主义与全球化等问题的分析以及对西方右翼所鼓吹的"新帝国主义论"的批判，对新帝国主义的影响、新帝国主义与传统殖民帝国主义的区别与联系等作出了比较客观的分析。通过这些分析我们可以看出，帝国主义尽管出现了许多新的变化，但其对发展中国家的剥削与掠

---

① Immannuel Wallerstein, "The Eagle Has Crash Landed", *Foreign Policy*, July/August 2002.
② 《列宁选集》第 2 卷，人民出版社 1995 年版，第 650 页。
③ 同上。
④ ［美］约翰·贝拉米·福斯特：《帝国主义的新时代》，王宏伟译，《国外理论动态》2003 年第 12 期。
⑤ 同上。

夺并未改变，只不过这种行为隐藏在"平等"、"互利"的外衣下，正如巴西学者多斯桑托斯所说："对现代资本主义而言，吞占行为已经做得很巧妙、间接和隐蔽。……巧妙的价格机制和在特殊条件下开发自然资源的机制掩盖着对人民的直接剥夺；征收赋税则隐藏在一种虚假提供并不存在的服务之下；贩卖奴隶淹没在劳动地点实行的对劳动力的复杂剥削制度之下；直接的政治统治则隐蔽在债务、技术依附、提供基本产品和文化产品等所组成的堂而皇之的大罩衣之下。"[①]

[①] ［巴西］特奥托尼奥·多斯桑托斯：《帝国主义与依附》，杨衍永等译，社会科学文献出版社1999年版，第322页。

第六章

新帝国主义与当代资本主义

在传统的殖民帝国主义时期,各帝国主义列强之间为争夺殖民地和势力范围而存在着激烈的矛盾和冲突。在帝国主义由传统的殖民帝国主义向新帝国主义转变的过程中,资本主义体系本身也发生了巨大的变化。在经济全球化和信息化的条件下,由发达国家主导的资本主义世界体系最终形成,资本的跨国垄断也日益加强。然而,这并不意味着,在资本主义走向新帝国主义时代后,资本主义国家间已不存在矛盾与冲突。相反,在资本主义国家间联系日益紧密的今天,其相互之间的摩擦和冲突也日渐加剧。

一 对美国领导地位的挑战

"二战"后,美国凭借其强大的地位获得了在世界银行、国际货币基金组织等国际机构中的主导地位,并通过布雷顿森林体系及其后的牙买加体系等形成了美元霸权,使美国的经济、政治实力都得到了进一步的扩张。而美国单一霸权地位的确立是在冷战后,美国凭借美苏争霸期间确立的强大的政治地位而最终确定了在世界资本主义体系中的霸主地位,形成了美国霸权。

(一) 美国霸权地位的支柱

在经济全球化时代,确立一国的霸权地位不仅需要其强大的经济、军事和科技等硬实力,还需要强大的国际认同程度以及文化、民族凝聚力等软实力,正如约瑟夫·奈和威廉·华莱士等人所指出的,"软性的同化权力与硬性指挥权力同样重要"[1],真正的"霸权依赖一系列资源,包括过

---

[1] [美]约瑟夫·奈:《硬权力与软权力》,门洪华译,北京大学出版社2005年版,第97页。

硬的军事实力、经济实力、金融责任、霸权价值观这种软通货、文化影响与威望"①。

1. 美国的硬实力

美国的硬实力首先表现在其强大的经济和科技实力。"二战"后，美国经济在资本主义国家中一直处于领先地位。尽管自 20 世纪 70 年代以来，日本和欧盟先后对美国经济实力形成了一定冲击，然而，在 20 世纪 80 年代后，美国通过在高科技领域实现革命性变革而率先进入了知识经济时代。在信息技术领域，美国在 1976 年推出第一台苹果电脑，开创了个人电脑的新纪元。此后，微软操作系统和信息网络的发展使得美国在信息领域一直保持着领先地位，并由此开创了 20 世纪 90 年代以来连续十几年经济持续增长的所谓新经济。在空间技术领域，美国对月球、火星等的探测一直在全球领先，并用 24 颗人造地球卫星组成了全球卫星定位系统，空间技术的发展不仅推动了通信、航天、合成材料、化工等行业的发展，而且还大大推进了企业之间、行业之间的分工与协作，推动了生产力社会化的进程。正是在高科技领域的发展，使得美国在整个 20 世纪 90 年代都保持了较高的经济增长率，国内生产总值年均增长 3.1%，并出现了高经济增长、高劳动生产率与低通货膨胀率和低失业率并存的"两高两低"的新经济现象。

美国的硬实力还表现在其强大的军事实力。"二战"后，美国在军事支出方面一直保持了较大的数额。按 1996 年美元标准计算，整个冷战期间（1948—1991 年），美国军事支出总额为 13.1 万亿美元，平均年度军事支出为 2985 亿美元。尽管冷战后美国的国防支出从绝对值上有所下降，仅为 2656 亿美元，但其在全球总量中所占的比重却比 1985 年里根执政时的国防支出高峰时期增长了 20%。1985 年，美国的国防支出相当于苏联阵营、中国和古巴总和的 65%，而"9·11"事件之前几个月，其支出却相当于这些过去的"共产主义威胁"国家的两倍多。② 美国的军事实力不只表现在巨大的军事开支上，还表现在美国在海外拥有的兵力和军事基地上。根据五角大楼的数据，在 2005 年，美国设在其他国家的军事基地共

---

① William Wallace, "Living with the Hegemon: European Dilemmas" (http://essays.ssrc.org/10yearsafter911/living-with-the-hegemon-european-dilemmas）.

② 参见［英］瓦西利斯·福斯卡斯、比伦特·格卡伊《新美帝国主义》，薛颖译，世界知识出版社 2006 年版，第 45—46 页。

有737个，其中大中型军事设施（多数是配有轰炸机和舰队的空军和海军基地）38个。同年，美国在其国内及其他国家的军事基地的军事人员总数为184万人，在海外拥有兵力36.8万人。

在硬实力方面，除了比较明显的经济和军事实力外，还有一个重要方面就是美元霸权。自布雷顿森林体系形成后，美元就取得了霸权地位，实质上起着国际铸币的职能，因而能获取铸币税收益。凭借这一霸权，美国在2003年获得的"传统意义上的国际铸币税约为231亿美元，至2003年已累计获得传统意义上的铸币税约为4319亿美元，1990—2004年平均每年获得的传统意义上的铸币税为181亿美元"①。除此之外，美国还利用这一霸权以几乎零成本印制的美元来换取其他国家的产品，通过美元贬值来使其他国家对美国的债权缩水，从而达到无偿占有其他国家人民创造的剩余价值的目的。

2. 美国的软实力

正如前文在分析新帝国主义的特征时所提到的，软实力的核心内容是文化和意识形态的影响力。

从文化层面看，美国利用其经济和技术优势，通过全球卫星视听系统和互联网向其他国家进行文化倾销，美国的几大传媒巨头：美国有线电视传播网（CNN）、美国广播公司（ABC）、哥伦比亚广播公司（CBS）等媒体所发布的信息量，是世界其他各国发布信息总量的100多倍。美国的电影产量只占世界电影总产量的6%—7%，但总放映时间却占据了世界的一半以上，如今，世界各地的电影院日益充斥着美国大片，世界各地的餐饮业都能看到麦当劳、肯德基和可口可乐的身影，它们向人们展示着美国的形象和影响力。

从意识形态方面看，美国通过多种途径宣扬其所谓的民主自由的价值观。首先，美国利用其在文化方面的软实力，通过各种宣传工具来宣传美国式的民主自由。其次，利用国际组织在他国推广美国式的发展战略，如20世纪70年代以来美国多次运用国际货币基金组织和世界银行等机构，利用发展中国家遇到的经济困境，迫使其推行以"华盛顿共识"为核心的调整方案，以经济上的自由放任带动政治上对民主自由的认可。再次，

---

① 程恩富、夏晖：《美元霸权：美国掠夺他国财富的重要手段》，《马克思主义研究》2007年第12期。

利用宗教力量进行制度扩张。20世纪70年代，在国外的职业美国传教人数已超过5万，进入21世纪后，这一数字已超过10万。在美国传教士们看来，美国肩负着改造世界的责任。他们毫不避讳其传教的目的是要通过传播美国的信仰、科学和制度来改造整个世界，使"落后"国家都能够发展成为美国式的工业化民主国家。① 又次，通过所谓的人权等压制其他国家。正如美国哈佛大学教授萨缪尔·亨廷顿所指出的，美国霸权主义的特征之一就是向他国施压，使他们接受美国的人权、民主价值观和做法。

（二）美国霸权受到挑战

美国在霸权地位形成后，充分利用其在资本主义世界的领导地位对他国尤其是发展中国家和社会主义国家进行经济制裁和控制、发动颜色革命等，获取霸权收益。然而，美国霸权地位的发展也必然会受到挑战，尤其是冷战结束后，美国在布什主义的指导下，霸权主义极度膨胀，这就引发了国内外对美国霸权的挑战。

第一，从国内来看，注重对外扩张的新帝国主义政策在经济和社会方面都对美国的霸权地位形成了牵制。

首先，从经济方面来看，美国在20世纪90年代后保持着较好的增长势头，形成了所谓的新经济。然而，在资本主义进入新帝国主义时代后，垄断资本借助国家政权的力量获得了极大的增强，从而使其追求利润的目的进一步膨胀，在国内外的资本扩张急剧加速，这不仅造成了发展中国家的人民所受的剥削加深，也使美国国内的工人和农民等的生活状况日趋恶化。

对于工业而言，垄断资本为追求利润最大化，不断将传统产业转移到发展中国家，利用其廉价的资源和劳动力获取更多的利润。然而，这一做法却使美国产业日益空心化和虚拟化，经济的发展失去了实体经济的支撑，而信息产业并不足以支撑美国整体经济的发展，从而更易受到经济危机的困扰。发端于2007年的次贷危机并最终演化为2008年国际金融危机的重要原因之一就是经济的虚拟化。这不仅使美国总体经济受到严重损害，而且使美国民众饱受失业、工资下降等痛苦。据美共经济学家瓦迪·哈拉比和美共副主席贾维斯·泰纳介绍，在过去10年间，美国关闭了5

---

① 刘国平：《美国民主制度输出》，社会科学文献出版社2006年版，第123页。

万家工厂，造成 3000 万工人处于失业和不充分就业状态，社会贫困化日趋严重，目前美国有 5000 万人处于生活保障线下，1800 万年龄在 18—25 岁的青年人待业，53% 的大学毕业生离校后一年之内找不到工作。①

对于农业而言，垄断资本在新帝国主义条件下也日趋扩张，小规模家庭农场的生存环境日益恶化。根据美国统计局的资料，自 20 世纪以来，美国农场数量不断减少。从 1930 年到 2006 年，美国农场数量由 6545600 家锐减至 2089790 家，缩减了约三分之二。与此相对应，不同规模农场间的收入差距越来越大。Ani L. Katchova 对美国农场家庭不平等情况进行了衡量和测算，其结果是，美国农场家庭的基尼系数高达 0.5832。② 对于小规模的农场家庭而言，其家庭收入处于相当低的水平，有些甚至处于收支无法相抵的负收入状态，如果要提高收入就必须在经营农场之余大量从事非农业活动。例如 1999 年，美国年销售值在 5 万美元以下的家庭农场，其平均家庭总收入为 60139 美元，其中，农业收入为 -3786 美元，农场外收入为 63925 美元，农场外收入占家庭总收入的比重为 106.3%；年销售值在 5 万—25 万之间的农场，平均家庭总收入为 56824 美元，其中农业收入为 17737 美元，农场外收入为 39087 美元，农场外收入所占比重为 68.8%；年销售值在 100 万美元及以上的农场，平均家庭总收入为 322011 美元，其中农业收入为 287828 美元，农场外收入为 34183 美元，农场外收入所占比重为 10.6%。因此，如果将农场外收入这一因素排除后，单纯依靠农业收入会使真正小规模经营的农户陷入绝对贫困化境地，而大规模农场却获取了绝大部分的农业收入。

上述工业和农业方面的数据表明，尽管美国经济在金融危机前还保持着较好的增长势头，但这种经济增长并未惠及普通民众。美国智库经济政策研究所在 2010 年 12 月 26 日公布的一份研究报告显示，美国贫富差距已达到自 1962 年以来的最高水平。报告指出，在 20 世纪 60 年代，美国 1% 最富有家庭所拥有的财富是美国普通家庭的 125 倍，在 2007 年已上升至 181 倍，而到 2010 年，这一数字猛增至 225 倍。③ 经济方面的这些表现

---

① 刘淑春：《全球金融危机背景下的美国工会运动和美国共产党》，《马克思主义研究》2011 年第 9 期。

② Ani L. Katchova, "A Comparison of the Economic Well-being of Farm and Nonfarm Households," *Amer. J. Agr. Econ.*, August 2008.

③ 参见《马克思主义文摘》2011 年第 5 期，第 79 页。

必然引发美国民众的不满,从而对霸权主义的经济政策支柱——新自由主义政策的抵制必将日益增强。

其次,从政治方面看,以垄断资本利益为核心的新帝国主义和美国霸权主义日益受到美国民众的抵制。曾提出著名的文明冲突论的亨廷顿在一次与记者的谈话中强调指出,对于当今世界而言,重要的是"文明对话",而不是战争。然而,在经济上推行新殖民主义、在政治上推行西方民主价值观的新帝国主义,为了更好地达到这两个目的,必然会依靠军事力量通过武力干涉达到和平手段所无法达到的目标。而在美国霸权战略中,武力干涉更是其重要手段之一。但这种以垄断资本利益为核心的政策必然会受到普通民众的抵制,从而使以"新帝国主义论"为理论基础的美国霸权主义在国内受到越来越多的抵制,其推行能力越来越弱。

在美国攻打伊拉克时,大部分美国民众认为这是基于反恐的目的,因而对这一举措并不反对。然而,其结果是,在伊拉克并未发现大规模杀伤性武器,且在战争过程中大批伊拉克平民伤亡,而美国垄断资本则在战争过程中和战后重建中获取了巨大利益。这一事实也使美国民众对所谓的"反恐战争"的本质有了一定的认识。正因此,在美国此后发动的战争中,美国许多民众表现出了抵制的态度。美国有线电视新闻网2009年9月1日发布的一项民意调查显示,反对阿富汗战争的美国人比例达到了57%,这是美国发动这场战争近八年来该新闻网历次有关调查中的最高比例。而在2011年3月19日,数百名反战人士又聚集在美国华盛顿白宫外,纪念伊拉克战争八周年,同时抗议政府参与对利比亚采取的军事行动,要求美军立即撤出驻伊拉克和阿富汗的全部军队,并停止参与针对利比亚的一切军事行动。其中,一名反战示威者甚至打出标语:"如果谋杀是犯罪,那战争是什么?"

美国民众的这种改变充分说明了霸权主义在美国国内已经无法得到支持,尤其是在美国经济深受金融危机困扰的情况下,这种牺牲人民利益的做法将受到更大的牵制。

第二,从国际方面来看,社会主义国家和其他资本主义国家力量的增强将使美国的霸权战略更加难以推行。

从历史上来看,争夺和维持世界霸权,建立一种以我为核心的世界秩序,向来是帝国主义列强追求的目标。对于新帝国主义而言,这一目标也并未改变。然而,历史发展过程也表明,这种目标从来没有真正实现过。

无论是古罗马帝国、拿破仑帝国，还是大英帝国，都没能实现这一目标。而从美国的现实来看，美国当权者试图通过霸权主义构建的世界新帝国秩序，也仍然是一种虚幻的梦想。这种梦想不只在国内受到越来越多的牵制，而且在国际方面也越来越难以推行。不论是社会主义国家还是资本主义国家，对于美国强权战略的推行都是重要的阻力。

从社会主义方面来看，尽管苏东剧变使世界社会主义运动走向低潮，而且帝国主义也一直试图从经济、政治和意识形态领域等各个方面对现存社会主义国家进行颠覆和渗透，然而，中国特色社会主义建设的成功以及越南、老挝、古巴等社会主义国家经济和政治建设的发展却极大地改变了世界格局。在当今的世界体系中，社会主义与资本主义不仅仅是共存，而是相互依存，你中有我、我中有你。社会主义的发展需要吸收资本主义的先进成果，而资本主义不仅会借鉴社会主义的一些优秀因素，而且在生产、销售直至消费等多个环节中也都与社会主义国家相互依存。如中国是美国的第二大贸易伙伴，2012年1—11月，中美贸易额达到4386亿美元。2013年5月，中国持有美债达到创纪录的1.3159万亿美元，为美国最大的债权国。同时，社会主义强调国家之间的和平共处与合作发展，其经济和政治力量的不断壮大，加强了世界政治格局中追求和平的力量，对美国霸权战略的发展形成了有力的牵制。

从资本主义方面来看，美国与其他发达资本主义国家之间的政治经济矛盾一直存在。在美苏两大阵营对抗期间，美国为了拉拢更多的盟友，其他国家也希望借助美国的力量与社会主义阵营相对抗，巩固和扩大资本主义力量，因而此时它们内部之间的矛盾并不凸显。但苏联解体使这种矛盾突出了。一方面，强大的社会主义对抗力量已然消失，另一方面，美国提出的建立"世界新帝国秩序"的口号使其他国家的地位受到损害。正因此，"随着1991年苏联的解体，维系美国全球战略基本目标的结开始松动了。一旦共产主义威胁不再是问题，美国的主导地位也就不再是全球资本主义体系不可缺少的了"[1]，可以说，"20世纪90年代初苏联阵营的解体使华盛顿不得不重新定位与其他中心国家的关系"[2]。然而，美国当权者

---

[1] [英] 瓦西利斯·福斯卡卡斯、比伦特·格卡伊：《新美帝国主义》，薛颖译，世界知识出版社2006年版，第14页。

[2] 同上书，第10页。

不仅没有对自己的国际战略及未来走向进行反思，反而"放弃了以前在全球事务中的多边政策，正式采取了一种帝国姿态，即基于军国主义和帝国价值、带有神权政治弦外之音的所谓'布什主义'，从而使美国与其他发达资本主义国家之间的矛盾进一步加深"[①]。而与政治力量相对应的是，美国在经济上尽管仍然是头号强国，但欧盟的整合与扩大、欧元的推出使欧盟作为一个整体的力量日益增强，日本在度过20世纪90年代的经济疲软后也开始保持较稳定的经济增长，这些都形成了对美国霸权战略的有力牵制。

从美国的国际地位来看，美国霸权战略的推行使美国国际形象和美国模式的国际吸引力都严重下降。在伊拉克战争后，美国多次发动对外武装干涉，使得世界反美情绪日益高涨。根据2005年美国皮尤研究中心对16个国家的调查，三分之二国家的民众对美国持负面态度，近七成的美国民众则认为，世界各国不喜欢美国。[②] 这些都表明美国的形象严重受损。此外，美国模式的国际吸引力也大大下降。在第三波"民主化"浪潮中，世界上的许多民主运动都受到了美国民主模式的影响，并以此为楷模对本国进行改革。但美国模式的推行并未使这些国家获得他们所希望的民主、自由与富强，因而近年来不断出现新的变革和动荡，如巴勒斯坦选举中哈马斯上台执政、泰国政变导致经济持续动荡以及洪都拉斯军事政变等，都表明美国的民主模式在这些国家无法顺利推行。所谓的"美国梦"逐渐破灭。

上述国内和国际两个方面的因素都表明，美国的霸权地位已经受到挑战。正如约瑟夫·奈所指出的："如果带头的国家拥有软实力，而且行为方式可以使他国受益，有效的对抗联盟可能出现得迟一些。另一方面，如果带头的国家狭隘地界定自己利益，狂妄地运用实力，就会增强他国相互协调以逃避其霸权统治的动机。"[③] 但是，其他国家"是否会联合起来抗衡美国的力量，这取决于美国的行为方式和潜在挑战者的实力资源"[④]。当然，资本主义的历史也表明，一个大国的衰落道路不是笔直的，而是曲

---

① [英]瓦西利斯·福斯卡斯、比伦特·格卡伊：《新美帝国主义》，薛颖译，世界知识出版社2006年版，第14—15页。
② 参见《美国国际形象急剧下降，滥用硬实力惹众人厌》，《人民日报》2005年6月29日。
③ 胡鞍钢、门洪华主编：《解读美国大战略》，浙江人民出版社2003年版，第49—50页。
④ 同上书，第51页。

折的，大英帝国就为我们提供了一个有力的例证。因此，对于美国霸权的衰落，我们也应认识到，美国霸权尽管受到了许多挑战，但由于从目前来看，其他国家不论是从经济力量还是政治力量上都还不能对美国形成非常有力的制衡和约束，因此，其霸权仍将继续维持，但从其发展来看，其超级大国和世界霸主的地位逐渐下降的趋势无法改变。对于美国的这种状态，英国《金融时报》的文章给出了恰如其分的描绘："伊拉克战争不仅消耗了美国的军事力量，而且削弱了美国的政治意志；中国和印度向美国的经济霸主地位提出挑战；华盛顿指挥友邦的能力——软力量——受到高涨的反美情绪的侵蚀；对欧洲、拉丁美洲和亚洲的政治家来说，坚定地与美国站在一起意味着得不到选票。正因如此，美国虽然仍是世界最强大的国家，但是华盛顿影响国际秩序的能力大大减弱了。"[1]

二 资本主义发达国家内部社会和阶级矛盾加深

新帝国主义的特征之一就是垄断资本的经济扩张。在经济全球化的条件下，垄断资本为了追求更大的利润，不仅在国际范围内加强了对第三世界国家的剥削程度，而且在国内加剧了资本积累速度，加强了对工人阶级创造的剩余价值的剥削程度，从而使得资本主义发达国家内部社会和阶级矛盾都进一步加剧。

（一）新自由主义政策的推行使工人阶级的经济状况受损

战后初期，资本主义发达国家在客观上受到了苏联、中国等社会主义国家发展的压力，同时也为了调动工人阶级的积极性，纷纷建立了福利制度。而进入20世纪80年代后，随着经济全球化的深入，各资本主义国家对福利开支的比例都在逐步减少。在英国以撒切尔夫人为代表，在美国以里根为代表，纷纷举起了新自由主义的大旗，而新自由主义的一个重要特征就是提倡机会均等，反对社会福利。

在新自由主义者看来，为了结果均等而实行的社会福利政策不仅妨碍了人们的自由，而且导致了经济上的低效率，弱化了人们工作的积极性。

---

[1] ［英］菲利普·斯蒂芬斯：《2007年的世界：亟需建立新秩序》，《金融时报》2007年1月24日。

因此，他们强调机会均等，认为这才是保障个人自由的重要条件。"就平等问题而言，自由主义者所提出的只是这样一项要求，即在国家规定个人据以行事的各种条件的情况下，国家必须根据同样适用于所有人的形式规则来规定这样的条件。自由主义者反对任何形式的法律特权，亦即反对政府把任何具体好处只给予某些人而不给予所有人的做法"①。换言之，新自由主义者所提倡的平等是"据以决定不同个人相对地位的竞赛程序或竞赛规则必须是公正的（至少不是不公正的），但却并不要求不同的个人在这个过程中所获得的特定结果是公正的"②。也就是说，新自由主义所追求的是机会均等，而不是结果均等。

在这种平等观下，新自由主义者只关注交换正义，而不关注分配正义。"坚定的自由主义者之所以必须拒斥分配正义这种理想，主要原因有二：第一，根本就不存在为人们所公认的或能够被人们发现的有关分配正义的普遍原则；第二，即使人们能够普遍认同这样的分配正义原则，这些所谓分配正义原则在一个生产力取决于个人自由地运用自己的知识和能力去追求自己目的的社会中也是不可能付诸实施的"③。

新自由主义者认为，在市场经济社会中，只应保障个人的选择自由，使他们有同等的机会，而绝不能把使特定的人获得特定的结果作为经济政策的目标，因而他们坚决反对国家所采取的一些减轻收入差距的措施如累进税、最低工资法等，认为这些措施不仅影响了人们工作的积极性，增加了个人依赖国家的惰性，而且从其效果看，它对减少收入差距并没有产生好的作用。以最低工资法为例，弗里德曼等人认为，最低工资法的"影响显然是增加贫穷"④，因为它"使失业人数多于没有最低工资法时的情况"⑤，而这些失业者却"恰恰是那些最经受不起失去他们一直在拿的收入的人"⑥。

与新自由主义思潮的盛行相对应的是，在国际环境中，苏东剧变使资本主义阵营面对的压力大大减少，资本的力量空前强大，逐步摆脱了原有

---

① ［英］冯·哈耶克：《哈耶克论文集》，邓正来译，首都经济贸易大学出版社2001年版，第84页。
② 同上。
③ 同上书，第83页。
④ Milton Friedman, *Capitalism and Freedom*, The University of Chicago Press, 1982, p. 80.
⑤ Ibid.
⑥ Ibid.

的国界限制，成为跨国垄断资本，通过在全球范围内布局生产网络来获取最大程度的利润。垄断资本利润的增强迫使作为总资本家代表的资产阶级政府不得不采取削减福利开支、限制工人权利等政策。

在社会福利方面，资本主义发达国家进行了大刀阔斧的改革。英国从20世纪80年代开始就致力于将过去的高福利变成敦促民众努力谋求工作的"主动福利"，把失业救济等减少到最低社会标准。法国也提出政府的许多福利政策如退休政策等已不合时宜，而且造成了社会不公平以及政府财政负担过重。法国总统萨科奇上任后就宣称要削减法国庞大官僚体系的开支、减少退休福利等，2010年9月，他宣布将最低退休年龄由60岁提高至62岁，领取全额政府退休金的年龄则从65岁提高到67岁。在2010年7月13日法国内阁通过的关于退休制度改革的法案草案中还提出，缴纳退休金的年限在2013年后将提高到41年，公共部门养老保险金的缴纳比例将在10年内从7.85%增加到10.55%。

在工人权利方面，资本主义国家从20世纪80年代开始就对工人的罢工权利、工会的活动范围等进行限制。如老牌资本主义强国英国在撒切尔夫人执政期间，就开始对工会权利和活动范围进行大幅限制，取消工会的豁免权，禁止工会举行声援支持其他企业、行业和地区的罢工，劳资斗争只能局限在直接冲突的起因范围内。法国从1986年起也开始打压劳工权利，废止了雇主不能任意解雇雇员的规定，限制工人的罢工权利，规定公共服务行业的工人参加有时限的示威性罢工要扣发整日的工资。美国的里根及其之后的历届政府都着力执行反劳工的1947年《塔夫特—哈特莱法》（《劳资管理关系法》）和1959年《兰德拉姆—格里芬法》（《美国劳资关系报告与公开法案》）。前者制定了限制劳动者权利的条款，其中包括多达7种"工会不正当劳工行为"的规定，如禁止工会组建全会员工厂、禁止工会在劳资谈判进行过程中组织罢工向雇主施压、工会在罢工前必须有60天的"冷却期"等。后者以保障工会内部民主为名，干预工会内部事务，实则阻挠甚至破坏工会的维权行动。

（二）经济全球化和垄断资本的全球扩张使工人就业状况堪忧

1. 产业转移、经济的空心化与工人状况

在经济全球化条件下，为更好地利用发展中国家的廉价劳动力和自然资源，发达国家的垄断资本将许多产业移往国外，既降低了成本，也扩大了在发展中国家的市场占有率。

"二战"后，发达国家大规模的产业转移有三次：一是20世纪50年代美国将传统产业向日本、西德等国家转移；二是20世纪60年代至80年代，日本、西德等国将附加值较低的劳动和资源密集型产业转移到亚洲"四小龙"等新兴工业化国家和地区；三是20世纪80年代至90年代，美、欧、日等发达国家和地区的低端产业向中国沿海及其他发展中国家和地区转移。在这三次产业转移中，后两次都是发达国家向发展中国家的转移。尤其是20世纪八九十年代的产业转移，不仅规模大，而且还出现了一些新的特点。主要有：

第一，由劳动密集型产业逐步向资本、技术密集型产业过渡，且产业转移由加工装配逐步向本土化生产过渡。

第二，非股权参与的外包形式逐渐增加。跨国公司把非核心的生产、营销、物流、研发乃至非主要框架的设计活动，分别包给发展中国家的企业或专业化公司，这样既减少了固定投入成本，也达到了在全球范围内利用最优资源的目的。其实质在于截取价值链中的高利润环节，将有限的资源集中配置到企业的强势领域，从而降低运营成本，增加企业的竞争优势。据统计，在2007年，全球外包市场已达8.1万亿美元，占全球商务活动总额的14.8%。在美国的2600多万家企业中，采用项目外包方式的企业占到了三分之二。

第三，产业转移不再是个别企业的孤立行为，而是在国际生产的网络或体系的基础上，形成了以领导企业为核心，全球范围内相互协调与合作的企业组织框架。

从以上特点可以看出，发达国家向发展中国家的产业转移尽管规模大，但高利润环节仍为发达国家的垄断资本所掌握，且不论是外包方式还是在发展中国家投资设厂进行其他环节的生产与加工，大部分利润也为垄断资本所得。因此，在这种产业转移中，"资本流向东方，利润流入西方"的特点更为明显。然而，发达国家的工人阶级在这种产业转移中不仅不能分享垄断资本所获取的利润，反而要面临工作机会的削减，使其处境更为困难。对于资本主义的这种状况，德国社会学家乌尔利希·贝克犀利地指出，资本主义的"企业主发现了点石成金的秘诀。新的咒语是，没有劳动的资本主义加上没有税收的资本主义"①,"这个唯私有者的资本主义只以盈利为目标,它要把就业者、(社会福利)国家、民主制度统统排除。这个资本主义也就取消了自己生存的合法性"②。

2. 非规范就业与工人状况

经济全球化突出了劳动力市场供大于求的矛盾。在这种条件下,资本的强势愈发明显。为了榨取更多的利润,削弱工人阶级的组织性,垄断资本对于许多非技术类的劳动者采取非正规的方式进行雇用,加强劳动力的灵活性。对于这些非规范就业的劳动者而言,其工资远低于法定最低工资标准和正规就业者的工资水平,且无法享受集体合同规定的疾病和伤残医疗、失业和退休保险、加班费、奖金以及带薪休假等福利待遇。出现这种状况的原因不只在于垄断资本能够借助经济全球化的力量获得更多的劳动力,而且还由于各种以资本主义发达国家垄断资本利益为主导的国际组织的推动,如1997年东南亚金融危机时,国际货币基金组织对韩国等东南亚国家融资的附带条件就是实施劳动力市场的灵活性,这直接导致了韩国等国家在1998年后非正规就业工人剧增。根据韩国统计局的数据,2006年韩国非正规就业工人人数约为842万,占工人总数的54.8%。其中,女性非正规就业的人数更多,达436万,占女性工人总数的67.6%。在工资差距方面,韩国非正规就业工人的工资仅相当于正规就业工人的51.3%。③

在欧美等发达国家,非正规就业者一般占就业人口的20%以上。据统计,从2003年到2008年,欧洲非正规合同工也就是临时工、非全日工和次承包工的人数由6300万上升至13100万。在金融危机前英国非正规就业者所占比例高达40%,日本约占三分之一。美国有3350万移民,其中2750万是25岁以上的劳动力。这些劳动力中,1750万来自拉丁美洲,910万来自亚洲,他们绝大多数是非规范就业的工人。据统计,在美国硅谷,非规范就业的劳动者中拉美移民的比例从1990年占75.6%升至1999年的86.8%。④

---

① 转引自张世鹏等《全球化时代的资本主义》,中央编译出版社1998年版,第119页。
② 同上。
③ 参见[日]面川诚《韩国工人运动与非正规就业工人》,陈瑞华译,《国外理论动态》2010年第1期。
④ 参见毛禹权《欧洲经济社会的变化和工会的对策》,《国外理论动态》2010年第5期;郭懋安:《新自由主义与劳动的非正规化》,《国外理论动态》2010年第1期。

非规范就业工人的增加不仅使这部分工人的生活陷入就业不稳定、生活无保障的境地，而且使工人阶级作为整体的组织性也被大大削弱，与资本的力量相比，弱劳动的局面更为明显。

（三）主张改良的社会民主党陷入困境，政坛右翼力量加强

社会民主主义一词最早出现在1848年欧洲革命时期[①]，当时的社会民主主义概念主要包含两点内容：工人阶级组成政党，取得政权；实行生产资料公有制，消灭剥削。此后，社会民主主义的内涵及政策主张不断发生变化，转变成一种在承认变化的资本主义现存制度的前提下，对资本主义进行局部调整的改良主义。但从总体来说，社会民主主义还是在左翼范围内进行调整，没有越出中左政治的范畴，能够在现存的资本主义制度框架内更加注重社会的公平。由于社会民主主义能够对资本主义的一些问题进行改良，因此，在发达资本主义国家尤其是在欧洲，得到了许多选民的支持，在21世纪前的欧洲政坛上一直占据重要地位。

然而，进入21世纪以来，欧洲政坛局势急转直下，社会民主党在政治选举中一再失利。2001年5月，在意大利大选中，以意大利力量党等中右派政党组成的自由之家击败了由左翼民主党等中左派组成的橄榄树联盟上台执政。2002年5月，法国社会党在议会中只获得138个议席，传统右翼以压倒多数大获全胜。2007年5月，法国举行总统选举，社会党候选人罗亚尔不敌右翼人民运动联盟候选人萨科齐，再次在选举中败北。2005年2月，丹麦大选中，原中右执政联盟的自由、保守两党共获得71个席位并顺利获得连任。在英国，自2004年以来，工党在地方选举中也接连失利，其支持率日益下滑。

2008年国际金融危机的爆发，在沉重打击资本主义制度及其新自由主义政策的同时，也给西方左翼力量的发展带来了机遇。在金融危机爆发后，欧洲各国普遍爆发了反对新自由主义的左翼社会运动，冰岛、法国、爱尔兰、希腊等国相继爆发大规模的工人罢工、游行等，民众的思想观念也发生了向左的转变。然而，与社会思潮的变化相比，政治局势却并没有向有利于左翼政党的方向发展，在2009年举行的欧洲议会选举中，各国

[①] ［德］托马斯·迈尔：《社会民主主义的转型》，殷叙彝译，北京大学出版社2001年版，第2页。

社会民主党普遍遭遇了挫败。不仅欧洲几个最大的社会民主党所获投票率都创下了史上最低，且执政的英国工党、西班牙社会党也遭遇了历史性挫折，保加利亚、匈牙利、斯洛文尼亚等国的社会民主党也受到了剧烈冲击。社会党国际副主席、意大利前总理达莱马（Massimo D'Alema）就指出，欧洲左翼处于危机之中，在欧洲大国中，社会党已经不再发挥主导作用。西方左翼知识界旗帜性杂志《新左派评论》的编委和评论家阿里（Tariq Ali）在接受专访时也指出："在当民众转向左翼思想时，社会必须有相应的政治工具来满足民众的诉求，但是现在在法国还找不到这样的政治工具。不光是法国，大多数欧洲国家也都存在着同样的问题。"[1]

欧洲政坛之所以会出现这样的转变，既有社会民主党自身的原因，也有新帝国主义形成后国际政治局势变化的原因。

首先，从社会民主党自身来看，其在阶级代表性上出现了危机。社会民主主义政党刚在欧洲政治舞台上出现时，非常注重以阶级和信仰为基础，将广大的劳动阶层紧密团结起来，形成一个组织章程严密、具有高度的成员认同度和广泛基层组织的群众党。然而，自20世纪60年代后，随着社会结构的日益分化，传统左翼政党程度不同地丧失了自己的身份特征，并与社会日渐疏离。在这一过程中，左翼政党的组织形式也从群众党开始向全民党转变，并逐渐向卡特尔政党和媒体化政党转变。为争取更多的选民支持，欧洲大部分社民党都放弃了以往的意识形态立场和政策主张，竞选纲领向中间选民靠拢。它们一方面在指导纲领上强调社会公平，但另一方面又在实践中实施有利于私有化和市场的政策措施，从而使其在传统价值观和现实需要之间摇摆不定，导致其已经不再成为代表特定阶级利益的政党，选民大量流失。对此，世界工联总书记乔治·马瑞克斯在2010年6月召开的第99届国际劳工日内瓦大会上就公开对左翼的社会党进行指责，将它们与保守派相提并论，认为："所有的政府不论是新保守派还是社会民主主义者，到处都遵循相同的政策：对工人的攻击。他们取消工会和劳工权利、裁员、增加贫困和实施私有化。"[2]

其次，社会民主党无法提出富有吸引力的振兴经济的计划和福利改革

---

[1] 参见高静宇编写《欧洲社会民主主义的危机和前景》，《国外理论动态》2010年第10期。
[2] 转引自王继停《"后危机"时代全球工会面临的挑战与策略抉择》，《当代世界与社会主义》2010年第5期。

计划，以显示其领导国家发展和维护社会正义的能力。进入21世纪后，欧洲等发达资本主义国家经济尽管仍在发展，但已陷入比较低迷的状态。而肇始于美国2007年次贷危机的国际经济危机和欧洲债务危机，更是使这些国家的经济陷入危机的泥潭不能自拔。在这种情况下，社民党无法提出有效的方法，但右翼政党却借助自身的政治实力以及掌控传媒的优势地位，在应对危机中抢占先机，不断挤占左翼的理论阵地和政策空间。德国在2007年作的一项调查显示，20%以上的德国民众相信右翼政党比社会民主党更有经济领导和危机管理的能力。

再次，经济全球化削弱了左翼力量所凭借的工具。经济全球化加强了资本的力量，削弱了国家对经济干预和调控的有效性，对左翼政党造成了极其不利的影响。例如，社会民主党在过去可利用税收来解决分配不公，而全球化使资本可以轻易逃逸，从而无法对资本和金融进行控制，但与此相反的是，劳动却依然要交税，这不仅降低了工人阶级对社会民主党的支持度，而且加剧了不同国家间劳动者的竞争，最终导致世界资本的力量不断团结一致，而劳工之间却相互敌视。因此，全球国际经济和政治环境的变化也使社会民主党的处境更加困难。

又次，社会民主党无法与其他左翼政党、组织形成有效的联合。除传统左翼外，在欧洲许多国家中也出现了一些激进左翼政党，如德国在2007年6月成立了左翼党，它是由从社会民主党分离出来的部分对现行政策不满的民主社会主义党联合成立的，法国在2008年6月也成立了新反资本主义党，等等。但由于这些政党将自身定位为反政府政党，并推行一些过于激进的措施，因而难以被其他政治力量所接受，也就无法通过参与执政将社会意愿上升成国家政策。而传统的左翼政党也没有采取有效措施与这些激进左翼政党、共产党以及工会组织等进行融合，因而造成衰退态势。

从上述分析可以看出，在资本主义由传统帝国主义向新帝国主义转变后，资本主义发达国家内部的经济社会矛盾并未减轻，相反，新帝国主义在一定程度上加强了垄断资本的力量，使其在国内经济政治等各方面都加强了对工人阶级的剥削和对左翼力量的压制，但，这也必然导致资本主义发达国家内部贫富分化日益加剧。哥伦比亚大学学者菲利普·邦德（Phillip Bond）指出，"对经合组织（OECD）成员国的工薪阶层来说，1945—1973年是他们的黄金时代。那时候，普通工人的工资占国内生产总值总额的最高份额。但自那时起，中产阶层和工人阶级的实际工资就再未见涨，甚至是有所下跌了，而富人的收入则直线上涨，超富阶层也同样如此"，他认为："自由市场主义的信奉者用谎言欺骗了民众。事实上，撒切尔和里根的改革是以工人和中产阶级的巨大牺牲为代价的。在美国，自1979年起，金字塔顶1%的人口收入在整个国民收入中的比重上升了78%，而底层80%的人口收入在国民收入中的比重则下降了15%。"[①] 在这种情况下，资本主义发达国家必然更容易发生经济危机，而且，当前资本的强势也必然会随着时间的推移而受到越来越多的抵制。

三 资本主义发达国家间的矛盾与冲突加剧

在传统的殖民帝国主义阶段，各帝国主义列强间在争夺殖民地和势力范围时就存在尖锐的冲突，在冲突加剧时，战争便成为帝国主义列强间重新分配利益格局的重要手段。进入新帝国主义阶段后，资本主义发达国家间的矛盾和冲突依然存在，且在苏东剧变后更加凸显。

(一) 资本主义发达国家间的经济冲突

马克思主义经典作家早就指出，经济和政治发展的不平衡是资本主义的绝对规律。恩格斯曾以19世纪末主要帝国主义列强为例说明了这一状况。列宁进一步指出："在资本主义制度下，各个企业、各个托拉斯、各个工业部门、各个国家的发展不可能是平衡的。如果拿半个世纪以前德国的资本主义实力同当时英国的实力相比，那时德国还小得可怜；日本同俄国相比，也是如此。是否'可以设想'一二十年之后，帝国主义大国的实力对比依然没有变化呢？绝对不可以。"[②]

从资本主义现实来看，在战后初期，由于美国经济呈现出一枝独秀的局面，并为巩固资本主义阵营而对西欧实施了"马歇尔计划"予以援助，对日本等国也进行了经济改革和援助，从而使资本主义国家在20世纪50年代步入了经济发展的"黄金时期"，各资本主义国家间的经济冲突也相

---

① 转引自〔美〕菲尔·赫斯《"自在"还是"自为"：工人阶级的阶级意识瓦解了吗》，罗丽平译，《马克思主义研究》2009年第10期。
② 《列宁选集》第2卷，人民出版社1995年版，第680页。

应减少。但在冷战结束后，以争夺全球经济主导权为目标的经济战争又在发达资本主义国家间开始上演，各国间的经济冲突和摩擦随之加剧。

1. 发达国家加强了以自由贸易区和区域一体化为中心的争夺世界市场、扩大影响力的步伐

在经济全球化过程中，发达国家日益注重区域一体化和自由贸易区的发展，它主要是由一些地缘相近、文化观念相容的国家为了促进互相间的经济合作、达成经济互补而由政府通过谈判与协商成立的。由于区域一体化不仅能够增强集体的合力，提升其同其他国家或区域组织对抗的实力，而且更容易扩大一些经济或政治强国在该集团内的影响力。因此，区域经济一体化在近年来发展越来越快，新的组织不断成立，原有的集团也在不断扩大范围。

在区域一体化进程中，欧洲的成效最为显著。1952年，欧洲煤炭和钢铁共同体正式成立，参加的国家有法国、联邦德国、比利时、荷兰、卢森堡和意大利。1967年，欧共体成立，此后不断扩大，并于1992年成立了欧盟，1999年进一步启动了欧元，使欧盟内部在经济政策、货币政策上更为统一，国际影响日益增强。

为应对欧盟的发展，美国与墨西哥、加拿大签订了《北美自愿贸易协定》，建立了北美自由贸易区。此后，美国又倡导亚太经济共同体，加强美国在亚太经合组织中的作用，积极扩大美国在北美洲和亚太地区的影响力。面对美国的四面出击，欧盟进一步制定和推行了东扩（向中欧和东欧扩展）和南下（向地中海延伸）的全方位战略。

面对欧洲和美国的扩张，日本也加强了其在亚太地区的影响。日本自20世纪80年代起就遵循所谓"雁行模式"，致力于亚洲的层次递进型国际分工体系的完善，并积极筹建以自己为主导的东亚经济圈。随着亚洲发展格局的变化，日本的重点正在南移，先是东盟，现在把目标放在越南、印度等国，积极扩大自己在东南亚地区的影响力。

2. 发达国家间的贸易摩擦不断加剧

随着欧洲和日本经济的发展，美、欧、日之间的经贸摩擦和冲突也日趋激烈。

在欧美之间，由于二者的经济高度依存，因而贸易摩擦也日益增加。在工业方面，美欧在飞机、钢管等许多领域都存在着严重冲突。以飞机为例，1970年，欧洲组建了空中客车公司，1981年改组后，成为全球第二

大飞机制造企业。到 1998 年，空中客车获得了当年市场需求 46% 的份额，此后，空中客车和波音基本上都是每年平分新飞机订单。在这种情况下，美国波音公司不甘市场份额的缩小，双方不断以对方获得政府补贴为由进行谈判。在 1992 年，双方曾就补贴问题达成一项协议，限定空中客车获得的补贴数额不能超过它研发一架新飞机成本的 33%，而波音获得的政府间接补贴则不能超过它销售额的 4%。但双方并未遵守这一协议。2004 年 10 月 6 日，美国将欧洲航空工业补贴纠纷案提交至世界贸易组织，欧盟委员会也在同日向世贸组织提出申诉，指控美国政府对波音公司提供大量补贴，违反了世贸组织有关规则。欧盟贸易委员会坚持认为，自 1992 年至 2004 年，美国政府对波音公司的非法补贴高达 230 亿美元，而且还不顾世贸组织有关裁决，以出口退税方式继续每年向波音公司提供 2 亿美元的出口补贴。① 除了在飞机制造业领域外，在其他工业领域，美欧也存在着摩擦和冲突，譬如，2001 年 7 月，欧盟成功阻止了有史以来最大的美国通用电器公司和汉尼威公司的合并方案，而美国也于 2001 年初宣布要对从欧盟进口的搭扣焊接钢管征收 38% 的关税。

在农业方面，欧美一直在农产品补贴问题上存在争端。在 2006 年 7 月举行的多哈回合谈判中，欧美双方在农产品补贴问题上毫不让步，而且欧盟拒绝进一步削减农业进口关税。在美国大规模采用转基因技术后，欧盟对转基因产品却一直有严格的限制和管理，规定产品在销售时必须注明是否是转基因产品，且欧盟境内限制种植转基因作物，这都引起了美国的不满。

日美之间自 20 世纪 70 年代起就争端四起，当时争端对象主要是家电。1976 年，日本出口彩电占到了美国市场的 40%，美国对日本提出反倾销诉讼，日本采取了单方面的自动限制对策。1977 年，日本与美国达成《维持市场秩序协定》，三年有效期内每年对美国出口电视机限制在 175 万台，同比削减 40%。进入 20 世纪 80 年代后，经济实惠的日本小汽车开始抢滩美国市场，到 20 世纪 90 年代初期，美日的汽车贸易赤字占美国对日本贸易赤字的四分之三。在美国的压力下，日本从 1992 年起把对美国的轿车出口量由 230 万辆降为 165 万辆。在 2010 年，日本丰田汽车因质量问题受到巨大损失，在美国的市场占有率大幅下滑。然而，

---

① 参见《空客、波音争霸启示录》(http://www.sina.com.cn, 2004 年 11 月 1 日)。

这次事件实质上是日美矛盾不可调和的集体性爆发。在2008年的金融危机中，美国三大汽车公司——通用、福特和凯迪拉克纷纷陷入危机，而日本汽车企业丰田、本田和日产等却逆势上扬，丰田更是稳稳地站上了世界汽车业的霸主位置。2010年对日本汽车业的这次重创，尽管起因是日本汽车质量问题，但许多媒体都指出，美国传统的政治体制和利益至上的社会精神是激化此次事件的幕后黑手，美国利用政治武器再一次挫败了日本。①

3. 发达国家间围绕货币及金融秩序展开的冲突

1944年的布雷顿森林体系确立了"美元—黄金本位"体系，它不仅确立了美元的国际储备货币的地位，而且，使美国可以采取直接支付美元的形式来弥补国际收支赤字，获得铸币收益。布雷顿森林体系崩溃后，牙买加协定降低了黄金在国际金融货币体系中的作用，使美国的垄断资本在对外扩张过程中不再受黄金储备的制约，而浮动汇率的合法化更有利于垄断资本的国际扩张。在国际资本流动日益迅猛的时代，货币霸权已成为美国掠夺财富的一种有效手段。正如有学者所指出的："自1972年以来，美国有意识地运用其国际收支赤字作为一种蓄意的剥削性金融杠杆……只有一个国家，而不是每个国家，具有维持不受限的国际收支逆差的特权。只有这个信贷创造中心的央行及其外交控制的国际金融机构，才能够创造其自己的信贷，收购外部的金融卫星国的资产和出口品。"②

然而，在苏东剧变使资本主义国家间的矛盾进一步凸显的情况下，在日本、欧盟等国家和地区经济稳定发展的条件下，这种美元霸权控制下的国际货币体系日益受到挑战。

1985年，日本取代美国成为世界上最大的债权国，该年9月，美国邀请日本、前联邦德国、英国及法国的财长、央行行长在纽约的广场饭店举行会议，最终达成《广场协议》，要求日本实现金融资本市场的自由化、日元的国际化以及放松管制等。在美国的高压下，日本实行了金融自由化，允许日元自由兑换，允许外资银行进入日本，取消对银行、保险公司和证券公司等金融机构的业务限制。在此后的3年间，日元兑美元升值

---

① 《后"丰田门"美日或有连番政治大戏》，中国新闻网2010年3月19日。
② ［美］迈克尔·赫德森：《金融帝国》，嵇飞、林小芳等译，中央编译出版社2008年版，第25页。

一倍，不断升值的日元也不断制造资产泡沫，削弱日本制造业的竞争力，1989年，泡沫破裂，日本的宏观经济陷入长期徘徊不前的泥淖，开始了长达15年的经济低迷。

而对美元霸权冲击最大的则是欧元。在欧元成立之前和成立初期，美元在国际储备中的地位不断上升，占世界储备的比重从1995年的59%上升到2001年底的71.5%。但自2001年以后，美元的比重不断下降。国际货币基金组织的数据显示，截至2011年3月底，全球央行外汇储备美元比重降至60.7%，而欧元所占比重则上升到26.6%。欧元不只削弱了美元在外汇储备中的地位，还削弱了美元在国际贸易中的结算货币地位。对许多国家而言，欧元提供了一种能够替代美元的结算货币选择。美元结算量的比重下降意味着美国在国际市场上定价权的流失。此外，欧元的发展也冲击了美元的信用基础——石油美元。伊朗、俄罗斯、委内瑞拉等国使用欧元进行石油贸易，宣告着石油欧元对石油美元的挑战。

为维持和保障美元的霸权地位，采取战争手段和强制手段成为美国常用的伎俩。在20世纪90年代，美国通过科索沃战争、《广场协议》等直接或间接地影响了欧元、日元等货币，并对这些国家的经济产生了重大影响。而在美国遭受金融危机的状况下，通过货币霸权转嫁危机更成为其重要的经济恢复途径，作为美国重要盟友的欧洲也成为美国转嫁危机的重要地区，方式则是通过信用评级机构引发欧洲债务危机。

2001年，希腊在加入欧元区时面临困境。根据《马斯特里赫特条约》，欧洲经济货币同盟成员国必须符合两个关键标准，即预算赤字不能超过国内生产总值的3%、负债率低于国内生产总值的60%。这两个条件希腊无一符合。此时，美国的高盛为希腊设计了一套债务隐瞒方案，即通过货币掉期交易的方式来掩饰一笔高达10亿欧元的公共债务，模式如下：比如希腊政府本来发行了100亿美元的债券，假设美元与欧元的比价为1:1，那么，希腊政府可以换回100亿欧元。但是高盛"高明"地为希腊政府设定了一个优惠利率，假设为1:1.5，如此一来，希腊政府就有了150亿欧元。通过这种账面的盈余，希腊顺利加入了欧元区。但在金融危机爆发后，信用评级机构通过降低其信用评级并营造市场恐慌气氛，使希腊陷入债务危机，这一过程不仅使高盛等机构本身赚取大量利益，也使欧元受到极大影响，欧元对美元的汇率持续走低，从而达到美国转嫁危机的目的。欧盟为了解决主权债务危机，在市场和美国的双重压力下，又不得不容许由美国主导的国际货币基金组织插手欧元区事务,进一步动摇了欧元的信誉。欧美的冲突尽管在一定程度上使美国受益,降低了人们对美国危机的关注度,但也使发达国家间的矛盾进一步加剧。

(二) 资本主义发达国家间的政治冲突

苏联解体后,发达资本主义国家间的凝聚力锐减,政治方面日益出现分歧和争端。从总体上来看,欧洲和日本不再满足于"经济巨人、政治侏儒"的地位,开始在国际事务中对美国说"不",而俄罗斯在经济好转后,也日益注重在政治舞台上的地位和作用。

欧洲于1996年和1997年先后成立了由欧洲人组成的多国多兵种联合部队以及西欧联盟军事委员会,并要求分享美国在北约的指挥权。在布什就任美国总统后,欧美在局部利益及国际关系上的矛盾,导致双方在一系列问题上存在着分歧甚至是严重对立。尤其在"9·11"事件后,欧美在许多问题上的分歧进一步加剧,其症结在于布什政府在"新帝国主义论"的理论基础上所实行的单边主义外交政策,特别是其对大西洋联盟的政策。确切地说,美欧因伊拉克问题之争所暴露出的分歧反映了美国外交政策方向的根本改变:美国政府不再依赖传统的联盟,而是创建了志愿者同盟。在克林顿政府时期,美国发表的《国家安全战略报告》通常对美欧关系作如下表述:促进欧洲的安全、繁荣与民主,最终建立一个真正一体化、民主、繁荣和和平的欧洲,并使这个欧洲能与美国一道应对单个国家无法应对的全球挑战。从中可以看出,在美国公开的全球战略中,是将欧洲作为平等的合作伙伴来定位的。然而,在"新帝国主义论"倡导的美国治下的和平的影响下,在美国霸权主义日益高涨的背景下,欧洲成为只能供美国选择的伙伴。此时,欧洲偏重于强调以多边主义和外交手段解决国际争端,而美国的新保守主义者强调以单边主义和军事手段解决国际争端,并十分看重美国在动用军事力量时的行动自由,因此,他们对欧洲盟国的政策就演变为:要么跟着美国干,要么美国就对其分而治之。也正是在这一理念的指导下,美国在2003年与法德之间因对伊拉克动武问题的分歧加剧之际,提出了"新欧洲"和"老欧洲"的概念。在回答一位荷兰记者的提问时,拉姆斯菲尔德表示:"你一想到欧洲你就想到德国和法国。我不是这样。我认为那是'老欧洲'。如果你看一看当今欧洲的北约,(你会发现)它的重心在向东转移。北约有许多新成员。"这种新老欧洲的概念无疑反映了美国在战略伙伴上选择的转变，也反映了美国对自身实力概念的转变。正是在这一背景下，美欧之间的分歧和矛盾越来越大，欧洲人开始以更理性的眼光看待美国。在美国发动伊拉克战争以后，西欧国家爆发了声势浩大的反战运动，充分反映了欧洲对美态度的转变。同时，在对朝鲜、俄罗斯以及对中东地区的外交关系上，欧美政策也是大相径庭。除对外关系外，欧洲对美国的国家利己主义也强烈不满，认为美国政府退出《京都议定书》、《反弹道导弹条约》等一系列国际条约和协议，不仅给国际社会，也给欧美关系带来了重大的负面影响，这正是美国单边主义的典型表现。

作为世界政治舞台上重要力量之一的俄罗斯，在叶利钦政府刚上台时，把美国式的政治经济制度和意识形态作为建立新俄罗斯的目标模式，对外政策也全面西靠，并接受了美国专家推荐的激进式改革方案，即"休克疗法"。此时，不论是俄罗斯的高层领导还是普通百姓，都天真地认为，既然美俄之间意识形态已经趋同，那么二者之间就不会再有利益冲突，俄罗斯已经成为美国的朋友。他们还幻想美国会出台类似于"马歇尔计划"那样的大规模经济援助方案来解决俄罗斯的经济困境。然而，在俄罗斯经济最为困难的1992年到1994年，美国推动其他西方国家和有关国际组织对俄罗斯提供的经济援助仅有10亿美元，根本无法缓解俄罗斯的经济问题。同时，美国为遏制俄罗斯重新崛起，一步步推进北约东扩。北约本来是以美国为首的西方国家为抵御所谓"共产主义的扩张"而建立的军事防御组织，苏联的解体应该说使北约失去了其存在的基础。但美国为顺利推行其欧亚战略，不仅未解散北约，相反还推进其东扩。1999年北约第一轮东扩的正式实施及其对南联盟的轰炸使俄罗斯国内的反美主义达到了前所未有的高度。"9·11"事件后，布什政府对伊拉克发动的战争又进一步加剧了俄罗斯同美国的矛盾。这一方面是因为美国对伊拉克的战争会损害俄罗斯的经济利益——俄罗斯公司握有几处伊拉克油田的开采权，而且俄罗斯是海湾战争以来伊拉克最大的贸易伙伴，同时，如果美国通过这一战争控制了伊拉克的石油资源，就能间接地通过影响国际油价而影响俄罗斯的石油收入。另一方面是因为美国利用对伊战争和反恐的名义在全球关键地区进行美国民主制度的输出——从2003年末开始，布什政府先后鼓动和支持了格鲁吉亚和乌克兰的"颜色革命"，试图通过对独联体地区的所谓民主改组来进一步扩大美国在该地区的影响力，压制俄罗斯的生存空间。由此，美俄的冲突也日益加剧。

亚洲的日本也开始逐步改变自己的角色，通过《美日安全保障条约》的修订和调整，逐步加强了自己在美日安全防卫体系中的主动性，并积极扩充军力，试图同美国共同主导亚太安全事务。日本还突破了不能向海外派兵的限制，将其军事战略由本土防御调整为海上防御、洋上防御，并于2004年正式派自卫队赴伊拉克，这些都反映了日本在政治方面的变化，而日本在国际政治舞台上诉求的提高必然会引发日美矛盾和冲突。

四 发达资本主义国家与发展中国家的矛盾继续深化

战后，传统的帝国主义殖民体系土崩瓦解，西方列强开始采用经济殖民、文化渗透等新殖民主义手段，使发展中国家继续依附于发达资本主义国家，进一步强化了中心与边缘式的资本主义世界体系。

（一）破坏了发展中国家实现经济起飞的条件

在当前阶段，发达国家利用其经济、技术优势，阻碍了发展中国家实现民族工业现代化的内部和外部条件。

从内部条件来看，发展中国家实现工业现代化的条件是在利用外资和技术的基础上，利用对外直接投资（FDI）的技术外溢效应以增强自主创新能力，从而实现产业快速升级、经济跨越式发展，即所谓的落后国家的后发优势。然而，发达国家与发展中国家的合作一般采取两种形式：一是将传统产业转向发展中国家，二是对于那些尚处在成长期的产业，建立合资企业、由发达国家掌控核心技术而利用东道主国家的廉价资源成为首选。在这种情况下，不仅不会出现技术外溢效应，还大量消耗了发展中国家的自然资源。

从外部条件来看，发展中国家在经济起飞时除需要一个稳定的国际环境外，更需要国际资金和市场的支持。为世人所惊叹的亚洲"四小龙"的崛起在很大程度上就得益于发达国家在这些方面的扶持。但我们不能忽视，对"四小龙"扶持更多的是出于冷战时期的政治目的。而在当前资本主义国家占据绝对优势的国际环境下，发达国家的政策已发生了改变。从资金来看，发达国家流向发展中国家的资金大部分是投资和借款方式，对发展中国家投资的结果是资本流向世界，利润流向西方。而借款又由于发达国家的利率调整使得发展中国家背上了高额的外债。而"新帝国主义论"者所说的非帝国主义的一种主要方式——经济援助占发达国家GDP的比例微不足道。对于国际援助，由皮尔森委员会确定并得到联合国支持的目标是捐赠国提供的官方发展援助必须占其国内生产总值的0.7%[①]，但实际上，美国对外援助占其国民总收入的0.04%，日本占0.04%，加拿大占0.07%，德国占0.10%，英国占0.12%，法国占0.16%。[②] 然而，即使对这些微薄的援助，新帝国主义也因其"不可能使最弱的国家获得稳定"而予以剥夺。从市场来看，包括美国在内的发达国家，为贫困国家出口设置了比富国更高的壁垒。发达国家向制成品征收的平均关税是3%，而向来自贫困国家的劳动密集型商品征收的平均关税是8%，向贫困国家的农产品征收的平均关税是14%。在使用关税来保护农业的过程中，发达国家不仅维持了较高的关税总水平，而且在关税的类别上，还设置了关税升级等。关税升级是指按产品的加工程度来提高关税的一种制度，对原材料所收取的关税最低，有时甚至是零关税。而随着产品加工程度的提高，关税税率也会不断提高。如日本对玉米粉、马铃薯粉等制定的关税税率为15%—25%，而以此为原料所制作的甜点、饼干等的税率则可以高达34%；水果的关税在16%—30%，而经过加工的果酱、果冻等的关税最高可以达到40%。通过这种关税升级的方式，有力地限制了发展中国家附加值较高的农产品的进口，而对发达国家所需的原材料等却可通过低税率使发达国家获益。这些都表明了发达资本主义国家在制定贸易政策时经常采用一些能有效针对发展中国家出口商品的措施或直接实施双重贸易标准。

总之，在这一新的发展阶段，通过对发展中国家经济起飞的内部和外部条件的破坏，发达国家维持和巩固了其在国际分工中的优势地位，使发展中国家无法摆脱经济上的依附地位。

（二）剥夺性积累使南北差距进一步拉大

在新帝国主义时代，发达资本主义国家不仅通过上述途径破坏发展中

[①] 参见［美］乔治·索罗斯《美国的霸权泡沫》，燕清等译，商务印书馆2004年版，第105页。

[②] 参见［美］弗雷德里克·米什金《下一轮伟大的全球化》，姜世明译，中信出版社2007年版，第202页。

国家经济起飞的条件，而且还借助经济全球化这一途径对发展中国家实施剥夺性积累，从而使南北差距进一步拉大。

在经济全球化中，由于资本、技术等发展的必需要素都集中掌握在发达国家手中，因此，大多数发展中国家沦为剥夺性积累的对象，正如埃伦·伍德所指出的，美国等发达国家在"二战"后最终确立了资本的帝国的统治。美国左翼学者大卫·哈维也深刻地指出，新帝国主义的真正意义在于以剥夺性积累为主要方式而进行的对其他国家和地区的掠夺。这是因为，过度积累是资本主义的必然趋势，其根源在于资本主义的扩大再生产。由于资本的逐利本性，资本家必然会把越来越多的剩余价值用于扩大再生产，这必然会出现资本过度积累的趋势，而通过剥夺性积累对发展中国家进行掠夺和剥削则成为发达资本主义国家解决这一问题的主要选择。哈维所说的剥夺性积累主要有四个方面：私有化、金融化、危机的管理和操纵以及国家再分配。私有化为垄断资产阶级提供了更利于利润攫取的空间；金融化"一方面维护了霸权国家的利益，另一方面则是引导附庸国走向假设中的资本主义发展的黄金道路"①；危机的管理和操纵以及国家再分配都是借助国家政权的力量使利润集中于垄断资本手中。哈维指出，在新帝国主义条件下，连接剥夺性积累和扩大再生产之间的纽带是由金融资本和信贷机构所提供的，而这一切都是由国家权力所支持的。在经济全球化的条件下，这种剥夺性积累不仅在国家内部日益深化，而且发达资本主义国家还通过其经济优势，利用发展中国家的资金、技术困境，借助各种国际组织对发展中国家施加压力，使其接受以私有化、市场化和自由化为特征的"华盛顿共识"，将其纳入资本主义生产体系中，从而使剥夺性积累应用于更广泛的空间。哈维曾敏锐地指出，世界贸易组织的首要目标是为不受限制的资本流动开发尽可能广泛的世界市场，这为发达国家进行剥夺性积累创造了良好的条件，正是这种剥夺性积累才使发达国家能够保持其在国际分工中的地位和优势，也使发达国家和发展中国家的差距进一步拉大。据统计，全球最富有国家与最贫穷国家的人均实际收入指标已经从1900年的10:1上升至2004年的74:1。在2002年，全球人均国内生产总值为6000美元，最富裕国家高达2.9万美元，而最贫穷国家却仅有500

---

① ［英］大卫·哈维：《新帝国主义》，初立忠、沈晓雷译，社会科学文献出版社2009年版，第123—124页。

美元。①

对于发达国家借助经济全球化这一途径对发展中国家进行经济殖民的事实，江泽民在联合国千年首脑会议上深刻地指出："在经济全球化的进程中，各国的地位和处境是很不相同的。在发达国家尽享全球化'红利'的同时，广大发展中国家却仍饱受贫穷落后之苦。发展资金匮乏、债务负担沉重、贸易条件恶化、金融风险增加以及技术水平的落后，使发展中国家总体上处于更为不利的地位。"②马来西亚前总理马哈蒂尔也曾提出："直到现在，我们没有看到任何发展中国家从正在进行的全球化中得到好处，我们看到的是西方的富国越来越富，发达国家和发展中国家之间拥有的财富的差距越来越大。"③

（三）发展中国家左翼力量的崛起和政策导向的转变

帝国主义在新的发展阶段所采取的政策和战略目标是破坏民族主义的政治体制和经济基础，建立符合国际垄断资本的政治和经济利益诉求的体制。在这一指导思想下，各发展中国家推行西方经济和政治模式的结果必然是经济发展缓慢、贫富差距悬殊、政治腐败等现象并存。严峻的现实使各国人民对此进行反思，从而促进了左翼力量的重新崛起和政策导向的转变。

以新自由主义的重灾区拉美为例，在20世纪80年代，拉美许多国家陷入了通货膨胀和债务危机中，西方发达国家借助这一契机强迫这些国家进行结构调整，实行以新自由主义原则为基础的西方发展模式，其主要原则为：金融自由化、贸易自由化、国有企业私有化、解除政府管制、重新确定政府公共开支的重点等，其实质就是实行西方式的自由化的市场经济。然而，由于西方发展模式本身就存在缺陷，如过分强调个人利益、忽视社会整体利益、无法在私有制的基础上解决公平与效率等，而且，对存在明显的二元经济、两极分化较为严重的发展中国家而言，这种以垄断资本的利益为核心的发展模式无疑加剧了这种状况。正因此，以新自由主义政策为理论基础的西方发展模式在拉美的推行并未取得西方所鼓吹的效

---

① 参见吕薇洲《苏联解体与资本主义的危机》，《科学社会主义》2009年第1期。
② 《江泽民主席就重大问题阐述中国政府立场》，《光明日报》2000年9月8日。
③ 转引自刘厚俊、朱向阳《经济全球化与不平衡发展》，《南京社会科学》2002年第5期。

果，反而使这些地区的民族工业丧失了国际竞争力，政府也丧失了对经济的宏观调控能力，使20世纪80年代成为拉美"失去的10年"，最终导致这些地区贫富分化日益严重、社会矛盾激化、腐败盛行。目前，拉美各国生活在贫困线以下的人口超过40%，失业率在10%左右，1亿拉美人面临着饥饿的威胁，巴西和阿根廷等国还先后遭受了经济危机的重创。在这种环境下，拉美左翼政党纷纷打出了"反对新自由主义"、"社会公平"等口号，并取得了竞选的胜利。自1998年查韦斯在委内瑞拉大选中获胜之后，拉美许多的左派政党相继上台执政。在2006年的拉美大选年，左翼领导人在巴西、智利、委内瑞拉、尼加拉瓜、厄瓜多尔等7个国家获得胜利，加上阿根廷、乌拉圭、巴拿马、古巴、玻利维亚、多米尼加，拉美左翼执政的国家已有13个，占到拉美总面积的80%，覆盖人口70%以上。在左翼力量的领导下，拉美各国结合本国的国情纷纷调整了国内的各项政策，由新自由主义转向注重社会公平和国内民族工业的发展。如1998年在智利举行的美洲国家首脑会议明确提出了以"圣地亚哥共识"替代"华盛顿共识"，强调要使每一个人都能从改革中受益，加强国家在社会发展进程中的作用。在发达国家争夺最为激烈的能源领域，拉美各国纷纷进行了能源国有化改革，并积极推动地区能源一体化战略，以摆脱对西方发达国家的依赖。

除拉美地区外，其他发展中国家的共产党和左翼力量也有了进一步的发展。如在亚洲，印度和斯里兰卡共产党一度成为参政党。

（四）促进了发展中国家的联合，为世界社会主义运动创造了条件

马克思在《共产党宣言》中曾明确提出"全世界无产者，联合起来"的口号。而在新帝国主义时期，面对着发达国家所主导的囊括经济、政治和文化的全球化，面对着发达国家强大的经济和军事实力，发展中国家已日益认识到必须联合起来，才能维护本国的利益。这种联合不仅表现为建立区域性的经济合作组织，还体现在各种多边会谈中的阵线一致上。如2005年底在联合国双年度预算谈判中，依靠77国集团的集体压力，发达国家不得不作出一定的妥协，从而使双年度预算以一种折中的方式通过。同年12月在香港举行的世界贸易组织第六次部长级会议上，100多个发展中国家发表联合声明，希望多哈回合谈判照顾发展中国家的利益，要求发达国家在2020年前撤销所有对农产品出口的补贴。尽管此项倡议并未通过，但发展中国家的联合表明发达国家自行讨论自由贸易条款的日子已经一去不复返，广大发展中国家开始学会了对发达国家说"不"。

随着发展中国家在越来越多的领域表明自己的立场，帝国主义遇到的阻力将更加强大，而发展中国家的联合更是注定了新帝国主义必将破产的结局。

第七章

新帝国主义与世界社会主义

帝国主义由传统的殖民帝国主义向新帝国主义的转变对世界资本主义产生了巨大的影响，作为与资本主义共存的社会主义，必然也会受到影响，并对资本主义的这种发展变化作出反应。同时，帝国主义在发展过程中，其自身也会出现更多的新社会因素，为向社会主义的过渡准备更好的条件。

一 对世界社会主义国家的影响

现存的社会主义国家都是在经济条件比较落后、没有经过发达的资本主义发展阶段条件下建成的，因此，在发展过程中，尤其是在经济全球化的条件下，必然要在与资本主义共存的过程中借鉴与吸收发达资本主义国家的一些先进技术、管理经验，并在独立自主发展经济的基础上，尽可能地争取资本主义的资金支持。因而，资本主义国家与社会主义国家间必定会出现许多联系，包含经济、政治和文化方面等，这就为其影响社会主义国家提供了有利渠道。

（一）经济全球化使新帝国主义更易于从政治和经济上对社会主义国家施加压力

在战后初期，苏联社会主义的发展以及中国、东欧等社会主义国家的成立对资本主义构成了强大的压力，资本主义国家不得不通过福利制度的建立、加强经济的计划性等方式来稳固资本主义的发展。20世纪50年代中期后，资本主义国家赢得了较长时期的稳定发展，20世纪90年代以来，更是借助新科技革命的力量获得了巨大的生机，拉大了与社会主义国家间的差距。而经济全球化的发展更使发达资本主义国家能够利用其经济技术优势对社会主义国家施加压力，社会主义国家的经济安全和技术发展面临挑战。

20世纪80年代后，资本主义国家掀起了新一轮科技革命高潮，使信息技术的发展渗透到了资本主义经济的各个方面，并由此引发了"新经济"的诞生与扩张。资本主义之所以会出现这种变化，一方面是当时美苏军备竞赛对资本主义造成了压力，以美国为首的资本主义国家为和以苏联为首的社会主义阵营相抗衡，不得不通过技术创新提高军备水平。在20世纪80年代，世界每年用于军事技术的研究经费曾达到700亿美元左右，如此巨大的资金不仅推动了军事科学技术的发展，也通过军事技术的溢出效应，带动了相关民用技术的发展，促进了资本主义国家整体科技的进步。另一方面是资本主义本身发展的内在需要。20世纪80年代以来，随着全球化进程的加快，资本主义国家开始由国家垄断资本主义向国际垄断资本主义转变，垄断程度进一步提高，但这种垄断不仅没有消灭竞争，反而使竞争进一步加剧。正如列宁所指出的，"从自由竞争中生长起来的垄断并不消除自由竞争，而是凌驾于这种竞争之上，与之并存，因而产生许多特别尖锐特别剧烈的矛盾、摩擦和冲突"[1]，"正是竞争和垄断这两个互相矛盾的'原则'的结合才是帝国主义的本质"[2]。在垄断资本规模愈来愈庞大的条件下，提高企业的科技含量和生产效率就成为企业竞争的重要手段之一，各垄断企业纷纷加快了技术创新的步伐。美国商务部1999年9月发布的一份研究报告显示，自1995年以来，美国国内私人基础性研发经费以令人震惊的年均17%的速度在增长。与此同时，西方发达国家的政府也日益注重对科技的投入。如美国于1980年颁布了《斯蒂文森—怀德勒技术创新法》，强调在技术创新过程中政府与私人企业之间的合作和伙伴关系。在加强与大企业之间合作的同时，1982年，美国又通过了《小企业技术创新发展法》，强化了对中小企业技术创新的扶持，规定所有年度研发预算超过1亿美元的联邦部门，必须建立小企业技术创新计划，保证有一定比例的预算用于小企业技术创新项目。1983年，美国又率先推出"星球大战"计划。进入90年代后，在国际竞争日益严峻的情形下，美国政府对民用科技研究与开发的投资明显增多，民用科技与军

---

[1] 《列宁选集》第2卷，人民出版社1995年版，第650页。
[2] 《列宁全集》第29卷，人民出版社1985年版，第480页。

用科技研究开发投资的比例从 90 年代初的 40∶60 提高到了 1998 年的 48∶52。为鼓励美国各产业对私人企业的研究开发进行投资，美国政府还制定了研究税收抵免的优惠举措。亚洲的日本也在 20 世纪 70 年代后提高了对技术开发的重视程度。1977 年 5 月，日本科学技术会议提出了在石油危机后日本的科学技术政策，指出："作为今后技术开发政策的基本方向，那些规模大、周期长、风险高的技术开发，国家必须发挥火车头的作用，亲自领导实施开发。国家还要支援民间实施的产业技术革新，进一步促进产业技术的国际性发展，系统地整顿扩充振兴产业技术管理。"[①] 1978 年，日本第一次明确提出了"技术立国"的口号。进入 80 年代后，日本政府对科学技术政策进行了重大调整，极力倡导自主创新和技术开发。1995 年，日本又明确提出"以科学技术创造立国"的新口号，强调日本应告别"模仿改良技术"时代。对于欧盟来说，比较注重欧盟内部的联合开发。从 1984 年开始，欧盟开始了实施欧洲联盟研究与技术开发总体规划，它是欧盟成员国之间签署的一个大型综合性政府间研究与技术开发合作计划，主要目标是集中全欧企业和政府的力量对付美国和日本在高技术领域的挑战。除此之外，欧洲国家工业界还从 1985 年开始实施尤里卡计划，促进欧洲各国企业界在高新技术开发和产业化方面的国际合作。在世纪之交，欧洲各国面对信息技术的迅猛发展，纷纷提出了新的对策。如德国施罗德内阁提出了"21 世纪信息社会"计划。该计划以信息技术的普及和教育为中心，重视经济实效，兼顾科研和应用。发达资本主义国家的这些政策大大促进了其科技创新的步伐，同时也在科技进步的基础上，使资本主义经过 20 世纪 70 年代的滞胀后重新获得了生机与活力。

而与资本主义国家相反，社会主义国家由于本身经济和科技的基础都比较差，加之思想认识上的失误和战后初期社会体制上的缺陷，没能积极应对新科技革命的挑战，从而在高科技领域与发达资本主义国家相去甚远。正如原保加利亚科学院副院长尼古拉·托多洛夫所说，当全球性的科技革命浪潮来临时，西方发达国家抓住了它，获得了新的发展，而社会主义国家却轻视了它，至少丢掉了几十年的发展时机。这也就导

---

① 余永定、李向阳主编：《经济全球化与世界经济发展趋势》，社会科学文献出版社 2002 年版，第 246 页。

致了社会主义国家和发达资本主义国家间在科技和经济的总体发展上都存在巨大差距。在20世纪90年代初,美、日、德等国家的人均国内生产总值大多在2万美元以上,而社会主义国家则从几百美元到六七千美元不等。

在这种差别明显的经济技术条件下,社会主义国家加快融入经济全球化的进程,逐步加快贸易和金融自由化的程度。在这个过程中,尽管会吸收和借鉴国外先进的技术和管理经验、吸引国外资金的流入以补充国内建设资金的缺口,但在一定程度上必然会受到来自资本主义经济的直接挑战,对本国的经济安全产生重要影响。这主要表现在几个方面:

首先,从对外贸易看,除古巴和朝鲜外,其他社会主义国家的外贸依存度都比较高,中国在2006年的外贸依存度为65%左右,而越南的外贸依存度高达160%左右。之所以如此,一方面是为了满足国内建设需要、升级产业结构而大量进口,另一方面是经济外向性提高,出口有了明显增加。在这种高外贸依存度下,一旦贸易伙伴国的经济、贸易政策等出现波动,就会对社会主义国家的经济产生重要影响。同时,发达资本主义国家还经常通过经济关系来实现政治目的,这更加大了社会主义国家面临的挑战。

其次,从金融方面看,社会主义国家为吸引外资,一般都制定了许多优惠政策,加快了放宽金融管制的进程。如越南在1994年建立了包括银行间外汇市场和银行间国内货币市场在内的短期资本市场,目前有近200家外国银行在越南设立了分支机构。这些举措确实吸引了大量外商直接投资。据统计,2007年流入越南的外商直接投资总额为178.56亿美元,占整个越南GDP的四分之一强。而在2008年前5个月,流入越南的外商直接投资高达142.73亿美元,同比增长298%。金融自由化和外资的大量涌入不仅为发达资本主义国家通过这一渠道转嫁危机提供了方便,也使社会主义国家的经济更易受到发达国家的影响。2009年越南金融危机产生的重要原因之一就是国际游资的大量进入和抽逃。在金融市场日益放开的情况下,发达国家的垄断资本可以通过社会主义国家的证券市场对其整体经济进行影响。而拥有货币霸权的美国,更是可以通过发行货币和美元贬值的方式弥补美国财政的长期赤字,减少美国的外债。根据美国财政部的《国际资本流动报告》(TIC)显示,截至2011年5月末,中国持有美国国债数额为1.1598万亿美元,是美国国债的最大债主。通过美元贬值就可使中国的财富大量缩水。

再次，许多产业受到发达国家垄断资本的控制。社会主义国家在高新科技领域相对落后，垄断资本可通过其强大的规模、技术等优势对社会主义国家的部分产业进行控制。例如，进入中国不久的美国电话电报公司通过合资，已经成为中国通信行业的骨干企业，其产品占中国市场份额的四分之一。瑞士的迅达和德国的奥的斯基本上垄断了中国的电梯市场。而以美国资本为主的外资正从多个方面渗透并控制我国农业及粮食领域：借助高额政府补贴使农产品以低价进入我国市场，直接抢占市场份额，打击我国本土种植业；农业资本与金融资本相结合，控制农产品流通领域；利用转基因技术，逐步控制我国农产品种植和加工。美国前国务卿亨利·基辛格就曾指出，"控制住石油，你就控制了国家；控制住粮食，你就控制了人民；控制住货币，你就控制了世界"，如今，发达资本主义国家正在通过这些渠道对社会主义国家进行影响和控制。2010年我国棉花价格的暴涨就是跨国资本在10年来运用转基因技术不断渗透我国棉花生产所造成的后果。正是跨国资本的棉花转基因技术导致我国棉花品质和产量下降，并造成供给不足，从而必须加大对美国棉花的进口。除棉花外，我国的大豆、食用油、蔬菜种子等也都受到了跨国资本的控制。

（二）社会主义国家的现实条件使经济援助成为影响社会主义国家的重要手段

"二战"后，在各种国际组织的共同努力下，发达国家对发展中国家的国际经济援助逐步增加，这其中也包含了社会主义国家。从客观上讲，这种援助对促进受援国的经济发展、解决其经济困境起到了一定作用，但这种援助背后的经济目的和政治目的却是我们无法忽视的。著名的发展经济学家托达罗在谈到外援时就指出："援助国提供援助基本上是出于其政治的、战略的或经济的自我利益。虽然有些发展援助也许是出于道义上的愿望去帮助不幸者（例如经济食品救援计划），但没有什么历史证据表明经过一段时期后，援助国支援他人而不希望有一些相应的利益（政治、经济、军事等）作为报答。"[1]

---

[1] [美]迈克尔·P.托达罗：《经济发展与第三世界》，印金强、赵荣美译，中国经济出版社1992年版，第435页。

对于主要的发达资本主义国家而言，尽管其援助对象会因其战略及地理位置而有所差别，如日本对外援助优先选择亚洲尤其是东南亚地区，但从总体上看，发达资本主义国家的经济援助都带有明显的政治目的。

譬如，20世纪70年代，日本当时的首相福田为改变日本在东盟各国人民心目中的侵略者形象，曾在访问东盟时在马尼拉提出日本决不做军事大国，要与东南亚国家建立心心相印的信任关系等，这就是著名的"福田主义"。为安抚东盟国家，福田对东盟国家承诺了高达10亿美元的经济援助。在马尼拉的演讲中，福田还提出要在越南和东盟各国之间保持等距离外交。然而，在福田主义发表一年后，越南和柬埔寨之间的战争爆发，接着，苏联出兵阿富汗。日本立刻冻结了1979年以后每年对越南援助140亿日元的份额，这一方面是出于对共产主义的担忧，另一方面是害怕苏联和越南控制这一地区的海上通道。在冻结对越南的经济援助之外，日本还向泰国承诺经济援助，因为泰国是阻止越南南下的一道屏障，对保证日本的经济安全至关重要。当时日本的伊东外相在访问泰国时就提出，"我国外交的主要支柱之一，是加强、发展与东盟各国的友好合作关系，并与这些国家一起对亚洲的和平繁荣作出积极的贡献。日本特别把受到柬埔寨战火直接影响，接受大批印支难民的泰国视为真正的朋友加以支援"[①]。当时的铃木首相也表示，"东盟国家通过发展、振兴经济，提高坚韧性……这关系到日本的安全保障"[②]，"日本将不解除现在的冻结对越援助的措施，直到柬埔寨问题得到和平解决"[③]。

1992年，日本在内阁会议上通过了《政府开发援助大纲》，把受援国的人权状况、民主化进程、市场自由化的进程等作为是否实行援助的考虑因素。在日本外务省出版的《我国的政府开发援助》中就公开宣称，通过经济援助的方式实现其政治意图应成为发达资本主义国家的重要手段，文中指出，"越南等原属东方阵营的国家转向市场化、民主化的努力……成功与否，是一个对今后国际社会的和平与安定有着巨大影响的问题。对此，以我国为首的先进国家是决不可等闲视之的，因此，通过政府开放援

---

① 郭照烈：《日本和东盟》，知识出版社1984年版，第33页。
② 同上。
③ 同上。

助积极支持这些国家的市场经济化和民主化的努力,就成为一件重要的任务"①。

欧盟则在 2006 年启动了旨在向全球推广欧洲民主与人权理念的周期性财政援助工具——"欧洲民主与人权工具"(European Instrument for Democracy and Human Rights,缩写为 EIDHR)。2007—2010 年间,"欧洲民主与人权工具"下的援助主要围绕五项目标进行:(1)在民主原则遭受挑战的国家或地区支持强化对人权和自由的尊重;(2)强化受援国市民社会在促进人权和民主改革中的作用,保障受援国民众的政治参与权和代表权;(3)支持受援国国内的人权对话和人权保护,反对死刑、虐待儿童和武装冲突等侵犯人权的行为;(4)支持受援国强化在人权保护、司法公正、法治促进、民众拓展等领域的地区合作与国际合作;(5)通过欧盟选举观察团等机构和援助项目的运作,提升受援国国内民主选举的可信任度和透明度。

作为资本主义领头羊的美国,一直随着国际形势的变化而调整其对外援助的方式、主体和地区。在 20 世纪 80 年代,为对抗苏联,经济援助的中心是埃及、伊朗、土耳其和巴基斯坦等国。冷战结束后,美国的经济援助覆盖的地域更广,目标开始东移,直至亚洲和非洲,其"突出的特点是将外援的首要目标定义为'国家利益'"②,并将民主、人权、法治等作为提供发展援助的先决条件。

在美国的对外经济援助中,食品援助是其重要组成部分。这不仅是美国解决国内粮食过剩的一个重要渠道,而且,由于粮食事关一国的命脉,因此美国可借此实现对受援国经济和政治的控制。在美国中情局的一份报告中就指出,第三世界国家缺粮使"美国得到了前所未有的一种力量……华盛顿对广大的缺粮者实际上就拥有生杀予夺的权力"。如 1945 年南斯拉夫在铁托的领导下进行改革,试图摆脱苏联对其的控制,美国便适时地为其提供了巨大的粮食援助,为南斯拉夫改革的转向奠定了基础。再如朝鲜 20 世纪 90 年代初,自然灾害频发,粮食大面积减产,食物供应紧张,美国就联合日本、韩国等国家对其提供粮食援助,但前提条件是朝鲜

---

① 转引自彭文平《从"国际经济政治化"角度看日本对东盟的经济援助》,《东北亚论坛》2004 年第 1 期。

② 周弘:《对外援助与国际关系》,中国社会科学出版社 2002 年版,第 165 页。

必须放弃核计划，并在缓和朝鲜半岛局势方面与西方合作。2011年2月14日，美国参议员卢格在奥巴马政府要求恢复对朝鲜的粮食援助的审查过程中发表声明认为，任何对朝鲜的援助，都必须在朝鲜允许恢复对其按国际标准进行监控和审查的情况下才能进行。①

（三）和平演变对社会主义国家的国家安全形成了威胁

邓小平早就提出要警惕美国及其他西方国家对社会主义国家搞和平演变。他在苏联解体之前曾明确指出："可能是一个冷战结束了，另外两个冷战又已经开始。一个是针对整个南方、第三世界的，另一个是针对社会主义的。西方国家正在打一场没有硝烟的第三次世界大战。所谓没有硝烟，就是要社会主义国家和平演变。"②

和平演变是指西方发达资本主义国家利用其经济、科技优势，采取和平的、非战争的手段对社会主义国家的政治、经济、思想文化等各个方面进行渗透，意图使社会主义国家走向资本主义的发展道路。1946年凯南首次提出了和平演变的构想，1947年美国总统杜鲁门正式提出针对苏联和社会主义运动的遏制战略，呼吁美国领导整个自由世界对所谓的"极权主义国家"展开一场全球性的、意识形态的"圣战"，和平演变战略就此成为西方国家尤其是美国的一个重要战略目标，其最终目的是使共产主义从内部解体，通过对社会主义国家进行政治思想文化渗透，支持、收买所谓"持不同政见者"，培养对西方的盲目崇拜，传播西方资本主义的政治模式、经济模式、价值观及思想，把希望寄托于社会主义国家的第三代或第四代领导人身上。

具体来看，西方和平演变的主要策略是：

在政治上，鼓吹西方民主制度的优越性，宣扬政治多元化，积极否定社会主义国家共产党的领导。

在经济上，攻击社会主义公有制的主导地位，夸大国有企业存在的问题，鼓吹西方私有制的高效率，主张全盘私有化。

在思想上，宣扬西方资产阶级的人权观、民主观和自由观，提倡思想

---

① 参见徐振伟、杨小龙《新古典现实主义视角下的美国对外经济援助政策——以冷战后对朝鲜经济援助为例》，《太平洋学报》2012年第8期。

② 《邓小平文选》第3卷，人民出版社1993年版，第344页。

多元化，否定马克思主义在社会主义国家的指导地位。

在文化上，利用其发达的文化产业，冲击社会主义国家的文化市场，并通过影视、文学作品宣传西方的价值观。

在外交上，通过"人权高于主权论"、民主和平论等对社会主义国家的内部事务进行干涉。

在民族问题上，通过各种渠道培养和扶植民族分裂势力，挑拨民族矛盾。

在冷战时期，西方国家一直不遗余力地对社会主义国家进行和平演变。如1981年12月，美国以波兰"大规模侵犯人权和压制公民基本自由权利"为由，联合其他国家对波兰进行经济制裁，使波兰蒙受了150亿美元的损失。而在20世纪80年代末，戈尔巴乔夫在1985年当选苏共中央总书记后，提出了"新思维"和"全人类价值优先论"，在1988年6—7月间召开的苏共第19次代表会议上，又提出要将苏联建成"人道的民主的社会主义"社会，其哲学基础是抽象的人道主义，否认社会主义社会还存在着阶级、阶级矛盾和阶级斗争，否认无产阶级专政的必要性，并在此基础上提出了实行意识形态的多元化，否定马克思列宁主义作为指导思想的地位，实行政治多元化和经济多元化。对于苏联的这种转变，美国前国务卿基辛格在1988年的《致下届总统备忘录》中提出，"共产主义意识形态的吸引力正在日益减弱"，戈尔巴乔夫实行的政策，有利于西方"加强在东欧的活动"，因此，应抓住这个"二战以来无与伦比的机会"。西方发达国家清楚认识到并及时把握了这种变化，从1989年起，西方国家组织了以援促变的国际组织，并表示要在经济上对苏联进行援助，以此为诱饵，促使戈尔巴乔夫实行符合他们意图的改革。对于东欧国家，也是软硬兼施，一方面许诺要提供各种经济、食品援助以及低息贷款等，另一方面大力支持反对派从事反共反社会主义的活动。在西方的支持下，东欧国家出现了许多反对派组织，如波兰的团结工会、匈牙利的民主论坛、捷克的公民论坛以及保加利亚的生态公开性组织等，所有这些都直接促成了苏东剧变的发生。

冷战结束后，发达资本主义国家对社会主义国家的和平演变战略并未改变。发达资本主义国家利用各种机会，如通过各种基金会、非政府组织等吸引社会主义国家的知识分子和优秀人才去国外进修学习等，使之接受西方的思想文化熏陶。发达资本主义国家还利用掌握各种国际组织的便利，对社会主义国家中持不同政见者进行经济和其他支持，如诺贝尔和平奖曾授予达赖和刘晓波。此外，在当今信息飞速传播的时代，互联网已成为意识形态斗争的重要战场。而对于社会主义国家而言，互联网还没有真正成为宣传和把握意识形态主动权的理论工具，这无异于从一个重要的战场不战而退。西方国家则大肆利用这一工具将社会主义国家经济建设和社会发展中出现的一些问题扩大化，挑起人民群众对现状的不满，通过这种缓慢渗透的方式逐渐实现其最终颠覆社会主义政权的目的。

二 对世界社会主义运动的影响

新帝国主义不仅对现有的社会主义国家产生了重要影响，而且与世界社会主义运动的发展关系密切。20 世纪 70 年代以来，发达资本主义国家在经济上实施新自由主义，在政治上加快了对社会主义国家和平演变的步伐，并最终导致了苏联解体和东欧剧变，使世界社会主义运动陷入低潮，这些都对世界社会主义运动产生了重要影响。

（一）为世界社会主义运动提供了机遇

从积极的方面来看，新帝国主义的推行激起了更多的反对力量，使世界社会主义运动具有更广泛的社会基础和群众基础。

从前文论述我们可以看出，与传统的殖民帝国主义相比，新帝国主义的本质并没有改变，相反，新帝国主义的手段更加多样化，对国内和国际的经济剥削、政治控制更加深化，这就必然造成全球工人阶级的队伍不断壮大，正如英国学者菲尔·赫斯所指出的："新自由主义全球化催生了一支新型的全球性的工人阶级队伍。世界范围内农民的锐减和工人阶级的上升为真正全球规模的新型阶级政治奠定了基础。"[1] 在英国，国家社会研究中心于 2007 年 1 月公布的数据显示，57% 的人认为自己是工人阶级。尽管与 20 世纪五六十年代相比，这个比例有所降低，但在主流媒体反复宣称广大民众已都是中产阶级时，仍有 57% 的人将自己定位为工人阶级这一事实深刻表明了所谓的中产阶级生活水平已严重下降，发达国家的阶

---

[1] ［英］菲尔·赫斯：《"自在"还是"自为"：工人阶级的阶级意识瓦解了吗》，罗丽平译，《马克思主义研究》2009 年第 10 期。

级结构已经不再如20世纪八九十年代那样呈现橄榄形状态,而是更为明显的两极分化,中产阶级除极小部分人上升为居统治地位的垄断资产阶级外,大部分重新滑入工人阶级的队伍。在日本,畅销书《2010年中流阶级消失》的作者田中胜博宣称,在2010年"将出现10%的富人和90%穷人的大分裂,中产阶级将消失"[①]。随着新帝国主义的不断发展,工人阶级的数目必将不断增长。

在工人阶级队伍壮大的同时,左翼力量的社会主义诉求也不断加强。20世纪90年代以来,发达资本主义国家借助经济全球化的背景不断加深对本国国内及发展中国家的剥削与掠夺,而社会主义国家的力量也在不断壮大,这都使得左翼政党和组织日益认识到新帝国主义的本质以及社会主义的优越性,从而越来越多地提出符合社会主义发展方向的政策,其中具有代表性的是拉美的21世纪社会主义。2005年2月,委内瑞拉总统查韦斯提出了21世纪社会主义理论,并实施了一系列改革计划。在经济上,由国家控制取代自由体制,推行人民经济:将电信、电力公司、银行、能源等收归国有;没收闲置与非法占有的土地,然后分配给无地农民,实现"耕者有其田"的目标;组建合作社和由工人管理的经济实体等。在政治上,发展人民权力和民主,扩大公民对政府管理的参与。在社会生活层面,力求实现社会正义、公平和互助,为委内瑞拉公民提供终身保障,建立全国卫生系统,提供免费医疗救助等。在2009年7月31日的电视演说中,查韦斯宣布将银行国有化,并指出,"只有通过社会主义,一个社会才能得到解放","我们需要这类银行,它有丰厚的利润,而这些利润过去都流向国外……今后,利润不再落入私人手中,而用于社会主义社会的发展"[②]。在他看来,超越资本主义强权的道路在于真正的社会主义、平等和正义。通过这些改革,委内瑞拉的经济和社会状况都得到了明显改善。委内瑞拉驻美大使、委内瑞拉中央大学政治与行政研究学院教授贝尔纳多·阿尔瓦雷斯·埃雷拉对联合国拉美经委会、委内瑞拉中央银行的统计数据和"拉美晴雨表"于2007年所作的民意调查等资料进行了分析,指出,在2002—2006年间,委内瑞拉的贫困率和极端贫困率分别下降了

---

① 参见木春山、纪双城等《西方担心中产阶级成"动荡之源"》,《环球时报》2010年3月15日。
② 转引自[比]波尔·德·博斯《委内瑞拉和21世纪社会主义》,毛禹权译,《国外理论动态》2010年第9期。

18.4%和12.3%。①除委内瑞拉外，厄瓜多尔、哥伦比亚、巴拉圭等国家都根据自己的国情，结合21世纪社会主义理论进行了改革。厄瓜多尔总统科雷亚在解释21世纪社会主义的本质时指出："我们正在进行一场公民革命，一场政治、社会和经济结构发生激进变革的、深刻的和迅速的革命。"②

除拉美外，许多地区也在对资本主义制度进行变革，如非洲坦桑尼亚前总统尼雷尔推行的村社社会主义。尼雷尔在《阿鲁沙宣言》、《乌贾马——非洲社会主义的基础》、《社会主义不是种族主义》、《社会主义与农村发展》、《自由和社会主义》等文章和文件中，系统地阐述了其村社社会主义思想。他认为，社会主义是一个没有阶级、没有剥削的社会，真正的社会主义国家是劳动者的国家，它消灭了资本家和贵族，取得了人类的平等；它消灭了人剥削人的现象，每个有劳动能力的人必须参加劳动，并得到他应该得到的报酬。在他看来，非洲传统的农村公社就是社会主义。只要恢复原始社会遗留下来的农村村社制度，就能摆脱贫穷落后的局面，实现人人平等的社会主义。在这一思想指导下，他领导和发动了"乌贾马运动"，试图把从事个体劳动的农民组织起来，建立乌贾马村，让他们走上集体化道路。到1973年，坦桑尼亚已经建立了5628个乌贾马村，1976年，乌贾马村人口占全部农村人口的91.3%。村社社会主义推行后，坦桑尼亚贫穷落后的经济文化局面大大改善，到1985年，成人识字率达到80%，国民平均寿命由原来的42岁提高到52岁。除坦桑尼亚外，加纳、几内亚、赞比亚、马达加斯加等国家都实施过村社社会主义。

当然，拉美的21世纪社会主义和非洲的村社社会主义都不是真正的社会主义，尤其是拉美的21世纪社会主义，仍然是在资本主义制度框架内对资本主义的改良。但我们应该看到，这种改良反映了左翼力量对资本主义制度的不满，而这些改革措施也在一定程度上反映了左翼政党及普通民众对真正的社会主义所包含的一些具体政策、体制的认同，同时这些改革也在客观上起到了对美国等发达国家主导的霸权体系的冲击与反抗，为世界社会主义运动的展开提供了一个良好的国际背景。

---

① 转引自刘维广《拉美"21世纪社会主义"的国际评价》，《中国社会科学院报》2009年2月10日。
② 同上。

（二）对世界社会主义运动也产生了许多不利影响

从消极的方面看，在新帝国主义时代，新自由主义思潮在全球的推广、经济全球化的迅猛发展以及发达资本主义国家对社会主义国家的和平演变等都对世界社会主义运动产生了一定的不利影响。

1. 削弱了工会的力量

在新帝国主义阶段，全球工会的力量受到了极大的削弱，这不仅仅是因为在新自由主义思潮的推动下，发达国家采取了一系列限制工会权益的举措，还因为经济全球化的发展使工人的非正规化、零碎化日益明显，严重制约了工会力量的发展和壮大。

首先，新自由主义削弱和剥夺了工人和工会的权利。前文已经提及，在新自由主义理念的指导下，发达资本主义国家在20世纪80年代以来制定了一系列反劳工的立法，允许雇主拒绝承认或撤销承认要求与之进行集体谈判的工会的代表性，鼓励雇主雇用拒绝加入工会的工人；取消禁止雇主不公平解雇工人的规定（在司法实践中成为鼓励雇主歧视性地解雇工会会员）；工会必须依据规定程序和条件组织罢工，否则，法院可判决工会向雇主赔偿因罢工所受的损失并另交巨额罚款，此外，法院还可同时判决监禁工会领导人；撤销政府为保障低收入行业和部门工人最低生活水平、为其规定最低工资标准而设立的工资委员会，示意雇主政府不再干预其以超低工资雇用工人；取消所有关于限制女工和童工工作时间的规定，等等。[①] 这些规定都大大限制了工会在集体谈判、罢工等方面的作用，使其在引领工人运动、为工人争取权益方面的作用大打折扣。

其次，产业结构的调整使得工会的组织能力受到考验。20世纪后期，发达资本主义国家的产业结构进一步调整和升级，第三产业比重增加，而传统的制造业不仅在国民经济中所占比重日益缩减，且许多制造业都转移到具有大量廉价劳动力的发展中国家。在英国，服务业的工作机会从1978年的1480万上升到2005年的2150万，增加了45%，而制造业的工作机会则从690万锐减至320万，下降了54%。由于第三产业的特点是流动性、灵活性较大，规模相对较小，因此，随着越来越多的人在较小型的工作单位里工作，工人阶级的"大规模化"已不复见。这不仅使工人

---

① 郭懋安：《新自由主义与劳动的非正规化》，《国外理论动态》2010年第1期。

阶级的组织化程度大大削弱，也使工会的力量受到极大影响。在英国，1979年工会会员人数达到1300万，2009年则降至600万。[①] 在韩国，正规就业工人的工会组织率为21.7%，非正规就业工人的工会组织率仅为2.8%，非正规就业工人在工会会员中所占比例仅为13.7%。[②]

再次，劳动的非正规化现象明显。新技术革命和经济全球化突出了劳动力市场非技术劳动力供大于求的矛盾。因而，对企业而言，与非技术工人签订短期合同甚至不签订劳动合同、采用非正式的雇佣方式成为上策。对于这些非规范就业的劳动者而言，不仅工资水平严重低于正式工人，而且不能享受社会保障制度和集体合同规定的各种保险、福利等。如今在发达国家，非规范就业者一般占就业人口的20%以上，在某些国家如日本，这一比例更高，通过中介安排工作、随时可被解雇的临时工占其就业职工总数的三分之一。在发展中国家，劳动的非正规化现象也非常严重。在印度，非规范就业的劳动者占全国劳动力的90%以上，超过3亿人。

又次，工会的宪政化严重削弱了工会在领导工人运动中的作用。发达国家大多制定了一系列协调劳资关系的法律法规，使工会走向宪政化，并进而使工会向职业化、专业化方向发展，其结果是工会经常陷于小规模经济斗争和烦琐的法律程序中，从而造成了工会官员眼界狭隘，逐渐丧失总揽全局的能力。如在德国，涉及劳资关系的主要法律有集体合同法、职工参与法、企业委员会法、解雇法和罢工法等，这些法律成为处理劳资关系的法律依据和行动准则。根据罢工法，工会可以组织工人罢工，但仅限于工资和劳动时间的诉求，而且必须在劳资谈判破裂以后，经75%以上工会会员同意才能举行。在这种烦琐的法律规定下，工会运动被分散为无数经济斗争和有限的经济罢工，工人运动自身的力量和阶级目标被淡化了，这最终造成工会虽然有一定的经济斗争手段，也在一定程度上维护了工人的经济权益，但却难以形成参与议会政治的条件和力量，在斗争中也没有太多的政治诉求。

2. 福利制度与工人阶级意识的下降

战后，发达资本主义国家都建立了比较完善的社会福利制度，尤其是

---

① [英]菲尔·赫斯：《"自在"还是"自为"：工人阶级的阶级意识瓦解了吗》，罗丽平译，《马克思主义研究》2009年第10期。

② [日]面川诚：《韩国工人运动与非正规就业工人》，陈瑞华译，《国外理论动态》2010年第1期。

北欧，更是建立了"从摇篮到坟墓"的福利制度，工人的基本生活能够得到保障。同时，发达资本主义国家推行的职工持股制度使工人阶级拥有了少量股票。这些都在一定程度上弱化了工人阶级的政治意识。在第十一次共产党和工人党国际会议上，荷兰共产党代表威廉·凡克拉任伯格就指出：在经济危机发生后，"荷兰许多工人还能够量入为出，甚至有时沉溺于生活中的许多美好事物，比如去剧院、听音乐会、去博物馆、出国度假，等等，逃避现实世界的现象在不断增长。工人阶级的相当大部分倾向于继续过这种有点质量的生活，而对于这一生活背后的进程却不感兴趣。这些思想在支持保守的民族主义政治运动（这一运动害怕改变对伊斯兰教徒的移民政策，并积极推动贸易保护主义的措施）中找到了寄托，因此，这导致人民大众不想通过发动工人运动来保护被破坏的社会福利事业。在欧洲各国的政治日程中，工人政治上的无权阶段还将继续。不管是我们的朋友还是敌人都必须承认，相对美国而言，迄今欧洲的社会福利措施已经弱化了经济危机的影响"[1]。卢森堡共产党代表阿里·吕克尔特也指出："当今工人阶级的政治意识比过去几十年前差了很多，虽然有些工人正在改变对资本主义的认识并开始了完全不同的思考。然而，在大多数工人眼里，资本主义仍然在为他们提供比较舒适的物质生活，所以他们看不出有任何理由需要寻求其他的经济秩序。"[2]

工人阶级阶级意识的下降导致工人运动主要是在资本主义体制内进行经济斗争，经济诉求明显高于政治诉求，缺乏对资本主义制度的批判和斗争，导致"在国际资本统治的全球化时期……各国工人阶级并未能充分认识到自己的阶级地位和阶级利益，特别是没有形成作为全球工人阶级的意识，缺失对抗全球资本统治的主体性和自觉性，仍然处于'自在阶级'状态"[3]。

当然我们也应该看到，尽管工人阶级的阶级意识有所弱化，但这并不意味着阶级意识的缺失。2008年资本主义国家发生金融危机后，许多国家都爆发了大规模的罢工运动，在这些运动中已经出现一些政治性声音。比如，在法国、意大利等国的罢工行动中提出了现政府下台的要求，部分

---

[1] 转引自聂运麟、刘卫卫、杨成果《第十一次共产党和工人党国际会议述评》，《当代世界与社会主义》2010年第3期。

[2] 同上。

[3] 姜辉：《论当代资本主义的阶级问题》，《中国社会科学》2011年第4期。

"激进左翼"组织也将斗争矛头指向资本主义政治制度。

3. 苏东剧变使社会主义理论受到质疑

苏东社会主义的解体不仅使全球社会主义国家和共产党的力量受到巨大打击,更为重要的是,使人们对社会主义理论的科学性产生质疑。

苏东剧变后,西方掀起反共反社会主义的浪潮,资产阶级右翼思想家推出了一大批反社会主义的著作,如《历史的终结及最后之人》、《大失败——二十世纪共产主义的兴亡》、《1999不战而胜》等,对马克思主义和社会主义进行诋毁,并在全球推广西方的民主制度,认为"共产主义气数已尽","世界正进入历史上共产主义之后的阶段"。在这种背景下,许多人对马克思主义和社会主义产生了怀疑,加之马克思主义经典作家对社会主义只是进行了科学的预测,社会主义建设中的许多问题并不能从中得到现成的答案,因此,苏联和东欧社会主义的失败就从思想上对世界社会主义运动产生了重大的不利影响。人们都希望能从理论上对社会主义的基本特征、如何建设社会主义、苏东社会主义失败的真正原因等进行科学的分析和论证,但马克思主义学者并没有及时地对此作出科学且令人信服的解释。以色列共产党代表凡特恩·加特斯就指出:"特别是在苏联解体后,我们也期望澄清什么是社会主义。"[①] 卢森堡的阿里·吕克尔特也指出:"直到今天,共产主义运动仍然对社会主义失败的原因、社会主义运动的经验和成就、社会主义运动的缺点和不足、社会主义建设时期的社会矛盾等缺乏基本的分析和共识;同时,有关社会主义替代方案的标准和特征、社会主义生产力的发展、社会主义市场的发展、各种不同的经济管理方式、行之有效的社会主义计划、社会主义生产资料所有制的形式、政权机构建设和司法机制建设,以及在经济和社会中捍卫人民群众当家作主地位的途径等方面,也都缺乏应有的共识。对上述问题的分析和共识乃是社会主义运动发展的一个最重要前提。"[②]

社会主义理论的不足使工人阶级无法对社会主义失败的原因、社会主义运动的经验和成就、科学社会主义理论和现实社会主义的关系等达成共识,这就给工人运动的发展形成了一定的障碍。

---

① 转引自聂运麟、刘卫卫、杨成果《第十一次共产党和工人党国际会议述评》,《当代世界与社会主义》2010年第3期。

② 同上。

三 新帝国主义的发展为向社会主义过渡准备了更充分的条件

在《资本论》中,马克思曾深刻地指出,资本家"狂热地追求价值的增值,肆无忌惮地迫使人类去为生产而生产,从而去发展社会生产力,去创造生产的物质条件;而只有这样的条件,才能为一个更高级的、以每个人的全面而自由的发展为基本原则的社会形式创造现实基础"[①]。正是由于资本家对剩余价值的追求以及资本主义生产关系对之前的奴隶制和封建制的生产关系的超越,才使得社会生产力能够迅速发展,这在为资本家带来丰厚利润的同时,也为资本主义向社会主义的过渡准备了更充分的物质条件和基础。正如马克思所指出的,无产阶级解放所必需的物质条件是在资本主义生产发展过程中自发地产生的。

(一) 生产力的巨大发展,为向社会主义过渡提供了更好的物质基础

马克思和恩格斯等经典作家对资本主义在解放生产力方面的作用曾无数次加以肯定,他们指出,只有资本主义生产才第一次把物质生产过程变成科学在生产中的应用,变成运用于实践的科学。资本主义"所创造的生产力,比过去一切世代创造的全部生产力还要多,还要大"[②]。而在资本主义进入垄断资本主义阶段后,尽管垄断在一定程度上限制了技术进步的步伐,但垄断并不能消除竞争,而是凌驾于竞争之上,与之并存。在资本主义由传统殖民帝国主义向新帝国主义转变的过程中,垄断竞争进一步加剧。之所以如此,一方面是因为垄断资本主义为资本的集中和垄断创造了更好的条件和可能性。20世纪七八十年代后,资本主义国家的主流思潮由凯恩斯的国家干预理论转向新自由主义,但这时的自由主义并不是对经济的完全自由放任,而只是减少了国家干预的范围。在这一思潮指导下,国家调控的作用是在经济平稳发展条件下更注重企业的自我发展,为企业的发展创造一个更为良好的发展平台,如信用条件的放宽、国家对基础设施投资力度的加强、税收向更有利于企业资本积累的方向改变等。这

[①] 《资本论》第1卷,人民出版社1975年版,第649页。
[②] 《马克思恩格斯选集》第1卷,人民出版社1995年版,第277页。

些举措使资本主义企业的规模更加庞大，企业间的竞争在更为坚实的基础上进行。另一方面，经济全球化进程的加快和跨国公司的迅猛发展，也使得垄断组织间的竞争越来越激烈，企业在此情况下为保持其优势地位必然不断地推进技术创新、降低成本的步伐，从而使生产力继续发展。

进入20世纪90年代以后，在战后科技革命浪潮的影响下，高新技术产业迅猛增长，不仅为这一部门本身，同时也为其他产业带来了新的变化，使产业结构进一步优化。首先，新技术革命通过信息技术在这些部门的渗透，带动了传统产业的提高，使一些传统的夕阳产业得到改造，重新焕发了生机。其次，高新技术产业，特别是信息产业迅猛发展，成为新的经济增长点，以信息网络技术为先导的高科技奠定了新的产业结构的基础，有人甚至把信息产业界定为"第四产业"。以美国为例，1996年，随着互联网的迅速发展、直播卫星电视的崛起，信息技术产业创造的产值已占美国当年国内生产总值的33%。微软公司和芯片制造商英特尔公司作为新兴产业已经取代了三大汽车公司的地位，成为美国经济的增长点；同时，美国政府及企业对信息产业的大量投资加速了其产业结构向知识密集型、信息服务型方向发展，经济日趋信息化、网络化。20世纪80年代，美国在计算机和通信领域的投资年平均增长率高达20%，不仅使这一领域本身得到了发展，也为国民经济的总体发展注入了新的活力。在其他国家，信息技术的发展也使经济暂时摆脱了困境。从总体上看，在20世纪90年代，西方资本主义的经济获得了一个平稳的增长期，而信息产业对整体经济所带来的奇迹也被人们称之为"新经济"。

新科技革命不仅使资本主义国家的产业结构进一步优化，而且改变了经济增长的方式，内生的技术进步成为经济增长的决定性因素。随着新技术尤其是信息技术的迅猛发展及广泛应用，技术进步对生产扩张的作用越来越大，它主要通过两种形式发生作用：

第一，科技构成了生产要素中的主要因素，对生产过程具有决定性作用，并通过作用于劳动对象、生产工具和劳动者等生产要素使生产过程更加合理。例如，用现代科技武装的劳动者不仅自身的智力得到了极大的发展，同时借助于电脑、互联网等现代手段能更好地在生产过程中吸取他人的智慧，使劳动过程中的创造性得到极大的增强；机器人、自动化生产设备等则减少了生产过程中劳动力的使用，大大提高了生产效率和产品质量，等等。正是由于科技进步对劳动生产力的决定性作用，资本主义国家劳动生产力一直在增长,并呈现出上升的趋势,以美国为例,1974—1990年劳动生产力提高了 1.36 倍,1991—1995 年提高了 1.54 倍,而 1996—2000 年则提高了 2.86 倍。

第二,现代科技对传统产业进行技术改造,使其科技含量增高,增强了产品的竞争力,延长了产品的生命周期,同时,新科技在现实中的应用也创造了新的产业部门,不仅为国民经济的发展提供了条件,也为高科技解放出来的劳动力提供了部分就业渠道。现代科技通过上述作用,已经成为经济增长中的决定性力量,正如邓小平所说的,"科学技术是第一生产力"。对此情形,西方学者也纷纷从理论上加以阐释,如"新增长理论"突破了新古典增长理论的研究框架,第一次将技术进步视为经济系统的内生变量,用技术的发展和知识溢出效应等来解释经济增长的动力以及各国经济差异的原因。该理论还将知识和人力资本引入了经济增长研究,指出知识和人力资本的积累可以产生递增的收益,而且这种收益具有溢出作用,从而能使其他要素的收益增加,并最终使总的规模收益递增,由此得出了知识以及人力资本是经济持续增长的动力和源泉的结论。新制度经济学的代表人之一诺斯也指出,技术变迁与制度变迁是社会与经济演进的基本核心。

科技的发展不仅使生产力有了极大的提高,而且对人的发展也起到了重要作用。蒸汽机和电力革命使机器工业得以发展,极大地解放了人类的体力;电子信息技术则大大解放了人类的智力。在新科技革命的推动下,人更多的是成为机器的发明者和操控者,作为生产过程的监督者和调节者而发挥作用,使人类向最终走向全面解放又迈出了坚实的一步。

可见,资本为追逐利润而不断地革新技术、发展生产力的同时,也在为资本主义向社会主义的过渡准备着更好的条件。人类的科学技术和生产力的发展,只要达到一定的程度,从而一方面使整个社会只需用较少的劳动时间就能占有并保持普遍财富,另一方面劳动的社会将科学地对待自己的不断发展的再生产过程,对待自己的越来越丰富的再生产过程,从而,人不再从事那种可以让物来替人从事的劳动的时候,资本的历史使命就完成了[①],科学社会主义关于人的自由全面发展和全社会的计划条件的理想就会逐渐变成现实。

---

① 参见《马克思恩格斯全集》第 46 卷(上),人民出版社 1979 年版,第 287 页。

（二）生产的日益社会化提出了解决资本主义矛盾的方向是社会主义

生产的社会化和生产资料的资本主义私人占有之间的矛盾，是资本主义社会的基本矛盾。

在资本主义制度下，生产的社会化既是科技革命和生产力推动所产生的必然结果，也是资本的本性所决定的。马克思和恩格斯早就指出，对外扩张是资本的本性。为了攫取更多的利润，资本家必然会不断地扩大生产规模，由此使资本在国内和国际市场上都不断扩张，正是由于"不断扩大产品销路的需要，驱使资产阶级奔走于全球各地。它必须到处落户，到处开发，到处建立联系"①。

为了扩大生产规模，使资本的力量更加强大，在资本主义发展过程中相继出现了股份公司、垄断组织等形式。这些形式的出现既使生产规模惊人地扩大了，也标志着"那种本身建立在社会生产方式的基础上并以生产资料和劳动力的社会集中为前提的资本，在这里直接取得了社会资本（即那些直接联合起来的个人的资本）的形式，而与私人资本相对立，并且它的企业也表现为社会企业，而与私人企业相对立。这是作为私人财产的资本在资本主义生产方式本身范围内的扬弃"②。而"代表着股份公司的二次方和三次方"的垄断组织，更加具有扬弃私人资本和私人产业的性质，为资本主义生产方式向社会主义生产方式过渡创造了更加充分的条件。随着资本主义的发展，垄断程度不断加剧，正如马克思在《资本论》中所阐述的那样："在有些部门，只要生产发展的程度允许的话，就把该工业部门的全部生产，集中成为一个大股份公司，实行统一领导。在美国，这个办法已经多次实行；在欧洲，到现在为止，最大的一个实例是联合制碱托拉斯。这个托拉斯把英国的全部碱的生产集中到唯一的一家公司手里……因此，在英国，在这个构成整个化学工业的基础的部门，竞争已经为垄断所代替，并且已经最令人鼓舞地为将来由整个社会即全民族来实行剥夺做好了准备。"③

而随着经济全球化的展开和国际竞争的加剧，各资本主义国家的垄断

---

① 《马克思恩格斯选集》第1卷，人民出版社1995年版，第276页。
② 《资本论》第3卷，人民出版社1975年版，第493页。
③ 同上书，第495页。

企业更注重对国际市场的开拓与控制，多从全球视角出发来安排企业的经营过程，包括从研发到生产及销售服务的各个环节，统筹子公司的经营活动。如欧洲空中客车公司在27个国家有1500个供应商，与19个国家的航空工业企业有合作协议，其35%以上的飞机部件由本公司以外的500家公司提供。从全球跨国公司的总体看，不仅跨国公司数量日益增加，到2009年，全球共有8.2万家跨国公司，其国外子公司达81万家，而且跨国公司的国际化程度也不断上升，2000年，全球跨国公司的平均跨国指数已达到37%，其中最大的100家跨国公司的跨国指数已达到54%。跨国指数是根据跨国公司的国外资产和总资产的比率、国外销售额和总销售额的比率以及国外雇员和雇员总数的比率三者的平均数测算的，它反映了国际市场在跨国公司经营中的重要性。随着跨国公司的发展和垄断资本的国际扩张，生产过程的社会化已经由最初的一件产品由多个生产者协作完成发展为一种产品的零部件由不同国家的企业共同完成。如波音飞机的零部件生产就涉及亚洲、欧洲、澳洲和北美许多国家的公司。尤其是对于高新技术产品而言，"以世界为工厂，以国家为车间"已成为其生产的一种趋势。

与此同时，资本主义国家股权分散化的情况更加明显。这种分散化表现在以下几个方面：一是国家作为投资者的一部分参与到股权的占有中，打破了原先私人投资者一统天下的局面，使国有法人股成为许多企业的一部分。二是企业之间互相持有股票，尤其是跨国公司的发展，使得企业法人股之间的互相渗透更为明显，法人资本得到了迅速发展。在战前，可能需要超过50%才能获得控股权，而在现在，可能只需百分之几就拥有了大企业的控制权，即使像传统的洛克菲勒集团等控股比例也是极大地下降。而美国电报电话公司1993年股票发行量达13.4亿美元，股东总数达250万个，其中最大的股东也只拥有不超过5%的股权。三是资本家通过股票期权、职工持股计划、奖励高级员工等方式使各层次的员工都能拥有一定比例的股票，因而使持股人数大为增加。如1953年，美国持有股票的人数是650万，仅占总人口的4.2%；到1985年，持股人数已经达到了4704万，占美国总人口的20%，占全美劳动力的40%；到20世纪90年代，美国拥有股票的人数进一步增加，目前，直接或间接拥有股票的人数大约占总人口的70%。

资本主义国家出现的这些变化都表明，随着生产力的发展和科技的进步，生产的社会化程度日益提高。许多学者还提出资本主义社会已经进入

"社会资本主义"、"人民资本主义"阶段等论断,而资产阶级学者更是利用这一现象宣扬资本主义社会进入了所谓的"和谐社会","'危险的阶级'已从社会和政治舞台消失,引起社会冲突的社会关系已经被铲除"①等论调。但应该看到的是,尽管资本的社会性提高在一定程度上缓解了资本主义私人占有和社会化大生产这一资本主义固有的矛盾,使资本主义在允许的范围内通过自我调整能赢得更大更广泛的生存空间,但是,不论资本的社会性如何增强,都不能改变资本的私人占有这一根本属性。相反,资本集中的规模越大,就越发明显地表现出生产资料集中于资产阶级手中这一现实。美国学者理查德·奈德勒就指出,在美国,年薪10万美元以上的股民仅占股民总数的14.3%,但其拥有的股票则占股票总量的53.9%,而广大的小股民的股票占有量只占总量的1.6%。

同时,资本主义生产的社会化也表明,在资本主义私有制框架下对资本组织形式等所进行的各种调整并不能真正解决生产社会化和生产资料的资本主义私人占有之间的矛盾,解决的途径只能是对生产资料实行真正意义上的社会化,而这一目标只有在社会主义社会才能实现。

(三) 资本主义社会出现了越来越多的新社会因素

在当代资本主义发展过程中,资本主义不断结合生产力的发展变化对生产关系进行调整,这既为资本主义提供了新的生机,也促使当代资本主义内部出现了一系列新社会因素,提供了解决资本主义生产方式的冲突的"线索"。对于资本主义社会能否出现新的社会因素,马克思、恩格斯以及列宁等经典作家都作出了肯定的论述。1871年,马克思在《法兰西内战》中指出:"工人阶级不是要实现什么理想,而只是要解放那些由旧的正在崩溃的资产阶级社会本身孕育着的新社会因素。"② 此后,马克思恩格斯又进一步指出,"资本主义生产的历史趋势被归结成这样:'资本主义生产本身由于自然变化的必然性,造成了对自身的否定';它本身已经创造出了新的经济制度的要素,它同时给社会劳动生产力和一切生产者个人的全面发展以极大的推动;实际上已经以一种集体生产方式为基础的资

---

① [法] 菲力普·贝奈东:《社会阶级》,转引自陶大镛《现代资本主义论》,江苏人民出版社1996年版,第543页。

② 《马克思恩格斯选集》第3卷,人民出版社1995年版,第60页。

本主义所有制只能转变为社会所有制"①，而"经济科学的任务在于：证明现在开始显露出来的社会弊病是现存生产方式的必然结果，同时也是这一生产方式快要瓦解的征兆，并且在正在瓦解的经济运动形式内部发现未来的、能够消除这些弊病的、新的生产组织和交换组织的因素"②。列宁也强调指出："辩证发展过程在资本主义范围内确实就包含着新社会的因素，包含着它的物质因素和精神因素。"③ 这些新社会因素的不断出现为社会主义的最终胜利提供了有利的社会历史条件。

1. 合作经济

从1844年英国出现世界上第一个合作社——公平先锋社算起，合作经济已有将近170年的历史。2001年，联合国国际劳工组织对合作经济作了如下定义：自愿联合在一起，通过联合所有的企业来满足他们的经济、社会与文化的需求与抱负的人民的自治联合体，他们按企业所需公平出资，公正地分担风险，分享利益，并积极参与企业民主管理。马克思和恩格斯曾对工人自己的合作工厂进行了高度评价，认为它是"在旧形式内对旧形式打开的第一个缺口"④，它"用事实证明：大规模的生产，并且是按照现代科学要求进行的生产，在没有利用雇佣工人阶级劳动的雇主阶级参加的条件下是能够进行的；他们证明：为了有效地进行生产，劳动工具不应当被垄断起来作为统治和掠夺工人的工具；雇佣劳动，也像奴隶劳动和农奴劳动一样，只是一种暂时的和低级的形式，它注定要让位于带着兴奋愉快心情自愿进行的联合劳动"⑤，因此，这种合作经济对于社会主义运动的意义"不论给予多么高的估价都是不算过分的"⑥。如今，合作经济组织已广泛存在于资本主义社会的生产、流通、消费和分配各个领域，截至2000年，西方发达国家合作社的总数达64万个。在主要资本主义国家中，合作社的数目和产值都非常巨大，对国民经济的发展有着重要影响。例如，在农业方面，美国在2002年农业合作社的数目达到3140个，成员279万人，营业额为1115.52亿美元，到2007年，合作社的营

---

① 《马克思恩格斯选集》第3卷，人民出版社1995年版，第341页。
② 同上书，第492页。
③ 《列宁全集》第11卷，人民出版社1987年版，第371页。
④ 《马克思恩格斯选集》第2卷，人民出版社1995年版，第520页。
⑤ 同上书，第605—606页。
⑥ 同上书，第605页。

业额又上升至 1231 亿美元。法国在 1994 年就已经有 13000 多个农业服务合作社和 3800 多个合作社性质的工商企业（合作社、合作社联盟和农业共同利益公司），进入 21 世纪后，农业合作社的覆盖面更广，平均每 10 个农场主中就有 9 个是农业合作社的成员。日本最主要的农业合作组织是农协。在 20 世纪五六十年代，日本农协得到了迅速发展，50 年代，基层农协曾一度超过 35000 个。随着农业在国民经济中所占比例的降低以及农协规模的扩大，农协的数量有所减少。在 1988 年，日本全国共有综合农协 4072 个，专业农协 4587 个，正式会员 552 万人，非正式会员 333 万人。① 除农业合作社外，工业中的合作工厂也在快速发展。法国现有工人生产合作社 500 多个，职工 35000 多人，营业额高达 40 亿法郎。从总体来看，合作经济在发达国家的国民经济中发挥着重要作用，如丹麦的合作社在国内生产总值中所占比例为 24%，法国和荷兰都超过了 10%，美国比例稍低，但也在 5% 左右。

对于合作经济的作用和成效，美国两位管理学教授查尔斯·C. 曼兹和亨利·P. 西姆斯在《没有老板的企业》一书中通过对合作工厂的调查指出，这些合作工厂成功地实现了以班组为主的结构转变，实现了成本的下降和生产率的上升，职工自主权增大，因而变得更有动力。班组还提供了解决工人之间冲突的有效途径。在这些企业中，每个雇员都要成为领导自己的人——自信、能干、有独特重要性的人才，而对于经理和其他负责人而言，由于职工是力量和智慧的源泉，可以帮助他们达到新的高度，因此，负责人的工作也会做得更出色。②

2. 社会保障制度

战后西方各国普遍建立了完善的社会保障制度，使劳动者的福利有所增长，也使得《共产党宣言》中强调的无产阶级夺取政权后要实行的重要措施——征收高额累进税，对儿童实行公共的免费教育等变为现实。这种包括社会保险、社会福利、社会救济和商业保险在内的完善的社会保障制度使人民的基本生活有了保证，工人生活水平明显提高，绝对贫困人口数量大幅减少，对于资本主义国家的经济发展是一个强有力的支持和保证，使它能获得一个较为安定的政治局面。尽管到了 20 世纪

---

① 耿庆彪：《日本工业反哺农业的实践及启示》，《淮北职业技术学院学报》2009 年第 8 期。
② 参见［美］《未来学家》（双月刊）1994 年第 5 期的报道。

90年代,在全球竞争加剧的情况下,资本主义国家纷纷拿社会福利开刀,减少福利水平,但终究不敢取消社会福利,只能对福利国家的政策进行局部调整。

3. 对国民经济的计划调节

自20世纪30年代的经济大危机之后,资本主义国家开始了对政府职能的调整,加强了对国民经济的调控。

从战后西方国家的政府职能转变过程来看,政府在战前的"守夜人"的角色有了一个重大的转变,成为市场经济的主动调控者。尽管在七八十年代兴起了新自由主义,但政府对经济的干预仍然存在,只是力度有所减小,方式方法上有所改变而已,因为"在完全国家干预和绝对的自由放任之间,采取任何一种方式都将给国家带来灾难"[1]。正如美国学者丹尼尔·F. 史普博所指出的:"管制的历史是不断变换政府行为的重点和焦点的过程。随着政策目标的变化,管制制度及应受到管制的市场也会发生变化……管制的历史向我们揭示,结构性的经济变化经常伴随着政府干预市场的新形式。更何况,特别是从管制机构被当作国会决策程序的延伸以来,由行政机构实施管制已成为美国政府的固有特色。因此,尽管特殊的管制政策可以走马灯似的来回,管制的形式和结构却可能依然保持着老面孔。"[2]

在经济运行和管理方面,政府干预的重要表现之一就是制定了各种形式的中、长期计划来指导国民经济的运行,并通过财政政策和货币政策工具对经济运行进行调节,从而使资本主义社会生产的无政府状态有所好转。在主要资本主义国家中,制定和执行中长期经济计划最好的是法国,自1948年至1992年,法国共制定了10个国家经济发展计划,使国民经济呈现出有序发展的态势。对于经济计划的作用,法国前总统戴高乐曾指出,"计划能补偿自由的缺点,而同时又不使它失去优点"[3]。在1996年5月,法国时任总统希拉克又强调指出,"应给法国计划化以应有的地位,

---

[1] John Sheldrake and Paul D. Webb, *State and Market*, Dartmouth publishing company, 1993, p. 1.

[2] [美]丹尼尔·F. 史普博:《管制与市场》,余晖等译,上海三联书店、上海人民出版社1999年版,第15页。

[3] 转引自佟福全、李玉平主编《当代资本主义宏观调节》,中国物价出版社1992年版,第212页。

使计划成为一个国际比较的工具"。除法国外,英国、日本等资本主义国家也都相继推行了经济计划化。

在对经济的管理和调节过程中,国有化也是其中一个重要组成部分。尽管在20世纪80年代,由于推行新自由主义,许多资本主义国家的国有企业都被私有化,但目前在发达资本主义国家,国有经济仍然占到国民生产总值的10%左右,即使是在20世纪80年代推行私有化最坚决的英国,国有企业投资额在1987年仍占国内投资总额的9%,国有企业职工也高达100万人,占就业人数的6%。而且,根据1987年有关部门的调查,西方国家已宣布的1000多个私有化项目中,实际上只完成了10%—15%,大部分只是出售部分股份,成为国私合营企业。之所以会出现这种现象,是因为国有企业是国家对宏观经济进行干预和调节的重要力量,对一国产业结构的调整、劳资关系的缓和以及地区经济的平衡等都具有重要作用。因此,西方国家在20世纪80年代出现的私有化浪潮实际上只是对国有经济的范围、程度及管理方式的一种调整,而不是从根本上否定国有经济存在的价值。

不论是国有经济还是经济的计划化,都无疑是对私人占有制的一种扬弃,这也为最终解决资本主义基本矛盾提供了方向和线索。

4. 职工参与企业管理的制度

"二战"后,西方管理学开始改变以前把工人当做"经济人"的"物本管理"思路,尝试把工人当做"社会人"、"能力人"的"人本管理"理论,注重挖掘人的潜力,发挥人的创造力和智力。在这种管理思想和理论的影响下,西方资本主义国家普遍实行了多种层次、多种形式的"共同决定制度",以调动工人的积极性。

在德国,1951年的《共同决定法》规定,拥有1000名雇员以上的煤钢企业应设立由股东与雇员代表组成的监事会,监事会的半数席位由劳工代表担任。1952年的《企业章程法》又把共同决定的原则扩大到煤钢之外的其他拥有500—2000名雇员的4000家公司,覆盖员工总数达60万人。到1976年,《共同决定法》再次修订,规定拥有2000人以上的股份公司的监事会中,股东和雇员代表在监事会中人数相等,但雇员监事不具有否决权。除监事会外,企业还设立职工委员会,这样,雇员不仅可以通过监事会中的代表参与企业的上层管理决策,还能通过职工委员会中的代表参与企业的基层管理。在企业经营中,不得随意解雇工人,必须解雇时,要同工会协商,并给予补偿。对于这种制度,西方学者也指出,"德国式资本主义不但在地理上接近共产主义世界,在心理上和意识形态上也较为类似"①。

在美国,政府、工会和资方在1980年签订了一项"全面谅解"的合作协议,根据该协议,一些企业开始吸收工人代表进入董事会,参与企业的高层决策,而更多的企业则实行人本管理、民主管理。大致说来,美国雇员参与企业的管理有三种各不相同而又相互交错的发展模式:一是通过雇员持股计划使雇员对企业拥有所有权;二是通过董事会中的代表制,使雇员参与企业高层的决策活动;三是通过劳动生活质量纲领、全面质量管理运动、雇员委员会,等等,使雇员参与企业基层的管理活动。

在日本,则实行由劳资双方最高领导人参加的"劳资协议会"、"经营协议会"制度。

在瑞典,社会民主党非常强调经济的民主化,在1978年的瑞典社会民主党纲领中就指出:"经济的民主化是社会民主党进行社会变革的一环和先决条件。它将使人民有可能左右经济和技术的发展,从而使物质财富得到均衡的分配,使劳动条件得到改善并赋予进步以更为丰富的社会意义。"在该纲领中,还对职工的参与决定权作了具体规定,指出"劳动者通过赢得参与决定企业事务的权利和参与企业资金建设便为实行集体影响和集体所有制打开了大门,这样便把劳动者和生产资料联系了起来,从而焕发了人民的主动性和责任感"。在1983年12月21日,瑞典议会又通过了"雇员投资基金"法案,并于1984年1月1日开始生效。其主旨是通过议会立法,将企业部分利润由资本家手中转为工人的集体财产,用以进行生产投资,使其成为与资方资本抗衡的一种经济力量和所有制成分,这也被视为所谓的"基金社会主义"。雇员投资基金通过利润分享税和养老金税两种渠道筹措资金,用于在股票市场上购买瑞典企业的股份,以增强雇员在企业股东大会及董事会中的力量,实现参与决策和管理,影响企业的经营方向。到1987年初,雇员投资基金在沃尔沃、埃里克森等上百家瑞典大公司都购买了股份。此后几年,基金的收益率高达30%—40%,收益除3%归养老金系统外,其余的都用于再投资。

---

① [英]查尔斯·汉普登—特纳、[荷]阿尔方斯·特龙佩纳斯:《国家竞争力》,徐联恩译,海南出版社1997年版,第196页。

工人参与企业管理在一定程度上缓解了劳资双方的矛盾，调动了工人的积极性，同时也是对资本家私人占有和雇佣劳动制的否定因素，是新社会赖以生成的肯定因素。

5. 三大差别的逐渐消失

马克思在《共产党宣言》中曾指出，无产阶级在夺取政权后，要"把农业和工业结合起来，促使城乡对立逐步消灭"[1]，列宁也设想过通过电气化把城乡连接起来，"消除城乡对立，提高农村的文化水平，甚至消除穷乡僻壤那种落后、愚昧、粗野、贫困、疾病丛生的状态"[2]。如今，经典作家所设想的这种状况在发达资本主义国家中已基本变成现实。

在发达资本主义国家中，在农业机械化的推动和国家政策的扶持下，农民家庭的农业收入和非农业收入在20世纪60年代后均有了明显增长，农民家庭总收入在70年代左右逐步缩小了与城市家庭收入的差距，如美国在1969年，农户家庭收入就达到了全国家庭平均收入水平；日本农民家庭收入在1967年超过了城市工人家庭收入，二者分别为102.97万日元

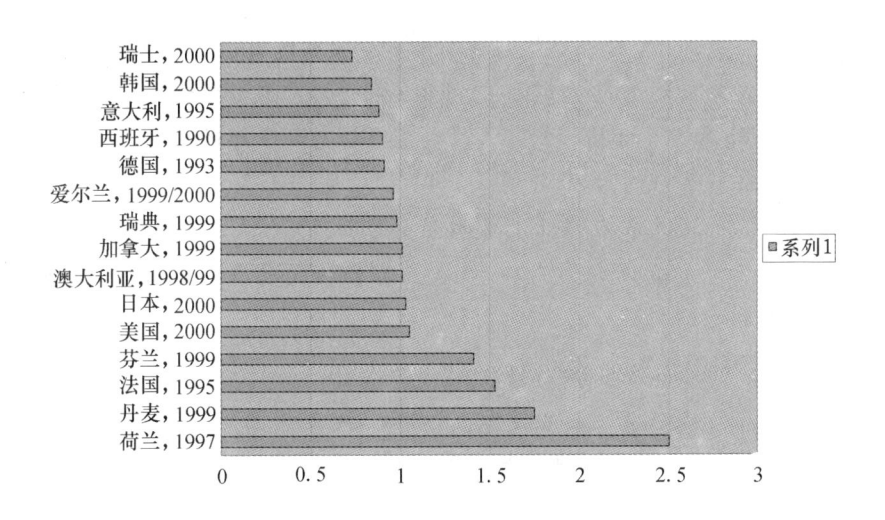

图1　农户家庭总收入与该国平均家庭收入之比

资料来源：经济合作与发展组织及各国发布的统计资料。

---

[1] 《马克思恩格斯选集》第1卷，人民出版社1995年版，第294页。
[2] 《列宁全集》第38卷，人民出版社1986年版，第117页。

和94.47万日元。根据经济合作与发展组织的统计资料,从20世纪80年代后期开始,主要发达国家的农民家庭收入一般和全国家庭平均收入持平或略高于全国家庭平均收入。在20世纪90年代后期,荷兰、芬兰、比利时、法国、丹麦等国家的农民家庭收入明显高于全国家庭平均收入,日本和美国则是略高于全国家庭平均收入,而瑞士、意大利、西班牙、德国等国家尽管低于全国家庭平均收入,但差距并不是很明显。

发达资本主义国家不仅在收入方面缩小了城乡差距,而且在农业发展上将近代经典力学和经典电动力学以及相应的技术应用于农业生产,实现了农业的机械化、电气化、自动化和高效化,辅之以生物技术,使农业由传统农业转向现代农业。此外,在农村劳动力的素质上,发达国家一般都比较注重农村的教育水平,并以财政补贴等方式提供支持。如日本政府十分重视对农业教育培训体系的建设,建立了全国性的农业教育、农业科研和农业实验网络,全国有农业大学60多所,中等农业技术学校600多所,并有各种形式的农业技术进修班和培训组织,为日本农业培养了大批优秀人才,也为农业劳动力向其他行业转移创造了条件。在日本,农业中转出的绝大部分劳动力都是在各级各类学校毕业后不再返归农业就业的农家子弟,学校成为农业劳动力转移的跳板或中间环节。1965、1970、1975、1980和1985年5个年份,每年3月(旧学年与新学年的交替期)毕业并就业的农家子弟分别为59.8万人、49.7万人、31.2万人、26.2万人和19.4万人,而转入非农产业就业者就分别达53万人、45.9万人、30.2万人、25.5万人和18.9万人。[①] 在美国农村居民的平均教育水平与城市基本相差无几。

对于许多发达资本主义国家来说,城乡差别、工农差别在人们的观念中已基本消失了

对于上述资本主义国家出现的新社会因素,我们应该认识到,资本主义国家之所以会出现这些新社会因素,既有资本主义生产力发展和社会进步的因素,也有社会主义国家自身发展的因素。早在20世纪30年代资本主义经济大危机期间,英、美等资本主义发达国家就提出了要借鉴、吸收社会主义先进成果的问题。1965年,资本主义国家在美国费城召开了一次

---

① 宋杰、赵韩强:《战后日本农业劳动力的转移及其对中国的启示》,《东北亚论坛》2001年第4期。

震撼全球的"世界资本主义大会",会议发表的《资本家宣言》提出,要"借鉴社会主义人民当家做主的经验,实行股份制的人民资本主义;借鉴社会主义福利制度的经验,实行从生到死包下来的福利资本主义;借鉴社会主义计划经济的经验,实行国家干预的计划资本主义"①。此外,资本主义国家内部工人运动压力的不断增大也是资本主义国家不断对生产关系进行调整从而出现更多的新社会因素的重要原因。正如20世纪90年代初卢森堡总工会主席约翰·加斯特涅罗所指出的,工资水准和劳动条件的良好是"工会多年来斗争的结果,并不是政府和资本家让给我们的。我们面对的资本主义是不好对付的,他们不会给我们送礼,只有通过斗争,才能取得进步"②。

对于资本主义社会出现的新社会因素,我们既要肯定其进步性,也应认识到,资本主义并不会通过这些新社会因素的积累和发展而自动地、和平地长入社会主义。新社会因素是对资本主义的扬弃,这种扬弃是"在资本主义体系本身的基础上对资本主义的私人产业的扬弃"③,"是资本主义生产方式在资本主义生产方式本身范围内的扬弃"④。正如恩格斯所强调的,在资本主义制度框架下,所有制形式"无论转化为股份公司,还是转化为国有财产,都没有消除生产力的资本属性"⑤,它也并没有克服财富作为社会财富的性质和作为私人财富的性质之间的对立,而只是在新的形态上发展了这种对立,"只要政权在有产阶级手中,那末任何国有化都不是消灭剥削,而只是改变其形式"⑥。而且,受资本主义制度的制约,这些新的社会因素并不能得到充分发展,因为"在一切社会形式中都有一种一定的生产决定其他一切生产的地位和影响,因而它的关系也决定其他一切关系的地位和影响。这是一种普照的光,它掩盖了一切其他色彩,改变着它们的特点。这是一种特殊的以太,它决定着它里面显露出来的一切存在的比重"⑦。也正因此,虽然资本主义本身"创造了新制度的因素,而同时,如果没有'飞跃',这些单个的因素便丝毫不能改变总的局面,

---

① 转引自卞洪登《资本运营方略》,改革出版社1997年版,第227页。
② 转引自樊期曾《现代科技革命与未来社会》,中国人民大学出版社1998年版,第14页。
③ 《马克思恩格斯选集》第2卷,人民出版社1995年版,第519页。
④ 同上书,第518页。
⑤ 《马克思恩格斯选集》第3卷,人民出版社1995年版,第629页。
⑥ 《马克思恩格斯全集》第38卷,人民出版社1972年版,第58页。
⑦ 《马克思恩格斯选集》第2卷,人民出版社1995年版,第24页。

不能触动资本的统治"①。

　　由此可见，我们所说的新社会因素尽管意味着资本主义在其发展进程中正在为向社会主义过渡做着日益充分的准备，但这些因素并不是新社会制度本身，社会主义要成为现实，必须要有质的飞跃，有根本制度的变化，只有通过社会革命，把合作社、股份公司、垄断组织、国有企业、国家计划和管理机构等掌握在人民手中，才能真正建立起社会主义新社会。

---

① 《列宁选集》第 2 卷，人民出版社 1995 年版，第 274 页。

第八章

新帝国主义的发展趋势及历史命运

19世纪中叶,马克思和恩格斯通过对资本主义社会的考察和研究,阐明了资本主义必然被社会主义所取代的历史趋势。在资本主义社会由自由竞争阶段发展到垄断阶段后,列宁根据变化了的形势,分析帝国主义的新特点,提出了"帝国主义是资本主义发展的最高阶段"的论断,并指出帝国主义是垂死的资本主义,是向社会主义过渡的资本主义,因为从资本主义中成长起来的垄断已经是资本主义的垂死状态,它是向社会主义过渡的开始。马克思主义经典作家关于资本主义社会的重要论述为我们正确认识资本主义社会的历史过程、现实状况和未来走向提供了重要的理论依据和科学指南。然而,随着经济全球化和新科技革命的发生,尤其是帝国主义向新帝国主义转变后,资本主义发达国家通过国内生产关系的调整以及对全球财富的掠夺,又获得了一定的生机与活力,而世界社会主义运动却因苏东剧变而走向低潮,这使得许多人对马克思主义关于资本主义历史命运的论述发生了怀疑。因而,如何运用马克思主义的基本原理对资本主义尤其是新帝国主义的发展趋势、历史命运等进行客观分析,就成为学术研究的重要问题。

一 资本主义的基本矛盾仍然存在,并向全球扩展和深化

对于资本主义社会基本矛盾的分析是马克思主义经典作家揭示资本主义历史命运的理论基点。他们指出,生产的社会化与生产资料的资本主义私人占有形式之间的矛盾是资本主义的基本矛盾。这一矛盾,在阶级关系上表现为无产阶级和资产阶级的对立,在生产上表现为个别工厂中生产的有组织性和整个社会中生产的无政府状态之间的对立。尽管新帝国主义在

战后资本主义加强对经济的调节与干预的基础上,又通过经济全球化等途径将资本主义生产过剩的危机转嫁给发展中国家,通过对第三世界的剥削与掠夺为垄断资本寻求出路,但这些并不能从根本上解决危机产生的根源,反而使危机在全球范围内不断累积和加深。

(一) 资本主义基本矛盾的表现

"二战"后,新科技革命促进了生产力的巨大进步,在国内市场渐趋饱和的情况下,发达资本主义国家开始超越民族国家疆界,在全球范围内进行资本积累和剩余价值积累,生产的国际化和国际分工不断加深。在这种情况下,资本主义的基本矛盾不再局限于一国内部,而成为了资本主义世界经济体系中的基本矛盾,并在世界范围内不断拓展。此时,尽管生产力的迅猛发展也推动着资本主义生产关系发生变革,合作社、基金会所有制、法人股份垄断所有制等新的资本社会化形式相继出现,但由于资本主义生产资料所有权仍然牢牢掌握在垄断资本家手中,因此,生产的社会化与生产资料的资本主义私人占有之间的矛盾并未解决,相反却在全球范围内日益深化,并出现了新的表现形式。

1. 个别企业的有组织性和整个社会生产无政府状态的矛盾在一国范围内有所缓和,但在世界范围内有所加剧

从资本主义一国范围内来看,一方面由于资本主义国家在战后都加强了对经济的宏观管理与调控,因而从总体上使社会生产能够保持较为协调的发展,不同部门与产业间的比例关系也能维持在一个较为合理的水平;另一方面,由于垄断资本的规模不断扩大,许多行业基本上是由几个大的垄断集团控制,较易达成一致,同时,信息技术的发展也使厂商能够更好地掌握市场动向和需求,生产的灵活性大大加强。这些都在一定程度上缓解了一国范围内的生产无政府状态,当然,从根本上来看,由于资本主义私有制并未得到改变,因而整个社会生产的无政府状态并不能得以解决,只不过是在一定时间和一定范围内有所缓和。

从国际范围来看,跨国公司的有组织性和整个世界生产无政府状态的矛盾有所加剧。对于跨国公司自身来说,通过其国际视角的战略安排实现了资源在国际范围内的合理配置和生产环节的国际协作,形成了遍布全球的分工协作体系,并极大地增强了其内部的组织性和计划性,其内部经营活动完全服从整个公司的计划安排。对于这一点,从跨国公司不断增加的

内部交易数据可见一斑。联合国跨国公司中心的统计资料显示，1966年，跨国公司内部贸易在世界贸易中的比重为22%，而到了1996年，内部贸易的比重已高达60%。对于资本主义的领头羊美国来说，2004年，在美国9500亿美元的商品贸易额中，42%发生在同一家公司的分支机构间，这既包括总部位于美国的公司与海外子公司的贸易往来，也包括外国公司与其美国子公司的贸易往来。庞大的内部贸易额表明了跨国公司内部组织性的不断加强。然而，对于世界生产而言，由于跨国公司数量众多，且竞争激烈，企业为占领市场、提高利润，必然会不断扩大生产规模、排挤对手，从而造成全球范围内的盲目生产。全球跨国公司在2009年已达8.2万家，控制着约81万家子公司。而全球最大的1000家跨国公司则控制了世界贸易的70%。对于如此巨大的公司数量和交易规模，却并没有有效的国际协调机构对其进行规范，也没有建立合理的全球治理模式。尽管现在存在一些如国际货币基金组织、世界贸易组织等国际机构和多边协调机制，但在现行的国际经济和政治秩序下，这些机构大多受发达资本主义国家控制，无法有效地发挥作用，不能对跨国公司的行为进行合理的制衡。在这种情况下，面对激烈的国际竞争，每个势力庞大的跨国公司都会根据自身的战略目标去组织生产和经营，以攫取高额垄断利润并在竞争中处于主动地位，这必然导致世界生产的无政府状态加剧，从而引发全球经济的动荡和危机。之所以会如此，是因为资本主义生产力发展所形成的国际经济体系依靠的是私人企业和各民族国家基地，它和"生产力发展的世界性趋势是矛盾的"，因而"必将导致产生一种世界范围内的新的无政府状态"①。

2. 世界生产能力无限扩大趋势与世界范围内的有效需求不足之间的矛盾

资本的本性就是追逐利润，这就必然要求其把整个地球及人类作为生产条件和市场加以利用，因此，"资本一方面要力求摧毁交往即交换的一切地方限制，夺得整个地球作为它的市场，另一方面，它又力求用时间去消灭空间，就是说，把商品从一个地方转移到另一个地方所花费的时间缩减到最低限度。资本越发展……也就越是力求在空间上更加扩大市场，力

---

① ［巴西］特奥托尼奥·多斯桑托斯：《帝国主义与依附》，杨衍永等译，社会科学文献出版社1999年版，第14页。

求用时间去更多地消灭空间"①。也正因此，资本主义生产必然会无限制地扩大。当国内资源和市场满足不了资本的利润最大化要求时，资本必然会去开拓新的世界市场，从而导致全球生产能力的增长明显超过全球消费市场的需求。如今，在西方发达国家，不仅汽车、化工、钢铁、纺织等传统行业的产能已严重过剩，高新技术产品和 IT 产业也都出现了产能过剩的现象，全球生产能力的增长已明显超过消费需求。自 1990 年以来，资本主义国家有 28% 的生产率被闲置或被毁。

与世界生产能力无限扩大趋势相对的是，世界范围内的有效需求严重不足。在经济全球化时代，由于"中心"对"边缘"的残酷剥削和掠夺，世界上多数人口处于相对或绝对贫困化，人类的整体消费能力和市场容量远远跟不上世界产能增长的速度。联合国开发计划署《2003 年世界发展报告》资料显示，在 21 世纪的今天，美国人囊括了世界财富排行榜的前三位，他们拥有的财富共计 1560 亿美元，超过 48 个最贫困国家的国民生产总值，大约相当于全球 6 亿居民的总收入；世界上 200 个最富有的人所拥有的财富在过去 4 年中增加了 1 倍，达到 10000 亿美元；世界 358 个亿万富翁拥有的财富，相当于全球 25 亿人的所有财产。可与此形成强烈反差的是，在全球 60 亿人口中，至少有 10 亿人生活在极端贫困中，没有最基本的生活必需品，而且他们的状况还在不断恶化，有 25 亿至 30 亿人口（约占总人口的一半）每天生活费用不足 2 美元。②而在经济全球化条件下，世界市场的消费能力既不取决于世界各国绝对的生产能力，也不取决于世界各国绝对的消费能力，而是取决于世界范围内建立在不平等分配关系基础之上的消费能力，因此，世界范围内的两极分化必然导致全球消费能力严重不足，正如马克思所指出的："一切真正的危机的最根本的原因，总不外乎群众的贫困和他们的有限的消费，资本主义生产却不顾这种情况而力图发展生产力，好象只有社会的绝对的消费能力才是生产力发展的界限。"③对于这种困境，西方主流经济学家也曾进行过论述。根据凯恩斯的边际消费倾向递减规律，消费会随收入的增长而增长，但增长的比例随收入的增加而递减，因此，收入差距越大，越不利于社会总体消费水

---

① 《马克思恩格斯全集》第 46 卷（下），人民出版社 1980 年版，第 33 页。
② 参见联合国开发计划署《2003 年世界发展报告》，中国财政经济出版社 2003 年版，第 8 页。
③ 《资本论》第 3 卷，人民出版社 1975 年版，第 548 页。

平和福利水平的提高。这一规律不仅适用于国内，也同样适用于全球。

3. 全球范围内无产阶级和资产阶级的矛盾日趋凸显

在经济全球化条件下，新帝国主义依靠其强大的经济实力在全球推行新自由主义，这不仅使发达资本主义国家内部社会福利开支的比例越来越少，导致工人阶级生活水平逐渐下降，而且在国际范围内，新自由主义为垄断资本进入发展中国家的市场提供了便利条件，从而助长了资本对整体工人阶级无节制的剥削，尤其是发展中国家对劳工的保护并不到位，使得资本家更多地采取延长劳动时间、提高劳动强度、减少甚至取消劳动保障和社会福利、降低工人收入等方式提高利润率。正如世界经济论坛前主席克劳德·斯马亚所说："全球化过程中的最大输家是劳工。那是一个无法预料的环境，没有安全感，只需要灵活性和机动性。甚至工业化国家的人们也无所适从。他们感到被出卖了。"① 以美国为例，2004年，其经济持续24个月都处于扩张中，但工人阶级的实际工资总收入反而下降了近1%，其作用相当于实际消费购买力下降了3500亿美元。② 美国最底层的40%的家庭拥有的财富只占全部财富的0.2%。从西方发达国家总体情况来看，人们的贫困、饥饿和无家可归现象越来越严重，靠社会救济生存的人越来越多。而发展中国家这种现象更为严重。一位新西兰学者写道，全球化的成本大量转嫁给劳动者尤其是发展中国家的劳动者。"对全球市场份额的争夺不可避免地造成了劳动的贬值"，"公司正在不断增加其利润，而工人则在丧失其生存基础"③。很多发展中国家成为"工资开支低得不能再低的国家和地区"④。发达国家将钢铁、纺织、服装等技术含量较低的传统产业基本上都转移到了发展中国家，但其掌握着产品的定价权并控制着大部分的需求，因此可以通过控制这些产品的需求量、价格等使发展中国家形成恶性竞争，由此，资本家就能得到他们希望得到的"比较低廉和比较顺从的劳动"和"一个不是向资本家提出而是从资本家手里接受条件的阶级"⑤。

---

① 《世界经济论坛说全球化将造成社会紧张》，法新社1997年8月9日。
② 参见[美]迈克尔·D.耶茨《美国工人失业和工会组织现状》，张文成译，《国外理论动态》2004年第12期。
③ 傅佑：《全球化对第三世界的消极影响》，《国外理论动态》1999年第6期。
④ 同上。
⑤ 朱富强：《全球化与马克思主义》，《学海》2000年第4期。

与工人阶级相反,垄断资产阶级的力量日趋强大,他们占领着世界绝大部分的财富。在2012年,全美大型上市公司首席执行官的平均工资为970万美元,较2011年上涨了6.5%,而普通工作者的平均工资仅上涨了1.6%,为3.99万美元。① 这些垄断资产阶级不仅控制着国内的经济、政治等,而且通过其在世界经济中的影响力来影响和控制全球的重大经济和政治决策,通过新的国际分工和分配体制在全世界进行剥削。

4. 南北矛盾的不断加深

南北矛盾是资本主义基本矛盾在国家层次上的主要表现。对于西方发达国家而言,"第三世界存在的价值仅仅在于,以自己的资源和廉价劳动力为西方大亨及其随从们创造利润,至于第三世界的普通人们,则要么在半饥半饱中承担最苦、最累、最脏、最没有安全保障和最低收入的工作,要么在战乱、逃亡、贫困、疾病、环境恶化中苟延和死亡。这成为一种世界的历史和现实,一种全球范围的体系、制度、规则"②。

在经济全球化条件下,发达资本主义国家与发展中国家的矛盾运动主要是通过经济联系即贸易、投资和技术三个方面的交往反映出来的。

在贸易方面,发达国家凭借其垄断地位,利用不等价交换榨取发展中国家创造的剩余价值,获取超额利润。这种不等价交换体现在两个方面:一是以垄断高价向发展中国家出口高新技术产品、机械设备等,二是利用其在世界资本主义体系中所占有的国际分工和劳动生产率的优势,以垄断低价获取发展中国家的初级产品以及工业制成品。

在投资方面,发达国家的资本输出尽管在一定程度上弥补了发展中国家建设资金的不足,但也使其掉入了债务陷阱。到1997年,发展中国家的债务总额已高达2.2万亿美元,许多国家陷入了严重的经济和支付危机。为了缓解这一困境,许多国家不得不接受发达国家提出的结构调整政策,并在政治上追随发达国家,进一步加深了对发达国家的经济依附,经济增长也受到阻碍。

在技术方面,发达国家依靠其对先进技术的掌控,将本国已趋于过剩或即将淘汰的以及不利于生态环境的项目和企业转移到发展中国家,从而既可以集中力量研发新的技术项目,将高新技术牢牢掌握在自己手中,获

---

① 《2012年美国CEO平均工资涨6.5% 普通工仅涨1.6%》,东方财富网2013年5月27日。
② 卫建林:《西方全球化中的拉丁美洲》,红旗出版社2005年版,第461页。

取新技术带来的超额利润,又可以使发展中国家的技术永远处于较低层次和水平上。

据统计,自20世纪80年代后期以来,发达资本主义国家仅通过投资、外债和对外贸易这三个方面,对发展中国家的年剥削量就达2500亿至3000亿美元,几乎相当于全部发展中国家国内生产总值的十分之一左右。[①] 目前,世界上五分之一的人口生活在美、日、德、法、英及北欧那些高收入的发达国家,这些国家控制了86%的世界出口市场、68%的外国投资。而五分之一的最贫困国家的人民只占有每一项的1%。正如江泽民所指出的:"在发达国家享尽全球化'红利'的同时,广大发展中国家却仍然饱受贫穷落后之苦。"[②] 菲德尔·卡斯特罗也指出,"第三世界的极端贫困人数已达12亿人……最富的国家同最穷的国家之间的收入差距已从1960年的37倍增加到今天的74倍。差距之大达到这样的地步:世界上3个最富的富翁所拥有的资产相当于48个最穷国家的国内生产总值"[③]。

正是通过这三个方面,发达国家强化了对发展中国家的经济控制,也使发达国家与发展中国家的矛盾在全球范围内不断深化,而资本主义全球化的后果就是"两极分化,全球范围内的不公正。这是资本关系内在逻辑的后果"[④]。

5. 人与自然的矛盾加剧

马克思在分析资本主义农业时曾指出,"资本主义农业的任何进步,都不仅是掠夺劳动者的技巧的进步,而且是掠夺土地的技巧的进步,在一定时期内提高土地肥力的任何进步,同时也是破坏土地肥力持久源泉的进步"[⑤]。这一论断不仅仅适用于农业,也是对整个资本主义生产的真实写照。

在资本主义制度下,资本为追求利润而无限扩张的本性不仅导致全球范围内人与人之间、阶级与阶级之间以及国家与国家之间的矛盾加剧,而

[①] 参见靳辉明、罗文东主编《当代资本主义新论》,四川人民出版社2005年版,第531页。
[②] 《江泽民主席就重大问题阐述中国政府立场》,《光明日报》2000年9月8日。
[③] 徐世澄:《卡斯特罗论全球化与发展中国家》,《国外理论动态》2003年第12期。
[④] 《全球化背景下的第三世界——萨米尔·阿明访谈录》,《世界经济与政治》2001年第2期。
[⑤] 《资本论》第1卷,人民出版社1975年版,第552—553页。

且也引发了对全球范围内自然资源的掠夺式开发，使环境受到毁灭性的破坏，人与自然的矛盾日益加剧。

在不必承担环境破坏责任的条件下，资本为了增值，一方面会尽量扩大对自然资源的利用，从而不断加剧资源的枯竭和环境的恶化；另一方面会将企业污染的治理责任推向企业外部，使成本外部化，企业自身缺乏动力来保护环境。因此，"当代环境生态危机不是一般意义上经济增长的后果，而是以利润最大化为目标的资本主义增长方式的后果"①，"环境生态危机表明，资本主义不但会遇到社会极限而且会遇到自然极限；不仅危及资本主义制度本身，而且危及整个人类的生存"②。

在经济全球化条件下，发达国家的垄断企业不仅在国内造成人与自然矛盾的加剧，而且不断地将生态危机转嫁给发展中国家，将高能耗、高污染的企业转移到发展中国家，甚至将一些废弃物直接转移到发展中国家。据绿色和平组织报告，发达国家以每年5000万吨的规模向发展中国家转移有毒或危险的废弃物。而发展中国家为了快速发展经济，也经常对本国资源进行盲目的、无节制的开发和粗放式经营，造成严重的资源浪费。如今，在全球范围内，都出现了可耕地严重衰退、土地沙漠化情况严重、森林遭到破坏、珍稀生物被乱捕乱杀等情况，环境污染、生态失衡状况日趋严重。由此，我们也可以看到，正是资本主义的基本制度、资本主义生产资料私有制使生态危机日益加剧，正如卡斯特罗指出的："一个令人担忧的问题是，帝国主义和资本主义制度……把世界引向污染的深渊，使空气不能吸，使海洋和河流受到毒化；许多地方已经部分毒化，不再成为粮食的源泉和健康的源泉。"③

在人与自然的矛盾日益明显的情况下，许多人将这种现象归结为经济发展过程中不可避免的结果，而事实上，之所以会出现这种现象，与资本主义制度下的生产方式、消费方式等是密切相关的。西方许多马克思主义学者就指出了资本主义制度的反生态性质，认为，在资本主义生产方式下，资本家为了追求利润，一方面不断地扩大生产，导致生产的无限性扩

---

① 腾藤、郑玉欲：《可持续发展的理念、制度与政策》，社会科学文献出版社2004年版，第25页。
② 同上。
③ ［古巴］菲德尔·卡斯特罗：《全球化与现代资本主义》，王玫译，社会科学文献出版社2000年版，第238页。

大与资源的有限性之间的矛盾；另一方面为了保证再生产的进行，利用广告等形式制造出了"虚假需求"，从而造成了异化消费。这种高生产、高消费，必然导致对自然的索取超过自然所能承受的限度，最终造成生态危机。因此，"要想遏制世界环境危机日益恶化的趋势，在全球范围内仅仅解决生产、销售、技术和增长等基本问题是无法实现的。这类问题提出的愈多，就愈加明确地说明资本主义在生态、经济、政治和道德方面是不可持续的，因而必须取而代之"[①]。只有共产主义才是"人和自然界之间、人和人之间的矛盾的真正解决，是存在和本质、对象化和自我确证、自由和必然、个体和类之间的斗争的真正解决"[②]。

（二）资本主义治理危机的办法使矛盾不断累积

资本主义生产力的不断发展使生产越来越社会化，与资本主义私人占有之间的矛盾也越来越大，从而导致危机不断爆发。为保障资本主义经济的平稳运行，资本主义国家在基本制度容许的范围内都对生产方式和生产关系进行了一定程度的调整，以缓解二者之间的矛盾，延缓危机的爆发。在危机爆发后，也采用各种政府干预手段使经济迅速摆脱危机的困扰。但这些政策却无法使资本主义彻底远离危机，反而使资本主义基本矛盾不断累积，为发生大规模的经济危机埋下了伏笔。

1. 资本主义对经济的调节不能消除产生经济危机的因素，反而使矛盾不断累积

1929—1933年的经济危机使资本主义经济受到沉重打击，而随后爆发的第二次世界大战更是雪上加霜，致使主要资本主义国家的经济都受到严重创伤，急需调整和恢复。在这一时代背景下，凯恩斯主义应运而生。它既适应了战后资本主义经济发展的需要，也从理论上支持和响应了当时国家垄断资本主义的发展。在凯恩斯主义理论的指导下，国家对经济的干预明显加强。此后，凯恩斯主义被新自由主义思潮所取代，但资本主义国家对经济的干预和调节并未消失。

资本主义国家不仅对国内经济进行调节和干预，而且利用国家的力量

---

① ［美］约翰·贝拉米·福斯特：《生态危机与资本主义》，耿建新、宋兴无译，上海译文出版社2006年版，第61页。
② 《马克思恩格斯全集》第42卷，人民出版社1979年版，第120页。

从国际范围内进行调节。

从国内来看，资本主义对经济的调节主要集中在生产方式和社会关系两个方面。

从生产方式来看，西方政府主要通过三个方面来积极影响市场、调节生产方式：首先，是在充分发挥市场机制和价值规律的调节作用的基础上，利用财政和货币政策调节社会的总供给和总需求。财政政策和货币政策都是相辅相成的，二者共同为资本主义经济的平衡发挥作用。如美国在20世纪八九十年代主要运用货币政策，以实际短期利率的调整作为主要手段。在1998年8月，道—琼斯股票指数曾一度从9000点下降到7400点，在这种情况下，美联储三次降息，使股市随后一路上升，当道—琼斯股票指数上升到11000点后，为给股市降温，美联储又连续加息，利率从4.5%提升到5.5%的水平。利率的调整使股指在10000—11000点之间涨跌，基本上稳定了股市。其次，西方国家实行一定的经济发展计划，调整社会经济的总体发展方向和产业布局。再次，西方国家通过法律手段规范市场。西方各国政府一直都重视运用法律制度来确保经济活动的有序运行。从各国出台的相关法律来看，主要包括：为了维持市场公平竞争所制定的反垄断方面的法律，如美国的《反托拉斯法》，德国的《反不正当竞争法》等；为规范企业行为所制定的法律，如《公司法》、《合同法》等；为保护劳动者权益所制定的法律；保护消费者利益方面的法律；保护环境而制定的法律等。资本主义国家完善的法律体系对市场经济的发展确实起到了一定的作用。如1998年6月8日，美国联邦贸易委员会以违反《反托拉斯法》的罪名起诉英特尔公司拒绝向其他电脑公司透露有关最新电脑芯片技术的消息。这些法律在一定程度上保障了资本主义市场经济的有效运行。

从社会关系来看，资本主义国家对社会关系的调节主要是调节劳资关系，以达成资产阶级所谓的劳资合作。在这方面的调节方式主要是通过社会保障制度和税收政策等再分配的形式对收入进行调节，以缓和阶级矛盾，使资本主义平稳发展。首先，战后西方各国普遍建立了完善的社会保障制度，使劳动者的福利有所增长。进入21世纪后，尽管资本主义国家都削减了社会福利，但福利水平仍能保障其基本生活。如美国失业者每个月能拿到的社会救济费用在1000—1800美元之间。因而，从总体来看，这种包括社会保险、社会福利、社会救济和商业保险在内的完善的社会保障制度使人民的基本生活有了保证,这对于资本主义国家的经济发展是一个强有力的支持和保证,使其能获得一个较为安定的政治局面。其次,通过累进税制来缩小收入差距,在经济增长乏力时又通过税收的减免增强个人和企业的投资意识。在2008年金融危机后,就有数十个国家降低了公司或个人的所得税税率。许多国家还对税收的结构进行了调整,如增加烟酒的消费税,降低柴油和乙醇汽油的消费税税率。2010年底,美国奥巴马政府也宣布将小布什时期的全民减税政策延长两年。

从国际范围来看,发达资本主义国家通过各种国际经济组织、多边协定和条约、国际会议等,在全球范围内建立起以自身利益为中心的相对稳定的经济协调机制,如世界贸易组织、西方七国首脑会议、国际货币基金组织、北大西洋公约组织等,在一定意义上都是国际垄断资本彼此协调、联合垄断市场的工具。

从这些调节的效果来看,确实对资本主义经济发展起到了一定的积极作用,使西方国家的阶级矛盾有所缓和,为资本主义的发展提供了一个比较平稳的社会环境。同时,财政、货币政策的运用以及经济计划等使经济发展在一定程度上避免了无政府状态,延长了经济周期的时间跨度,减缓了经济的波动,使资本主义经济出现了持续平稳增长的势头。尤其是20世纪90年代,西方国家的经济普遍摆脱了低迷状态,在信息技术的带动下走向了一个新的高潮。从1992年开始,美国经济连续10年增长率都超过了2%,同时把通货膨胀率控制在了1%—3%之间,失业率降至5%以下。

但是,由于资本永远是追求利润的,无论国家怎样调节,它都不会改变这一本性而去考虑整个社会的按比例协调发展,因而国家的干预和调节无法从根本上解决生产过剩与消费不足的矛盾,所以也就不可能消除资本主义经济的周期性危机。而且,资本主义国家对经济实行的全面干预和调节在对社会生产起到促进作用的同时,又导致了资本主义基本矛盾的进一步加深。这是由于国家的干预使生产更加社会化,从而使资本主义企业内部生产的"有组织性"所包括的范围更为扩大,但与此相反的是,生产资料却越来越集中于少数大垄断资本集团手中,以致整个社会生产的无政府状态加剧。同时,借助于国家垄断资本的干预和调节,私人垄断资本所获得的利益更大,劳动人民的相对收入份额在逐渐缩小,因而生产过剩与消费不足的矛盾、企业内部有组织性与整个社会生产无政府状态之间的矛盾都在加大，从而使导致资本主义经济危机的因素不仅没有消除，反而逐渐累积起来。

2. 资本主义对危机的治理并不能从根本上克服危机

资本主义国家不仅在日常经济运行中加大了对经济的干预和调节，在危机发生时更是采用一系列政府干预措施来缓解危机，在2007年的美国次贷危机和2008年的国际金融危机发生后，美国政府就采取了一系列政府干预市场的措施来缓解危机，如：向濒临破产的房地美和房利美分别注资1000亿美元，并接管"两房"；收管全球最大的保险公司——美国国际集团（AIG）；实施8500亿美元的金融市场救援方案，其中包括1000亿美元减税和其他政策性措施；动用2500亿美元直接购买金融机构股权，走向了将私营企业国有化的救市之路等。

然而，从根本上说，这些政策尽管在一定程度上避免了危机的进一步恶化，但并没有触及危机的根源。事实上，这些治理危机的措施只不过是使危机的损失社会化，而利润的私有化却仍在继续。资产阶级政府将纳税人的钱用来援助大金融资本，但对于在危机中受损失最大的工人阶级和贫困家庭，却并未进行援助，相反还试图通过削减社会福利等手段来缓解国家财政面临的危机。这种试图通过将危机的后果转嫁到工人阶级和劳动群众身上的办法，只会使不平等现象进一步加剧，处于贫穷和饥饿状态的人越来越多，如2008年国际金融危机发生后，美国的汽车产业受到重创，2009年6月1日，通用汽车公司向法院申请破产保护，奥巴马政府决定拨款300亿美元支持其利用破产保护进行全面重组，由此使资本家的损失得以减少。然而，通用公司在重组计划中，却将在美国原有的6000家销售代理商裁撤2000家，关闭14家设在美国的制造厂，并于2009年底在美国本土裁员2万人，使工人利益严重受损。据美共经济委员会委员瓦迪·哈拉比介绍，从通用汽车公司宣布破产以来，美国汽车行业工人的工资、退休金和福利平均减少了50%，几十家汽车厂倒闭，大约20万工人丢了饭碗。[①] 因此，这种治理危机的措施不仅无助于危机的解决，反而会使危机向纵深发展。许多学者指出，资本主义危机是制度性危机，具体的救市措施只能使危机得到缓解，但却不能从根本上克服危机，而且，在不

---

① 转引自刘淑春《全球金融危机背景下的美国工会运动和美国共产党》，《马克思主义研究》2011年第9期。

改变资本主义基本经济制度的前提下，这些克服危机的办法不过是"准备更全面更猛烈的危机的办法，不过是使防止危机的手段越来越少的办法"①。

从另一方面来看，反危机政策尽管避免了危机的恶化，对经济危机有一定的"熨平"作用，但也导致了不良后果。在自由竞争资本主义阶段和私人垄断资本主义阶段，经济危机虽然造成了很大的破坏，但每一次危机的发生都能以强制的形式使资本主义生产过剩的问题得到缓解，从而使资本主义经济在新的基础上实现又一轮的增长。而在资本主义进入国家垄断资本主义阶段后，在各种反危机政策的调节下，每一次危机都没有充分地展开，因而不能把过剩的生产力完全释放出来，生产和消费的矛盾不仅没有彻底消除，反而在不断积累。在这种情况下，经济危机只是暂时得到了缓和，但却使再生产周期难以按其固有的要求运行，同时也为以后爆发更为强烈的经济危机埋下了伏笔。因为在资本主义根本制度不被触动的前提下，"每一个对旧危机的重演有抵消作用的要素，都包含着更猛烈得多的未来危机的萌芽"②。正如德国学者库特·胡布奈在其《调节理论，对一种经济学新原则的批判性描述》一书中所指出的："在一种积累制度的经济再生产中，潜在矛盾不断增加，小危机不仅不会使冲突潜力减少，反而使它以一种特殊形式得到发展，结果在制度形式和经济过程之间的矛盾冲突越来越大。"

（三）资本主义经济危机的频繁爆发表明资本主义基本矛盾并未得以解决

20世纪90年代以来，在经济全球化和新技术革命的推动下，许多发达资本主义国家进入了一个经济平稳增长的周期，尤其是美国更是出现了"两高一低"的新经济增长格局。许多西方主流学者都宣称资本主义已经克服了经济增长的瓶颈，不会再发生经济危机。然而，现实却打破了这一美梦。

美国在持续的经济增长后，一系列的企业会计丑闻于2002年6月底拉开了华尔街崩溃的序幕，从2002年8月22日至9月22日，道—琼斯

---

① 《马克思恩格斯选集》第1卷，人民出版社1995年版，第278页。
② 《资本论》第3卷，人民出版社1975年版，第554页。

指数暴跌 1000 多点，纳斯达克创 6 年来最低，较历史最高点缩水了 75%，失业率和企业破产数目持续攀升，经济陷于萧条状态。而日本从 1991 年开始出现了长达 10 年的经济萧条，在 1991 年至 2000 年间，年均经济增长率只有 1%，失业率则由 2% 攀升至 4.9%。到 2007 年，美国更是发生了影响深远的次贷危机，并逐步演变为影响整个资本主义世界的国际金融危机。2010 年，希腊、爱尔兰等国家又发生了主权债务危机，并进一步蔓延到整个欧洲，欧元区内经济实力较强的西班牙以及被认为较稳健的比利时等国家都预报未来三年预算赤字居高不下，从而使整个欧盟都受到了债务危机的困扰。

所有这些都表明，资本主义并未摆脱危机的困扰，资本主义基本矛盾仍然存在。而危机的发生正是基本矛盾发展的结果。在 2008 年国际金融危机发生后，众多学者就清楚地指出，"这不是什么'特殊'的危机，而是一次经典的、一般性的危机，是资本主义的生产过剩危机"，这次危机是"一场体制性危机，是资本主义制度所固有的危机，是被马克思称之为周期性的生产过剩危机"[1]。

从美国的生产情况来看，在 20 世纪 40、50 和 60 年代，美国实际国内生产总值增长率分别为 5.9%、4.1% 和 4.4%，而进入 20 世纪 70 年代后，实际国内生产总值增长率明显降低，70 年代为 3.3%、80 年代为 3.1%。即使 20 世纪 90 年代后信息产业和新经济带动了国民经济迅速增长，但传统产业多年来累积的产能过剩却并未得以缓解，根据美国《商业周刊》1999 年的报道，全球最大的 40 家汽车生产商中至少有四分之三处于负债状态，生产能力过剩，而钢铁业的生产能力过剩一直徘徊在 20% 左右，从而使得总体经济的增长受到严重影响，在 2000—2007 年间，美国实际国内生产总值的增长率仅为 2.6%。从欧洲的情况来看，在经历了 2008 年的经济衰退后，2009 年经济继续下滑，2009 年第一季度，欧盟 27 国经济环比下降 2.5%，同比下降 4.7%。在实体经济领域，欧洲各国工业尤其是汽车业和房地产业都受到较大负面影响。欧盟货币事务委员 Joaquin Almunia 也指出，"欧洲许多经济体的经济发展都将出现停滞"[2]。

---

[1] 聂运麟、刘卫卫、杨成果：《第十一次共产党和工人党国际会议述评》，《当代世界与社会主义》2010 年第 3 期。

[2] 《欧洲经济将进入衰退 预测 09 年经济增长率为 0.1%》（http://stock.hexun.com/2008-11-3/110809389.html）。

与生产能力过剩相对应的是,资本主义国家内部失业问题加剧,贫富差距越来越大,社会消费水平降低。根据美国国税局的资料,2005年,占美国人口1%的最富有纳税人的收入占全国总收入的21.2%,而处于分配天平另一端的50%的低收入纳税人的收入仅占全国总收入的12.8%。从历史发展的轨迹来看,在1973年到2003年间,美国的人均真实国内生产总值增加了73%,而真实小时工资的中位数却只提高了13%。[1] 即使是在福利制度相对较为完善的欧洲,失业也日益成为困扰各国的主要问题。2009年6月,欧元区失业率为9.4%,欧盟27国失业率为8.9%,其中西班牙的失业率竟高达18.7%,这意味着300多万西班牙人没有工作。到2009年第三季度,欧洲平均失业率上涨至9.2%,其中西班牙为19.3%、爱尔兰为10%。同期,美国的失业率也高达10.2%。这些都表明资本主义生产力的发展及对生产关系的调整等都并未消除资本主义的基本矛盾,因而,由资本主义基本矛盾决定的资本主义的历史命运也终将不会改变。

二 资本主义发展模式的缺陷性日趋明显

资本主义国家一直对社会主义的发展模式进行诋毁,新自由主义经济学家哈耶克甚至宣称这种道路是"通往奴役之路",是对自由的限制和否定,它必然导致集权主义,"使所有的个人欲求和偏好都服从国家的要求。为了达到这个目的,它会采用各种方法对个人施以强制,进而剥夺个人的选择自由"[2]。而对于资本主义的发展模式,他们则大加赞誉,宣称其有利于提高经济效率以及社会公平,因为每个人都是自己财产的最好监护人,而私有产权是最明晰的产权,因而是最有效率的产权制度安排,至于资本主义社会中出现的一些弊病,他们认为这"并不是资本主义发展过度造成的,恰恰相反,它与缺乏明确的、专有的、可以转让的所有权这一情况有关"[3]。在他们看来,私有制不仅能保证有产者的个人自由,而

---

[1] 参见嵇飞《廖子光论美国贫富两极分化的原因》,《国外理论动态》2010年第8期。
[2] [英]冯·哈耶克:《哈耶克论文集》,邓正来译,首都经济贸易大学出版社2001年版,第472—473页。
[3] [法]亨利·勒帕日:《美国新自由主义经济学》,李燕生译,北京大学出版社1985年版,第29页。

且也保证无产者的个人自由，使穷人通过自己努力得以致富的行为不会受到任何人的阻碍。在私有制下，每个人都有选择职业的自由，因而每个人致富的机会都是均等的，都能够通过展现自己的才华而致富。因此，不论对有产者还是无产者，私有制都是最好的制度，"是自由的最重要的保障"①。他们认为，资本主义发展模式则是最好的发展模式，它既能保证个人的自由，也能保证整个社会的良好运转。然而，随着经济全球化的进一步发展，发达资本主义国家的发展模式都受到了一定的挑战。尤其是在2008年国际金融危机和其后的欧洲主权债务危机爆发后，资本主义发展模式受到了巨大的冲击，以英美为代表的盎格鲁—撒克逊模式更是广受批判。

（一）盎格鲁—撒克逊模式

盎格鲁—撒克逊模式（Anglo - saxons）又称"自由资本主义模式"或"市场导向的资本主义"，是英国、美国、澳大利亚、爱尔兰等国家所实行的发展模式的总称。

1. 盎格鲁—撒克逊模式的主要特征

盎格鲁—撒克逊模式自形成以来，进行了不断的调整和改革，但该模式仍保持了其基本框架和特征，主要包括：

第一，主要依靠市场机制调节资源配置和经济活动，政府决策被限定在尽量小的范围内。在该模式中，政府在经济活动中充当裁判员和服务员的角色，为社会经济生活的正常运行和微观经济主体的正常运转提供一些服务。政府可以通过财政和货币政策对经济运行进行间接调控，但政府的主要作用是创造优良的货币，防止垄断扭曲市场，保证市场功能的充分发挥，并提供公共物品服务。政府在执行经济职能时，凡是能够发挥市场机制作用的都不进行干预，凡是能够采取间接手段的就不采取直接方式，凡是能够通过政府控制和监督就能解决问题的绝不由政府直接经营。"正是通过市场，才使得人们在实现'那些并非他自己目的'的方面做出了贡献"②。

---

① ［英］冯·哈耶克：《通往奴役之路》，王明毅等译，中国社会科学出版社1997年版，第101页。

② ［英］冯·哈耶克：《个人主义与经济秩序》，邓正来译，三联书店2003年版，第20页。

第二，强调个人主义。在该模式中，"人们对社会政治和道德的总体认识，就是个人主义和自由主义"[①]。由于英美在发展过程中一直强调自由主义，无论是古典自由主义还是新自由主义，都十分重视个人的自由发展，新自由主义的代表人物哈耶克曾指出："如果让人们享有自由，那么他们取得的成就往往会多于个人理性所能设计或预见到的成就。"[②] 正是在这种价值观的基础上，盎格鲁—撒克逊模式认为，一切价值都应当以个人为中心。政府应该创造一个能使人们发挥其专长的政策环境，并确保个人财产的独立性和转移自由；企业的基本战略决策与组织整合都严格受制于个人的意愿。在这一模式中，由于个人和企业拥有微观决策权，因此能充分调动个人的自主性、积极性和创造性，有利于各种创新的产生。

第三，企业经营以股东利益最大化为目标。在盎格鲁—撒克逊模式下，企业制度的典型是公司制，公司股东的利益至高无上。"在英美模式中，公司的股东利益至高无上，股东利益无疑优越于雇员利益。对股东来说，公司被认为主要是甚至是专门通过投资为其谋取利润和使其资本增殖的工具；对公司雇员来说，公司企业不是为其谋取利益的福利机构；对整个国家来说，股票市场是最终衡量公司业绩与成败的核心指标，股票指数是衡量国民福利的主要标准，股票市场价值的最大化就意味着全社会福利的最大化；没有任何其他更好的多元化的公益标准可以作为衡量社会福利和社会发展的指标"[③]。这一特征也直接决定了"盎格鲁—撒克逊经济的最大特点是股票市场占了前所未有的重要地位"[④]，如美国金融股票市场对企业的投资占到了80%，有一半以上的家庭直接或间接地持有股票。

从上述特征可以看出，盎格鲁—撒克逊模式的优点是能最大限度地发挥市场经济所固有的优势，充分调动个人和企业的主动性和创造性，最大程度地发挥市场竞争这只"看不见的手"对经济的推动作用。尤其是在经济全球化使市场竞争日趋激烈的情况下，这一模式所具备的灵活性能更好地适应以市场化和自由化为特点的经济全球化。加之这一模式的主要代

[①] [英] 戴维·科茨：《资本主义的模式》，耿修林、宗兆昌译，江苏人民出版社2001年版，第12页。
[②] [英] 冯·哈耶克：《个人主义与经济秩序》，邓正来译，三联书店2003年版，第15页。
[③] [英] 罗纳德·多尔：《股票资本主义：福利资本主义——英美模式VS日德模式》"译者的话"，李岩、李晓桦译，社会科学文献出版社2002年版，第4—5页。
[④] [法] 米歇尔·阿尔贝尔：《资本主义反对资本主义》，杨祖功、杨齐、海鹰译，社会科学文献出版社1999年版，第48页。

表——美国自身拥有得天独厚的经济、技术、人口、自然资源、货币霸权等条件，因而使这一模式在20世纪八九十年代取得了巨大的成功，"美国再一次坚定地向世人表明：它的资本主义是世界上最好的制度。不仅仅是美国自己这样认为。因为所有人或几乎所有人都承认保守主义革命的成就，尽力照方吃药"①。

2. 盎格鲁—撒克逊模式的缺陷

尽管这种模式因更具灵活性而有利于人的自主性、创新性的发挥，对科技创新和知识进步有一定的作用，但从总体看，这种模式却有其不可忽视的缺陷，造成了一系列严重的社会经济后果。

第一，过分强调个人利益，忽视了社会整体的利益，从而不平等现象日益严重，社会贫富差距日趋扩大。如我们在前文所指出的，2005年占美国人口1%的最富有纳税人的收入占全国总收入的21.2%，而处于分配天平另一端的50%的低收入纳税人的收入仅占全国总收入的12.8%。约翰·格雷也指出："自由市场还削弱或毁坏了维系美国社会凝聚力的其他制度。它创造了长期的经济繁荣，但大多数美国人却很难从中受益。美国国内不平等的程度与拉丁美洲国家相似，而且超过了任何一个欧洲国家。"② 这种两极分化现象也为经济危机的发生埋下了伏笔。

第二，对利润的过度追求使得金融衍生品交易和股市交易恶性膨胀，经济沦为一种"赌场经济"，而物质生产则日益萎缩。在2007年末，全球衍生品名义本金存量为630万亿美元，相当于该年度全球国内生产总值总量的11.81倍。在这种模式下，投资纷纷从实体经济转向虚拟经济，以求更快、更大程度地获利，但脱离了实体经济的利润增长就像无根的浮萍，在这一增长方式导致国家总体经济的发展面临困境时，利润也将无法持续。同时，由于企业会越来越少地将利润投入生产，而各种金融衍生品的出现又引起了家庭开支的惊人增长，因此，"过度消费与积累不足结合起来，必然使经济发展难以为继"③。

---

① [法]米歇尔·阿尔贝尔：《资本主义反对资本主义》，杨祖功、杨齐、海鹰译，社会科学文献出版社1999年版，第235页。
② [英]约翰·格雷：《伪黎明：全球资本主义的幻象》，张敦敏译，中国社会科学出版社2002年版，第3页。
③ [法]热拉尔·杜梅尼尔、多米尼克·莱维：《新自由主义与美国霸权的危机》，刘耀辉译，《国外理论动态》2010年第2期。

第三，生产的盲目性和无政府状态加强。由于该模式的显著特点是以市场为主导，政府的作用被限定在一个相当小的范围内，而市场本身具有不确定性和盲目性，经济全球化条件下的国际资本自由流动等又加剧了这一缺陷，因此，资本主义本身就具有的生产盲目性和无政府状态更加严重。

上述缺陷表明，盎格鲁—撒克逊模式无法解决社会公正和有效需求问题，经济的发展无法长期持续，因此，在2008年金融危机发生后，许多学者如美国著名经济学家斯蒂格利茨就指出，金融危机的爆发宣告了美式资本主义的灭亡。俄罗斯国立高等经济学院世界经济和国际政治系主任谢尔盖·卡拉加诺夫也认为："无论如何，美国及其倡导的观念体系、主导打造的体制此次再度遭遇了沉重一击。"[①] 时任法国总统的萨科齐则呼吁以欧洲经济社会为基础重建资本主义，建设更负责、更道德的新资本主义。

（二）莱茵模式

莱茵模式又称欧洲社会民主主义模式或谈判或协商资本主义，以德国为代表，主要流行于莱茵河流域的欧洲大陆国家及北欧国家，瑞士、瑞典、法国、荷兰等国家都可归入这一模式。

1. 莱茵模式的特征

莱茵模式的基本框架和特征主要包括以下几个方面：

第一，坚持市场自由竞争原则与适当的国家干预相结合。在这一模式下，经济的活力应建立在市场的基础上，而有效的竞争是社会市场经济的基本前提，它能合理配置资源，提高效率，发挥工人和企业家的主动性；但另一方面，市场运行又不能独自支配整个社会生活，它首先应该受到社会需要的平衡和制约，而国家则是这种制约的保障，同时，在已经垄断化的现代经济中，只有借助于国家力量才能确保完全竞争的执行，最终保证每个社会成员都能够实现个人经济自由。当然，国家只能通过法律和经济手段对市场进行有限的干预和监督，而不能代替市场。

第二，更注重社会公平。莱茵模式在强调维护自由竞争和提高效率的同时，非常注重维护社会的公平和平等，并为此采取了一系列重要措施，

---

① ［俄］谢尔盖·卡拉加诺夫：《全球危机：创建的时机》，《俄罗斯报》2008年10月15日。

其中最为重要的是共决制和完善的社会保障制度。共决制是莱茵模式企业制度的一个基本特征,是把股东、老板、企业管理者和工会等相关各方结合起来参与企业决策。正如曾担任三任德国总理顾问的罗兰·贝格(Roland Berger)教授所说:"美国的企业主要是为了增加股东的收益,而德国的企业考虑的是照顾社会上相关各方的利益。"① 这一特征决定了企业雇员拥有更多的知情权和决策权。如德国企业董事会中的一半席位是工人代表,他们和资方代表一起决定工作时间、休假、雇佣、裁员甚至技术投资等关键性问题。近年来,共决制的范围更加广泛,在每次欧盟春季首脑会议前,都会举行由政府、资方和工会的领导人参加的"欧洲社会三方峰会",讨论欧盟重大的社会经济问题。而莱茵模式下完善的社会保障制度更是在确保市场自由竞争的前提下极大地促进了社会公平。

第三,银行作用突出。在这一模式下的经济运行中,银行的地位和作用非常突出,并与企业保持着密切关系。它可以通过持有企业股票的方式参与甚至控制企业的生产经营活动,企业也可委派代表参与银行的相关活动甚至是银行决策。因此,法国学者米歇尔·阿尔贝尔指出,"在莱茵模式中,资本主义……基本上操在银行的手里……银行在很大程度上确实在这里起着盎格鲁—撒克逊模式中的金融市场和股票市场的作用",基于此,他甚至称这一模式为"一种银行资本主义"②。

从上述特征可以看出,莱茵模式既注重发挥个人的积极性、创造性以及市场机制的优势,又注重在资本主义框架下尽量实现社会的公平,这是其最大的优势所在。

2. 莱茵模式面临的挑战

欧洲主权债务危机的爆发表明,这种模式仍然无法克服其内在的缺陷,也无法使资本主义摆脱经济危机的困扰。

莱茵模式的优势就是更注重社会公平,然而在资本主义私有制的基础上,这种模式永远无法真正解决效率与公平的问题。

在更加注重公平与福利的资本主义模式下,尽管工人的生活条件得到了改善,但这是在资本主义生产力获得巨大发展的条件下为缓和劳资矛

---

① 转引自邢昀《双层治理结构增强"德国模式"竞争力》,财新网 2011 年 3 月 31 日。
② [法]米歇尔·阿尔贝尔:《资本主义反对资本主义》,杨祖功、杨齐、海鹰译,社会科学文献出版社 1999 年版,第 87—88 页。

盾、调动工人阶级的积极性而支付给工人的，在整个社会收入的增长中只占极低的比例。从实质来看，福利国家一系列政策的推行，并没有改变工人阶级雇佣劳动者的地位和受剥削受奴役的命运，劳资对立的缓和也并未消除工人阶级与资产阶级之间的差别、矛盾和冲突，这种缓和只是暂时

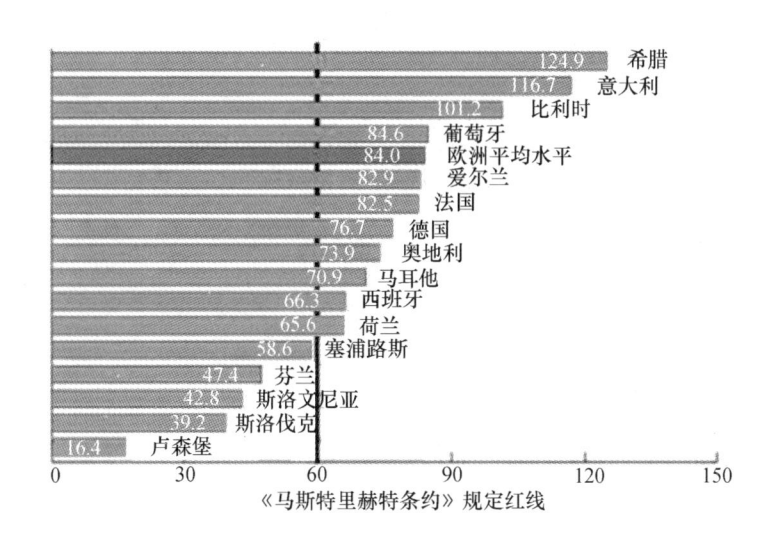

国家	债务与GDP比值（%）
希腊	124.9
意大利	116.7
比利时	101.2
葡萄牙	84.6
欧洲平均水平	84.0
爱尔兰	82.9
法国	82.5
德国	76.7
奥地利	73.9
马耳他	70.9
西班牙	66.3
荷兰	65.6
塞浦路斯	58.6
芬兰	47.4
斯洛文尼亚	42.8
斯洛伐克	39.2
卢森堡	16.4

《马斯特里赫特条约》规定红线

图2　2010年欧洲各国债务与GDP比值（%）

资料来源：http://finance.qq.com/zt2011/debt/.

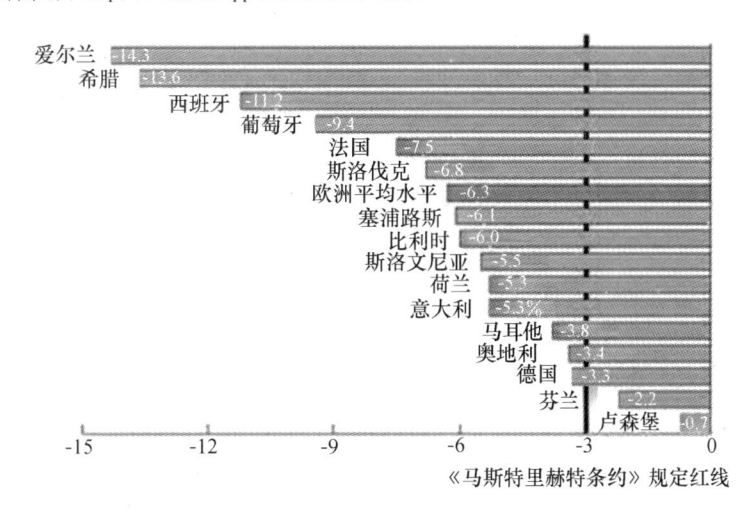

国家	公开赤字与GDP比值（%）
爱尔兰	-14.3
希腊	-13.6
西班牙	-11.2
葡萄牙	-9.4
法国	-7.5
斯洛伐克	-6.8
欧洲平均水平	-6.3
塞浦路斯	-6.1
比利时	-6.0
斯洛文尼亚	-5.5
荷兰	-5.3
意大利	-5.3
马耳他	-3.8
奥地利	-3.4
德国	-3.3
芬兰	-2.2
卢森堡	-0.7

《马斯特里赫特条约》规定红线

图3　2009年欧洲各国公开赤字与GDP比值（%）

资料来源：http://finance.qq.com/zt2011/debt/.

的，在资本主义制度下，劳资之间的差别、矛盾和对立、冲突则是始终存在的。这一模式无法从根本上调动工人阶级的积极性和创造性，从而使其倡导的公平无法与稳定的经济增长实现同步，效率与公平之间的协调在资本主义总体经济发展趋于停滞的时代更为困难。因此，从表面看，欧洲债务危机的爆发原因如一些学者所说的是人口老龄化等因素所带来的经济增长压力以及欧元区的制度设计所导致的国内政策协调乏力等，但从根本上看，其产生原因仍存在于资本主义制度内部。在维持资本主义私有制的条件下，莱茵模式将永远无法走出在"效率与公平"之间来回摆动的怪圈。而债务危机的爆发和工人运动的大规模集中爆发，使得这种左右摇摆的空间越来越小。① 对于莱茵模式的这一缺陷，欧洲各国债务以及公开赤字在 GDP 中占据越来越大的比值正是其现实表现。由于工人阶级的积极性和创造性无法充分调动，加之莱茵模式内部隐藏着的深层次矛盾，如金融市场不够灵活、应对非对称性外部冲击的能力较为薄弱等，使得其经济的发展无法建立在生产率有效提高的基础上，最终造成许多国家债务和公开赤字越来越大。图 2、图 3 反映了 2010 年欧洲各国债务及公开赤字在 GDP 中所占的比重。

不仅如此，如今的莱茵模式在新自由主义的影响下，也已与 20 世纪 70 年代时大不相同。瑞典学者珀·奥尔森就指出，在 20 世纪 70 年代时，瑞典从"摇篮到坟墓"的福利被视作现代化和进步的典范，而这个瑞典模式在很久以前就已经不存在了。现在大多数资本主义评论员所说的"新瑞典模式"被人们看作是用来展示资本主义胜利的新自由主义的"作品"，它指的是私有化的模式、放松管制和其他市场导向的"改革"。在这一模式下，瑞典国有部门的作用是为占经济统治地位的大型垄断集团提供廉价能源、基础设施以及研究和开发，而社会福利制度和民主政府为资本主义提供必要的政治和社会稳定。② 因此，资本主义制度不仅无法解决福利资本主义模式本身的弊端，而且在迫使相对具有进步性的发展模式向更有利于垄断资本利益的模式靠拢，使资本主义的发展必然面临更多无法解决的问题。

---

① 参见刘仁营、左乐平《金融危机坐标中的资本主义新变化》，《红旗文稿》2010 年第 14 期。

② ［瑞典］珀·奥尔森：《瑞典是社会主义国家吗？》，葛晶晶译，《当代世界与社会主义》2010 年第 1 期。

(三) 日本模式

日本模式又称"政府导向资本主义",核心代表是日本,韩国、新加坡等国也采纳了这种模式。

1. 日本模式的特征

第一,强调政府的主导或导向作用。日本非常强调政府在经济发展中的主导地位,政府不只对市场进行调节,而且对企业活动乃至整个国民经济运行都深度介入,主要表现在:制定宏观经济计划,自1955年日本经济企划厅正式成立后,已制定并实施了15个计划;通过产业政策发挥对企业的指导作用,日本通产省及其作用是日本模式的鲜明特色;通过财政货币政策对经济进行调控。也正因此,有学者指出,"战后日本的一套工业政策是和'强力政府'的统制或日本政府所起的统制和渗透作用密切相关的"[1]。

第二,企业管理上实行终身雇佣制和年功序列制,强调劳资协调。终身雇佣制是指这样一种惯例,即企业除了在面临极度的经营困难以外,不随意解雇或临时解雇其正式从业员工。年功序列制是指企业正式从业员工的工资每隔一定时间提高一次、职位也每隔一定时间晋升一次的惯例,雇员考评和晋升的主要依据是该雇员在企业中的地位和工作年限,这有利于加强工人间的团结协作,也有利于知识在工人中的代际传递。通过这两种制度,使雇员和企业形成了所谓的命运共同体。企业很少解雇职员,而员工也会自觉努力地去为企业效力。此外,企业员工的这种退出障碍机制的存在也有利于企业的外部关系者,即使他们不监督经营、控制劳动,企业全体员工也会自觉工作,从而可以节约监督费用和委托—代理成本。

第三,网络式企业集团制。日本模式在企业之间的关系上非常强调以大企业为中心的合作关系,"财团和其他一些联营机构把工业、商业和金融企业联系在一个稠密而又复杂的关系网中,任何国家都不能与这种情况相比"[2]。具体表现在两个方面:一是日本公司的股权结构通常呈现出法人持股比例高和法人股东持股较稳定的特点,交叉持股现象非常明显。如

---

[1] [美]莫里斯·博恩斯坦:《东西方的经济计划》,朱泱等译,商务印书馆1995年版,第270页。

[2] R. E. Caves and M. Uekusa, *Industrial Organization in Japan*, Washington D.C.: Brookings Institution, 1976, p.59.

日本的三井、三菱、住友、芙蓉、三和、第一劝业六大企业集团，80%的持股关系表现为相互持股关系。从1989年到1992年，股份所有关系率从54.63%上升到55.33%，其中，相互所有关系率从43.25%上升到44.14%，单方面持股关系率则从11.38%下降到11.18%。[①] 这清楚表明了交叉持股是持股关系的主体。二是主银行制度。所谓主银行制度是指以战后间接金融制度为基础，以系列企业为范围在银行和企业之间形成的一种长期稳定的交易关系。在日本，企业与银行之间关系密切，其中主银行的功能很强大，不仅包括对企业的融资，还包括结算账户、股份持有、公司债券的发行和经营参与，从而导致大银行与大企业间形成相互依赖的关系。

2. 日本模式的缺陷

日本模式曾经使日本经济迅速发展，实现了赶超，但在全球化进程不断加快的背景下，却表现出了制度疲劳，其缺陷日益明显。

第一，政府规制过多限制了企业活力的发挥。日本政府对经济的干预在日本经济恢复和高速发展时期起到了积极作用，但随着日本经济的发展，政府规制过多的弊病日益凸显，它不仅使企业活力受到限制，扼杀了其市场竞争力，而且使公司的经营成本上升，以致在20世纪90年代，日本企业为逃避高成本纷纷把业务转移到国外。同时，这种体制还逐渐使政府、官僚和财团相互勾结起来，腐败和寻租活动日益猖獗。

第二，企业管理制度导致日本劳动力市场缺乏灵活性。日本企业的终身雇佣制和年功序列制采取用终身收入调整职工所得的办法，缩小了收入差距，但在全球化这种对企业和人员的灵活性都要求非常高的背景下，这种制度却导致了日本劳动力市场缺乏灵活性，限制了员工的创造力和竞争力，同时也导致企业大量雇用临时工而不雇用正式工人。1990年至2008年，日本临时工的增长率从20%上升至34%，并由此产生许多问题。一方面，临时工工资低、保障差，导致工人间收入和社会地位的不平等；另一方面，临时工缺乏培训，使企业的劳动生产率下降。

第三，主银行制度功能削弱使公司治理结构的弊端日益显现。20世纪80年代后，日本对直接金融的规制进行了大幅解禁，影响了银行在企

[①] 参见庞德良《现代日本企业产权制度研究》，中国社会科学出版社2001年版，第112页。

业融资中的主导地位。同时，由于日本政府为银行提供不倒闭的挽救政策，而主银行为企业提供不破产的保障，在这一双重"保险"机制的刺激下，银行和企业的过度借贷行为使金融风险加剧，导致泡沫经济的出现。在泡沫经济崩溃后，银行出现巨额不良债权。截至1997年3月，日本银行的不良债权高达217497亿日元，其中完全不能回收的债权达143546亿日元，占66%；而作为主银行主体的城市银行的不良债权达101029亿日元，其中不能回收的债权高达66679亿日元，其比率也高达66%。[①] 主银行制度功能的削弱带来了其内在监督功能的弱化，经营者权力膨胀，追求私利。在这种情况下，单靠主银行制度已经难以维系自立化的日本公司治理结构的有效运转，公司治理结构在长期经济增长和发展中积累的结构性和制度性矛盾都逐渐显现。

从以上对三种模式的分析看，尽管每种模式都曾经发挥过重要作用，但随着经济全球化的深入和资本主义国家生产力的日益发展，这些模式不适应生产力发展的弊端也日益增多，而且在资本主义私有制的前提下，这些模式都无法从根本上有效协调公平与效率、国家调控与市场调节、虚拟经济与实体经济等之间的关系，这就必然导致资本主义在经济结构上出现实体经济与虚拟经济的比例失衡，在经济调节上出现市场和国家调节双失灵，在生产与分配上无法长期兼顾公平与效率，两极分化日益严重。而所有这些都使危机的发生不可避免。发端于2007年美国次贷危机的金融危机已经使世界清楚地认识到"西方模式不过是一个主要有利于富有阶级的幻想……被证明是不可持续的"。马克思主义学者本·法因也指出："现在看来似乎该贬低的是资本主义而不是社会主义——资本主义在理论上非常完美，但是它在实践中无法运作。"[②]

三 世界社会主义运动和左翼力量的持续发展

上述分析已经表明，尽管当前资本主义不断地进行自我调适、自我修复，但是，却并不能触及资本主义的根本制度，因而也不可能消除资本主

---

① 参见庞德良《现代日本企业产权制度研究》，中国社会科学出版社2001年版，第155页。
② 本·法因：《从马克思主义视角透视危机：或许为我们指明了另一条道路》，沈尤佳译，《政治经济学评论》2010年第1期。

义社会的基本矛盾,同时,资本主义的发展模式也遇到了越来越多的挑战,使资本主义经济增长无法持续,而"随着资产阶级社会所固有的这一切矛盾的增长和发展,被剥削劳动群众对现状的不满也在增长"①,反抗资本主义的主体性力量不断增强,他们同剥削者的斗争也日益尖锐。

(一) 世界各国共产党和左翼力量的恢复和发展

苏东剧变发生后,世界各国的共产党受到了巨大冲击,大多数共产党党员人数锐减并日益被边缘化,有些国家的共产党甚至惨遭解散。在欧洲,共产党无论是在组织规模还是政治影响上都曾经是政治舞台上的重要力量,然而,苏东剧变后,欧洲地区的共产党减少到21个,党员人数减少到不足100万,在各国议会中所占席位的总数由288席减少到89席。但即使在这种恶劣的国内和国际环境下,各国共产党并没有放弃马克思主义信仰,而是顶住了各方面的压力,顽强地生存下来。不仅如此,各国共产党还对国际共产主义运动和社会主义模式等进行了反思,对共产党的性质和任务等也有了更深刻的认识,并结合全球化时代资本主义在经济、政治和意识形态等方面出现的新变化,对各自的党纲和党章进行了调整,扩大了其影响力和群众基础。

总体来说,各国共产党的发展变化主要体现在以下几个方面:

第一,在党的性质上,由工人阶级政党转向群众性政党。为了巩固和扩大党的社会基础,国外共产党大多都对党组织的性质和作用进行了新的界定,不同程度地出现了由工人阶级政党向群众性政党、服务性政党转变的趋势,如日共"二十二大"通过的新党章明确规定日本共产党是"工人阶级政党,也是全体日本国民的政党";美国共产党则认为应"把党建设成为一个重在实行工人阶级政策的工人阶级的党,一个扎根于阶级斗争的群众性的党"②。许多国家的共产党都指出,要改变那种"党迟早会成为工人阶级和人民运动的唯一和不可挑战的领导者"的观念,让群众追随自己、团结在自己的周围这种做法也不符合当前发达资本主义国家的现实,因此,对自身的角色定位至关重要,如法国共产党就将自己定性为一个"对法国人民有用的党"。

---

① 《列宁选集》第3卷,人民出版社1995年版,第733页。
② 刘金东、李鹏:《当代资本主义国家共产党的新变化》,《求实》2004年第1期。

第二，在社会主义的发展前景和发展模式上，各国共产党进一步明确认识到，当代资本主义已经变成全球性的资本主义，其垄断性、掠夺性和侵略性更加强烈，同时，其历史命运也并未改变。而社会主义的发展模式和道路应该从本国国情出发，因此，各国共产党都在积极探索具有本国特色的社会主义发展道路。美共就明确指出，社会主义不存在固定和万能的模式，"社会主义美国将依据美国的传统、历史、文化和国情来建成，因而它将不同于世界上其他的社会主义社会，它将是独特的美国式的"①。

第三，在社会主义的实现形式上，除极少数共产党外，绝大多数共产党都放弃了暴力斗争方式，主张走以和平民主的议会斗争为中心的、议会内斗争和议会外斗争相结合的现代革命道路。

第四，在斗争策略上，各国共产党都强调"左翼联合"的斗争策略。如西班牙共产党在2002年召开的党的"十六大"的主题就是："和左翼一起，建设未来"，强调要加强左翼的团结。南非共产党则采取了与执政党非国大合作的策略，从而使自己成为南非重要的参政党，拥有国会400个议席中的80席。

第五，在党的活动方式上，各国共产党都主张应实现党的活动方式的现代化。这主要表现在利用先进的信息技术和各种传媒手段，宣传党的政策主张、发展党员、扩大党的影响力等。如许多国家都举办了党报节，它是以党的报纸的名义举行的一种集政治、文化、体育、娱乐、餐饮、购物于一体的大型群众性庆祝活动，以此吸引民众参加，扩大党的影响力。在法国、葡萄牙和西班牙等国家，每年参加党报节的人数都在五六十万左右。活动方式现代化的另一个重要表现是利用互联网宣传党的政策主张并发展党员。如美国共产党就充分利用网络手段发展党员，使其政策主张在许多民众尤其是青年中得到接受和支持，从而获得了新发展。在美国共产党现有的3000名党员中，1500人是在过去的两年里加入美国共产党的，其中35岁以下的占35%。

通过上述发展变化，各国共产党不仅顶住了来自苏东剧变的压力和国内右翼的攻击，而且有了一定的发展。在西欧地区，经过苏东剧变冲击后坚持下来的共产党，到20世纪90年代中期，组织和力量基本稳定下来。其中，较有影响的有法国共产党（13万多名党员）、葡萄牙共产党（13

---

① 转引自黄宏志《美国共产党的社会主义权利法案》，《国外理论动态》2000年第1期。

万多名党员)、意大利重建共 (9.6 万名党员)、意大利共产党人党 (3.5万名党员)、西班牙共产党 (4 万多名党员) 和希腊共产党 (3 万多名党员)。在北欧,瑞典共产党在 1995 年召开重建大会,在 2006 年议会选举中,共产党获得 438 张选票;丹麦的共产党组织共有约 1000 名党员;挪威共产党约有 500 人。在美国,登记在册的共产党员约有 5000 名,每月大约都有 160 名民众通过其网站入党,其党员成分主要是产业工人,也包括一些科技人员、教育和医疗工作者等。在日本,2008 年党员人数约为40 万,党支部发展到 25000 个,仅在 2007 年 9 月至 2008 年 5 月间,就新增了约 8000 名党员,日共还打算在 2008 年内新增 2 万名党员。据日本共同社 2008 年 4 月的一项调查,日共当时的民众支持率为 4.1%,在年轻人中的支持率也有增加,在 30 多岁男性中的支持率为 11%,在 20 多岁女性中的支持率为 9.4%,都是历史最好水平。日本共产党至今仍然是发达资本主义国家中最大的共产党组织。[1]

除上述发达资本主义国家的共产党外,许多发展中国家的共产党也有了很大发展,有些共产党还成为执政党,如摩尔多瓦共产党人党在 2001年和 2005 年的议会选举中连续成为执政党,塞浦路斯劳动人民进步党的领导人斯托菲亚斯在 2008 年也当选为该国总统,尼泊尔共产党(毛主义)在 2008 年的议会选举中成为议会最大党并成立了由尼共(毛主义)中央主席普拉昌达领导的新政府。

除共产党外,资本主义国家还存在着其他左翼力量,不仅其成员和影响力逐步增加,还建立了一些跨国政党和组织,如欧洲左翼党在 2004 年5 月召开成立大会,德国民社党、意大利重建共、西班牙联合左翼、希腊左联党等欧盟 12 国 14 个共产党与左翼政党成为该党首批成员,意大利重建共全国书记法乌斯托·贝尔蒂诺蒂当选为党主席。而在拉美,自 1998年委内瑞拉左翼竞选联盟"爱国中心"的总统候选人查韦斯当选总统以及玻利瓦尔革命开始,左翼力量的领导人在许多拉美国家都纷纷通过大选上台执政。2002 年 10 月的巴西大选,2004 年 3 月的萨尔瓦多大选、5 月的巴拿马大选、10 月的乌拉圭大选,2005 年 12 月的玻利维亚大选,左翼领导人都分别相继胜出。2007 年 12 月,在中美洲大国危地马拉的总统大选中,左翼的危地马拉全国希望联盟党候选人阿尔瓦罗·科洛姆又成功当

---

[1] 参见姜辉《当前国外共产党组织总体状况及发展前景》,《红旗文稿》2009 年第 1 期。

选总统。2008年4月，在巴拉圭大选中，代表左翼的爱国变革联盟领导人费尔南多—卢戈击败已在巴拉圭执政60余年的巴拉圭"红党"候选人，赢得大选。[①]

同时，各国共产党以及各种左翼组织之间的国际联系与合作也不断恢复和发展，"国际共产主义研讨会"定期召开，目前已有150个政党和组织参加到该研讨会中来。研讨会的宗旨是就当前世界与社会主义的重大问题进行讨论交流，捍卫马克思列宁主义和无产阶级国际主义。"共产党和工人党国际会议"也定期召开，从1998年开始至2013年已举办了15次，它是世界各国共产党工人党加强联系、交流思想和经验、促进世界社会主义运动发展的重要形式。如今，各国的左翼组织已经日益认识到国际合作的重要性。2008年6月召开的"2008世界社会主义大会"就明确指出，左翼力量组织起来是时代的迫切要求，时代呼唤新的革命，新的革命呼唤新的组织。在2009年6月的欧洲议会选举中，包括西欧主要共产党在内的欧洲19个共产党联合署名发出呼吁，反对欧盟的新自由主义和军事主义政策。同年7月，欧洲安全与合作组织在日常议会会议上通过了新反共决议——《分裂的欧洲重新统一》，该决议将共产主义与法西斯主义相提并论，对此，西欧主要共产党不仅纷纷在国内进行抗议活动，同时还开展共同行动，联合其他地区共产党发表了一份由69国共产党署名的声明，阐明自己的立场，呼吁所有工人阶级摒弃意识形态差异，团结起来反对这一断然的反共信号。这些都反映出共产党及左翼组织间的合作不断加强。

从上述论述可以看出，尽管全球化加强了资本的力量，但资本主义国家的共产党和其他左翼政党也在不断地调整战略方针，在新形势下取得了进展，并对资本主义右翼政党形成了一定的冲击和挑战。而且，左翼政党也日益认识到在现代政治发展中，不仅要始终保持自己的政党特色，避免丧失其身份特征，而且要加强各左翼政党之间的联合，以此对抗不断团结一致的资本的力量，在政治斗争中取得更大的成功，摆脱边缘化的地位。

（二）工人运动仍然是资本主义国家运行过程中的重要组成部分

战后，随着资本主义经济的迅速发展和世界社会主义运动压力的增

[①] 参见刘晗《拉美国家左翼力量崛起 经济前景仍步履蹒跚》（http://news.sina.com.cn/w/2006-01-03/14468762602shtml）。

强,资本主义国家在蛋糕不断增大的前提下,通过社会福利制度的建立和完善、职工持股制度、工人参与企业管理等手段,使工人阶级的经济状况有所好转。许多资产阶级学者都宣称,"资本主义本质已发生变化,工人阶级正在消失,工人已不是无产者了",许多学者还指出,此时的工人阶级已不再是马克思主义所说的工人阶级,其先进性、革命性已经不存在了。加之,苏东剧变的发生使世界社会主义运动走向低潮。这些都使资产阶级弹冠相庆,认为资本主义的掘墓人——无产阶级已无法对其构成威胁。然而,进入21世纪后,资本主义经济出现了越来越多的问题和困境,而社会主义国家却在改革中不断前进和发展,在这种情况下,资本主义国家的工人运动也开始蓬勃发展,尤其是2008年大多数资本主义国家都陷入经济危机的困扰中时,规模庞大且具有一定的计划性和秩序性的工人罢工运动在各国屡有出现。

进入21世纪后,西方国家发生了许多有影响的工人运动,如2005年12月20日至23日的纽约公交工人大罢工,约有3.3万名公交工人参加,使纽约市遭受了10多亿美元的经济损失,并对美国社会造成了很大的震动,最终在12月28日使纽约大都会捷运局与纽约公交工人工会就工人工资、养老金及医疗保险等问题达成了协议。2006年5—12月,墨西哥瓦哈卡州的教师抗议活动持续半年多,并一度占领了12家私人电台,封锁了公路、公共汽车站和报社。在金融危机后,法国在2010年1月29日爆发了金融危机以来的第一次大规模罢工活动,全国有近250万人参加。而深受债务危机困扰的希腊也在2010年2月至3月间爆发了3次大规模罢工活动,在2月24日和3月11日举行的全国性大罢工中,参与人数都超过了200万。此后,在西班牙、英国、德国、意大利等都发生了声势浩大的工人罢工、游行等示威活动。2011年9月17日,美国民众发起了名为"占领华尔街"的示威活动,意在表达对金融制度偏袒权贵和富人的不满,声讨引发金融海啸的罪魁祸首。该活动的网站指出:"我们共同的特点是占总人口99%的普通大众,对于仅占总数1%的人的贪婪和腐败,我们再也无法忍受。"该抗议活动持续了将近两个月,并蔓延至82个国家,形成了很大反响。

工人运动的发展表明,尽管发达资本主义国家工人阶级的地位有所提高,生活水平有所好转,而且资产阶级政府推行的新自由主义政策对工人罢工和工会活动都进行了限制,如欧洲许多国家规定,只有在多数工人赞同罢工的情况下工会才可以组织罢工，且必须严格履行信息告知程序，包括及时告知雇主举行罢工投票的意图、参加投票的工人人数和类别、罢工投票的结果、参加罢工的工人人数及类别等信息；政府还对公共服务部门的罢工进行限制，等等。因此，在20世纪80年代后，工人罢工的次数和规模都有所缩减，但进入21世纪后，工人运动的发展表明，工人阶级不仅没有放弃斗争，而且斗争的规模还在日益扩大。这一方面是由于资本对劳动的剥削不但永远不会停止，反而会随着资本力量的强大而加剧，马克思就曾经深刻地指出，"资本是一种集中的社会力量，而工人只拥有自己的劳动力。因此，劳资之间永远不可能在公平的条件下缔结协定，即使在物质生活资料和劳动资料的所有权同活的生产力相对抗的社会看来的公平条件下也不可能"[①]。因此，工人阶级日益清醒地认识到自己的地位，为争取更合理更公平权利的斗争也日趋增强。另一方面，资产阶级推行的新自由主义政策使工人阶级的规模日益扩大，垄断竞争的加剧使许多小企业主破产并沦为工人阶级，而曾经的中产阶级也正下降为工人阶级，美国哥伦比亚大学的学者菲利普·邦德就指出，"中产阶级的工资现在不再能维持其生活了……40年前，一个熟练工的工资足以维持他自己、妻子和家庭的生活。现在，即使是一对中产夫妇的双份工资也难以保障家庭收支平衡了"[②]。同时，新自由主义全球化还在全球范围内使农民日益失去土地，加入到工人阶级的队伍。

工人运动的发展还表明，无产阶级作为资本主义制度的掘墓人和社会主义社会创立者的历史使命并没有改变。从工人运动的结果来看，尽管罢工等确实使工人在经济利益方面取得了一定的成果，但并未造成资本主义的统治危机，对资本主义根本制度并未形成冲击。之所以如此，一个重要原因就是在当前的工人运动中，经济罢工仍是工人运动的主要形式，这一方面是因为工人知道"正是这种增加工资的要求的广泛性，正是罢工的全面性，最能吸引大量新的参加者，最能保证冲击的力量并赢得社会的同情，最能保证工人本身的成功和工人运动的全民意义"[③]，另一方面也是因为工人阶级的阶级意识与战前相比，有了明显的下降。许多国家的共产

[①] 《马克思恩格斯全集》第16卷，人民出版社1964年版，第219—220页。
[②] 转引自[英]菲尔·赫斯《"自在"还是"自为"：工人阶级的阶级意识瓦解了吗》，罗丽平译，《马克思主义研究》2009年第10期。
[③] 《列宁全集》第21卷，人民出版社1990版，第327页。

党都指出,当今工人阶级的政治意识比几十年前差了很多,发达国家尤其是欧洲的社会福利政策已经弱化了工人阶级的政治意识。马克思曾经在提及工会运动时也指出:"工联作为抵制资本进攻的中心,工作颇有成效。它们遭到失败,部分是由于不正确地使用自己的力量。总的说来,它们遭到失败是因为它们只限于进行游击式的斗争以反对现存制度所产生的结果,而不同时努力改变这个制度,不运用自己有组织的力量作为杠杆来最终解放工人阶级,也就是最终消灭雇佣劳动制度。"① 如今,工人运动的结果也表明,只要工人阶级雇佣劳动者的历史地位没有改变,他们就不能真正摆脱经济上受剥削、政治上受压迫、精神上受奴役的地位,这也决定了其历史使命仍然是消灭资本主义。对此,各国工人阶级已经有了更加明确的认识,在第十一次共产党和工人党国际会议上,许多国家的共产党和工会领导人都提出了工会在今后的斗争中应充分利用选票的力量,同时强化工会组织之间的国际和区域合作,协调工会与左翼或泛左翼政党等其他左翼力量的合作,以此加强工人运动的影响和对资本主义制度的冲击。第十二次共产党和工人党国际会议又强调指出:在今天的现实情况下,当务之急在于共产党和工人党参与并加强人民的这些防御性斗争,并把这种防御性斗争转变为进攻性斗争,以争得更广泛的工人和人民的权利,并废除资本主义。②

(三) 世界范围内研究马克思主义的热潮不断涌现

冷战结束后,世界范围内对马克思主义的研究不仅并未停止,反而因社会主义运动暂时处于低潮而更深入地展开了对社会主义遇到的挫折、资本主义的新变化、本质及历史命运的研究,从而呈现出一波又一波的研究热潮。

20世纪90年代以来,国际范围内对马克思主义的学术讨论主要有三个重要的研讨会,一是以法国马克思园地为中心的"国际马克思大会"。1995年9月,为纪念恩格斯逝世100周年,在法国巴黎召开了首届"国际马克思大会",重点讨论恩格斯的思想以及马克思主义的前途和命运,

---

① 《马克思恩格斯选集》第2卷,人民出版社1995年版,第98页。
② 转引自刘春元《第十二次共产党和工人党国际会议的政策主张》,《当代世界社会主义问题》2011年第1期。

至今,"国际马克思大会"已连续举办了六届(1995年、1998年、2001年、2004年、2007年和2010年),每三年召开一次,主要讨论马克思主义的一些基本理论问题和当代的重大现实问题,每次大会较前一次无论在参与人数上,还是在讨论议题上都有所扩大。2010年9月22—25日举办的第六届大会主题为"危机、反抗、乌托邦",有大约1000名研究者参加。二是2004年发起的"全球左翼论坛"。该论坛每年都邀请世界各国的专家、学者以及社会活动家与会,围绕当代世界面临的紧迫问题交流观点。如2012年论坛的主题为"占领制度:对抗全球资本主义",2013年论坛的主题为"为生态转型和经济转型而努力"。三是拉丁美洲以"世界社会论坛"和"圣保罗论坛"为中心召开的国际研讨会。这两个论坛都是以巴西劳工党为主的拉美左派组织发起的,其背景是苏东剧变、世界社会主义运动陷入低潮,拉美地区左翼在思想和理论上陷入混乱和困惑,迫切需要一个讨论空间,以明确和把握政治方向。同时,新自由主义全球化给拉美国家带来了许多不良影响,为拉美左翼批判资本主义、寻求新自由主义的替代方案提供了条件。"圣保罗论坛"起始于1990年,到2013年已召开了19次会议,已发展成为世界左翼政治力量的大聚会,与会者除拉美左翼外,其他各洲的左翼学者都有参加。"世界社会论坛"发起于2001年,它旗帜鲜明地指出"另一个世界是可能的"。该论坛每年举办一次,参与者也从一般左翼组织扩大到社会党国际、国际劳工组织等国际组织和团体,被称为穷人的联合国。

除了这些定期召开的论坛和会议,还有许多主题研讨会,如1996年7月,英国《社会主义者评论》杂志等单位在伦敦大学召开了"96马克思主义大会",与会者多达6000多人,举办了260多场报告和讨论会,对马克思主义和社会主义的许多基本理论问题,包括马克思主义的阶级和阶级斗争学说,进行了热烈的讨论;1998年,法国马克思世界协会主办了"纪念《共产党宣言》发表150周年"国际讨论会;2003年在俄罗斯举办了主题为"人类史前时期的结束:社会主义是资本主义的替代选择"的国际学术实践大会,等等。

随着世界范围内研究马克思主义热潮的兴起,宣传和研究马克思主义、社会主义的著述日渐增多,人们对马克思主义的认识也更加深入。1999年10月,在英国广播公司开展的网上评选千年"最伟大的思想家"活动中,卡尔·马克思名列榜首,评选结果指出:"马克思作为一个哲学家、社会科学家、历史学家和革命者所取得的成果，在今天仍然得到学术界的尊重。"1999 年 12 月，英国路透社在政、商、学术、艺术四界的名人中评选"千年伟人"，马克思同样入选。不仅如此，在 2008 年国际金融危机发生后，在许多资本主义国家如德国等，马克思的《资本论》都成为畅销书，在普通民众中也掀起了学习马克思主义的热潮。

这些充分表明，马克思主义仍然具有强大的生命力。为了认识和解决当今世界的诸多社会问题和社会矛盾，人们又从马克思主义学说中去寻找思想武器，说明马克思主义真理的光辉依然在照耀着人类社会的前程。诚如有学者指出的："马克思并没有随着柏林墙的倒塌和意识形态的宣布死亡而消灭。历史在反抗，曾于 1848 年纠缠过欧洲的共产主义幽灵注定要纠缠全世界。孕育造反运动的土壤仍然存在，不满的种子虽然还很分散，但却随时会发芽。"①

（四）现存的社会主义国家在改革中稳步发展

苏东剧变后，中国、越南、朝鲜、老挝和古巴等五个社会主义国家都在不断进行社会主义理论探索，并结合国内和国际的现实不断进行政治、经济体制改革，摆脱了过去僵化的发展模式，对社会主义的认识都有了不同程度的丰富与发展，也逐步走出了适合本国国情的社会主义发展道路，经济和社会建设都取得了巨大的成功。如越南在 20 世纪 80 年代中后期就开始了改革的步伐，越共在第九届党代会上正式提出：建立遵循市场规律、由社会主义性质和原则的引导支配的社会主义市场经济，在国家管理下，按照市场体制运作，以富民、强国、社会平等、民主和文明为目的的发展多样化的商品经济。② 在坚持马克思主义和社会主义方向不动摇的前提下，越南全面推进了社会主义改革，实现了政治和社会的基本稳定。而朝鲜劳动党一贯坚持将金日成创立的主体思想作为指导思想，坚持站在主体的立场上解决革命和建设的一切问题，用自己的方式推进社会主义革命和建设，逐渐形成了具有朝鲜特色的社会主义发展道路。古巴在资本主义的重重包围下，坚持和捍卫了社会主义毫不动摇，并在 1993 年后采取了一系列经济改革措施。在不断改革的基础上，这些国家的经济发展水平都

---

① 吴雄丞：《正确看待目前世界社会主义的形势》，《科学社会主义》2002 年第 4 期。
② 转引自郭强、任福兵、朱姝《中国模式具有一定的普适性》，《学术界》2010 年第 4 期。

有了较大的提高。根据国际货币基金组织2010年4月所公布的数据,越南2009年的国内生产总值为924.39亿美元,比1991年增长了12.1倍;老挝2009年的国内生产总值为55.98亿美元,比1991年增长了5.2倍;中国、越南、老挝3国占全世界国内生产总值的比重也从1991年苏联瓦解时的1.72%增加至2009年的8.64%。

作为最大的社会主义国家,中国特色社会主义也取得了巨大的成就,充分显示了社会主义的生命力。自改革开放以来,中国经济飞速发展,工业化的水平由1978年的62.3%上升为2006年的72.3%。2010年,中国的国内生产总值达到397983亿元,世界排名跃居第2位,2012年进一步提升至519322亿元。在资本主义国家普遍受到金融危机严重打击时,中国经济仍保持了较高的增长率,这充分展示了中国以公有制经济占主体的经济制度、以社会主义核心价值体系构建的社会思想理念和以人民当家作主为目标的社会主义民主政治体制的优越性。对世界社会主义运动而言,中国特色社会主义的发展不仅在社会主义运动总体处于低潮时成为坚持社会主义的中流砥柱,而且在21世纪初,在资本主义陷入危机时中国特色社会主义更充分显示了社会主义的生命力,也成为其他国家的共产党坚持斗争的重要支撑,并成功扭转了20世纪后期世界社会主义运动陷入低潮的趋势。俄罗斯学者阿·雅可夫列夫就指出,"恰恰是中国特色社会主义注入了在目前实际条件下体现社会主义的生命力"[1]。而且,中国社会主义建设所取得的巨大成就,也证实了社会主义具有资本主义无法比拟的巨大优越性,正如邓小平在论及我们发展战略目标的意义时指出的,它"向人类表明,社会主义是必由之路,社会主义优于资本主义"[2]。面对中国社会主义建设的成功发展,"历史终结论"的创始者弗朗西斯·福山在反思金融危机时也慨叹"历史似乎没有终结",他在接受日本政论杂志《中央公论》的专访时提出:"客观事实证明,西方自由民主可能并非人类历史进化的终点。随着中国的崛起,所谓'历史终结论'有待进一步推敲和完善。"[3]

从上述分析可以看出,尽管"二战"后资本主义为了缓和国内激化

---

[1] 转引自赵曜《正确认识和评价中国模式》,《光明日报》2010年12月19日。
[2] 《邓小平文选》第3卷,人民出版社1993年版,第225页。
[3] 转引自赵海建《"捧杀"中国,以"中国模式"的名义?》,《广州日报》2010年1月24日。

的基本矛盾和经济社会危机，在保持基本制度不变的前提下，不断地对各种具体的经济体制进行局部调整，新帝国主义在经济全球化的背景下，利用货币霸权、发达国家控制的国际组织等，将自身的经济发展建立在发展中国家的贫穷的基础上，通过掠夺其他国家创造的财富使本国经济获得巨大增长，但是，所有这些都无法消除资本主义的内在矛盾，也不能否定帝国主义的垂死性，并未如某些人所宣称的帝国主义垂而不死、列宁的帝国主义论已完全不适用于当前的社会。实际上，这正说明了资本主义向社会主义过渡的长期性，也证实了马克思所明确指出的"无论哪一个社会形态，在它所能容纳的全部生产力发挥出来以前，是决不会灭亡的；而新的更高的生产关系，在它的物质存在条件在旧社会的胎胞里成熟以前，是决不会出现的"①。当前帝国主义所出现的这些新的发展表明了资本主义仍具有自我调适、自我修复的能力，仍具有容纳和推进现代生产力发展的能力。但是，资本主义的这种自我调适、自我修复并没有改变资本主义的根本制度，因而也不可能消除资本主义社会的基本矛盾，而"随着资产阶级社会所固有的这一切矛盾的增长和发展，被剥削劳动群众对现状的不满也在增长，无产者的人数在增加，他们的团结在增强，他们同剥削者的斗争日益尖锐。同时，技术改进既使生产资料和流通手段集中起来，使资本主义企业中的劳动过程社会化，于是日益迅速地造成以共产主义生产关系代替资本主义生产关系即进行社会革命的物质条件"②。在资本主义基本矛盾无法消除的现实下，在反抗资本主义的主体力量不断增长的条件下，资本主义必然无法改变其最终被社会主义所取代的历史命运，尽管这需要经历一个曲折发展的长期过程，但正如马克思在《共产党宣言》中所指出的，"资产阶级生存和统治的根本条件，是财富在私人手中的积累，是资本的形成和增值；资本的条件是雇佣劳动。……资产阶级无意中造成而又无力抵抗的工业进步，使工人通过结社而达到的革命联合代替了他们由于竞争而造成的分散状态。于是，随着大工业的发展，资产阶级赖以生产和占有产品的基础本身也就从它的脚下被挖掉了。它首先生产的是它自身的掘墓人。资产阶级的灭亡和无产阶级的胜利是同样不可避免的"③。

---

① 《马克思恩格斯选集》第 2 卷，人民出版社 1995 年版，第 33 页。
② 《列宁选集》第 3 卷，人民出版社 1995 年版，第 733—734 页。
③ 《马克思恩格斯选集》第 1 卷，人民出版社 1995 年版，第 284 页。

参考文献

《马克思恩格斯选集》第 1—4 卷，人民出版社 1995 年版。
《马克思恩格斯全集》第 2 卷，人民出版社 1957 年版。
《马克思恩格斯全集》第 16 卷，人民出版社 1964 年版。
《马克思恩格斯全集》第 38 卷，人民出版社 1972 年版。
《马克思恩格斯全集》第 42 卷，人民出版社 1979 年版。
《马克思恩格斯全集》第 46 卷（上），人民出版社 1979 年版。
《马克思恩格斯全集》第 46 卷（下），人民出版社 1980 年版。
《资本论》第 1—3 卷，人民出版社 1975 年版。
《列宁选集》第 2、3 卷，人民出版社 1995 年版。
《列宁全集》第 11 卷，人民出版社 1987 年版。
《列宁全集》第 26 卷，人民出版社 1988 年版。
《列宁全集》第 27 卷，人民出版社 1990 年版。
《列宁全集》第 29 卷，人民出版社 1985 年版。
《列宁全集》第 37 卷，人民出版社 1986 年版。
《列宁全集》第 38 卷，人民出版社 1986 年版。
《列宁全集》第 39 卷，人民出版社 1986 年版。
《邓小平文选》第 3 卷，人民出版社 1993 年版。
陈宝森：《美国跨国公司的全球竞争》，中国社会科学出版社 1999 年版。
陈宝森：《剖析美国"新经济"》，中国财政经济出版社 2002 年版。
何玉长、王宏伟、潘孟菊：《批判与超越——西方激进经济学述评》，当代中国出版社 2002 年版。
胡鞍钢、门洪华主编：《解读美国大战略》，浙江人民出版社 2003 年版。
胡连生、杨玲：《当代资本主义的新变化与社会主义的新课题》，人民出版社 2000 年版。

胡连生、杨玲：《当代资本主义双重发展趋向研究》，人民出版社 2008 年版。

黄素庵、甄炳禧：《重评当代资本主义经济》，世界知识出版社 1996 年版。

靳辉明、罗文东主编：《当代资本主义新论》，四川人民出版社 2005 年版。

雷思海：《第五帝国的终结》，时事出版社 2003 年版。

李其庆主编：《全球化与新自由主义》，广西师范大学出版社 2003 年版。

刘国平：《美国民主制度输出》，社会科学文献出版社 2006 年版。

刘国平、范新宇：《国际垄断资本主义时代》，经济科学出版社 2004 年版。

刘颖：《相互依赖、软权力与美国霸权》，中国社会科学出版社 2010 年版。

罗文东主编：《当代西方资本主义理论流派研究》，安徽人民出版社 2008 年版。

庞德良：《现代日本企业产权制度研究》，中国社会科学出版社 2001 年版。

裘援平、柴尚金、林德山：《当代社会民主主义与"第三条道路"》，当代世界出版社 2004 年版。

史妍嵋：《经济全球化与当代资本主义的新变化》，广东人民出版社 2004 年版。

王金存：《帝国主义历史的终结》，社会科学文献出版社 2008 年版。

王振锁：《自民党的兴衰——日本"金权政治"研究》，天津人民出版社 1996 年版。

吴健：《现代资本主义研究——吴健文集》，对外经济贸易大学出版社 2001 年版。

俞可平：《国外马克思主义研究报告 2007》，人民出版社 2007 年版。

余永定、李向阳主编：《经济全球化与世界经济发展趋势》，社会科学文献出版社 2002 年版。

张世鹏等：《全球化时代的资本主义》，中央编译出版社 1998 年版。

张西明：《新美利坚帝国》，中国社会科学出版社 2003 年版。

周弘：《对外援助与国际关系》，中国社会科学出版社 2002 年版。

［巴西］特奥托尼奥·多斯桑托斯：《帝国主义与依附》，杨衍永等译，社会科学文献出版社1999年版。

［德］赫尔弗里德·明克勒：《统治世界的逻辑——从古罗马到美国》，阎振江、孟翰译，中央编译出版社2008年版。

［德］卡尔·考茨基：《帝国主义》，史集译，三联书店1964年版。

［德］卢森堡：《资本积累论》，彭尘舜、吴纪先译，三联书店1959年版。

［德］卢森堡：《社会改良还是社会革命》，徐坚译，三联书店1958年版。

［德］鲁道夫·希法亭：《金融资本》，福民等译，商务印书馆2009年版。

［德］托马斯·迈尔：《社会民主主义的转型》，殷叙彝译，北京大学出版社2001年版。

［俄］尼·布哈林：《世界经济和帝国主义》，蒯兆德译，中国社会科学出版社1983年版。

［法］弗朗索瓦·沙奈：《资本全球化》，齐建华译，中央编译出版社2001年版。

［法］亨利·勒帕日：《美国新自由主义经济学》，李燕生译，北京大学出版社1985年版。

［法］米歇尔·阿尔贝尔：《资本主义反对资本主义》，杨祖功、杨齐、海鹰译，社会科学文献出版社1999年版。

［古巴］菲德尔·卡斯特罗：《全球化与现代资本主义》，王玫译，社会科学文献出版社2000年版。

［美］保罗·巴兰、保罗·斯威齐：《垄断资本》，南开大学政治经济系译，商务印书馆1977年版。

［美］查尔斯·德伯：《公司帝国》，闫正茂译，中信出版社2004年版。

［美］查尔斯·K. 威尔伯：《发达与不发达问题的政治经济学》，高铦译，中国社会科学出版社1984年版。

［美］弗朗西斯·福山：《美国处在十字路口——民主、权力与新保守主义的遗产》，周琪译，中国社会科学出版社2008年版。

［美］弗朗西斯·斯托纳·桑德斯：《文化冷战与中央情报局》，曹大鹏译，国际文化出版公司2002年版。

［美］弗雷德里克·米什金：《下一轮伟大的全球化》，姜世明译，中信出版社2007年版。

［美］弗雷德里克·普赖尔：《美国资本主义的未来》，黄胜强等译，中国

社会科学出版社 2004 年版。

[美] 汉斯·摩根索：《国际纵横策论：争强权，求和平》，卢明华等译，上海译文出版社 1995 年版。

[美] H. U. 福克纳：《美国经济史》下卷，王锟译，商务印书馆 1989 年版。

[美] J. 斯帕尼尔：《第二次世界大战后的美国外交政策》，段岩石译，商务印书馆 1992 年版。

[美] 理查·隆沃思：《虚幻乐园——全球经济自由化的危机》，应小端译，台湾天下远见出版股份有限公司 2000 年版。

[美] 罗伯特·吉尔平：《国际关系政治经济学》，杨宇光等译，经济科学出版社 1989 年版。

[美] 罗伯特·吉尔平：《世界政治中的战争与变革》，宋新宁、杜建平译，中国人民大学出版社 2004 年版。

[美] 罗伯特·基欧汉：《霸权之后——世界政治中的合作与纷争》，苏长和等译，上海人民出版社 2001 年版。

[美] 罗伯特·沃尔特斯：《美苏援助对比分析》，陈源、范坝译，商务印书馆 1974 年版。

[美] 罗纳德·H. 奇尔科特 主编：《批判的范式：帝国主义政治经济学》，施杨译，社会科学文献出版社 2001 年版。

[美] 麦克尔·哈特、[意] 安东尼奥·奈格里：《帝国——全球化的政治秩序》，杨建国、范一亭译，江苏人民出版社 2003 年版。

[美] 迈克尔·赫德森：《金融帝国》，嵇飞、林小芳等译，中央编译出版社 2008 年版。

[美] 迈克尔·P. 托达罗：《经济发展与第三世界》，印金强、赵荣美译，中国经济出版社 1992 年版。

[美] 乔治·索罗斯：《美国的霸权泡沫》，燕清等译，商务印书馆 2004 年版。

[美] 瑞·坎特伯雷：《华尔街资本主义》，吴芹译，江西人民出版社 2001 年版。

[美] 特伦斯·K. 霍普金斯、伊曼纽尔·沃勒斯坦等：《转型时代——世界体系的发展轨迹：1945—2025》，吴英译，高等教育出版社 2002 年版。

[美] 伊曼纽尔·沃勒斯坦：《历史资本主义》，路爱国、丁浩金译，社会科学文献出版社1999年版。

[美] 约翰·贝拉米·福斯特：《生态危机与资本主义》，耿建新、宋兴无译，上海译文出版社2006年版。

[美] 约瑟夫·奈：《硬权力与软权力》，门洪华译，北京大学出版社2005年版。

[日] 星野昭吉：《全球政治学：全球化进程中的变动、冲突、治理与和平》，刘小林、张胜军译，新华出版社2000年版。

[英] 布鲁厄：《马克思主义的帝国主义理论》，陆俊译，重庆出版社2003年版。

[英] 大卫·哈维：《新帝国主义》，初立忠、沈晓雷译，社会科学文献出版社2009年版。

[英] 戴维·柯茨：《资本主义的模式》，耿修林、宗兆昌译，江苏人民出版社2001年版。

[英] 冯·哈耶克：《个人主义与经济秩序》，邓正来译，三联书店2003年版。

[英] 冯·哈耶克：《哈耶克论文集》，邓正来译，首都经济贸易大学出版社2001年版。

[英] 冯·哈耶克：《通往奴役之路》，王明毅等译，中国社会科学出版社1997年版。

[英] 莱斯利·斯克莱尔：《跨国资本家阶层》，刘欣、朱晓东译，江苏人民出版社2002年版。

[英] 罗纳德·多尔：《股票资本主义：福利资本主义——英美模式VS日德模式》，李岩、李晓桦译，社会科学文献出版社2002年版。

[英] 瓦西利斯·福斯卡斯、比伦特·格卡伊：《新美帝国主义》，薛颖译，世界知识出版社2006年版。

[英] 约翰·格雷：《伪黎明：全球资本主义的幻象》，张敦敏译，中国社会科学出版社2002年版。

程恩富、夏晖：《美元霸权：美国掠夺他国财富的重要手段》，《马克思主义研究》2007年第12期。

高静宇编写：《欧洲社会民主主义的危机和前景》，《国外理论动态》2010年第10期。

郭懋安：《新自由主义与劳动的非正规化》，《国外理论动态》2010年第1期。

嵇飞：《廖子光论美国贫富两极分化的原因》，《国外理论动态》2010年第8期。

姜辉：《论当代资本主义的阶级问题》，《中国社会科学》2011年第4期。

刘春元：《第十二次共产党和工人党国际会议的政策主张》，《当代世界社会主义问题》2011年第1期。

刘金东、李鹏：《当代资本主义国家共产党的新变化》，《求实》2004年第1期。

刘仁营、左乐平：《金融危机坐标中的资本主义新变化》，《红旗文稿》2010年第14期。

刘志明、林强编：《超国家的"帝国"秩序，还是帝国主义的新阶段？》，《国外理论动态》2002年第7期。

吕薇洲：《苏联解体与资本主义的危机》，《科学社会主义》2009年第1期。

聂运麟、刘卫卫、杨成果：《第十一次共产党和工人党国际会议述评》，《当代世界与社会主义》2010年第3期。

王继停：《"后危机"时代全球工会面临的挑战与策略抉择》，《当代世界与社会主义》2010年第5期。

吴茜：《美国"新帝国主义论"：内容、原因和实质》，《中国党政干部论坛》2007年第7期。

辛向阳：《当代资本主义腐朽性的典型表现》，《红旗文稿》2009年第16期。

徐万胜：《政治资金与日本政党体制转型》，《日本学刊》2007年第1期。

俞可平：《全球化时代的资本主义——西方左翼学者关于当代资本主义新变化若干理论的评析》，《马克思主义与现实》2003年第1期。

臧秀玲、杨帆：《国际金融危机对当代资本主义和世界社会主义的影响》，《山东社会科学》2012年第2期。

[法] 让·克洛德·德洛奈：《金融垄断资本主义》，张慧君译，《马克思主义与现实》2001年第5期。

[美] 迈克尔·D.耶茨：《权力与美国社会日益严重的不平等》，张峰译，《国外理论动态》2012年第8期。

[美] 约翰·贝拉米·福斯特:《重新发现帝国主义》,王淑梅译,《国外理论动态》2004 年第 1 期。

[美] 约翰·贝拉米·福斯特:《帝国主义的新时代》,王宏伟译,《国外理论动态》2003 年第 12 期。

[美] 约翰·贝拉米·福斯特、罗伯特·麦克切斯尼、贾米尔·约恩纳:《21 世纪资本主义的垄断和竞争》,金建译,《国外理论动态》2011 年第 9、10 期。

[美] 威廉·布卢姆:《冷战结束以来的美利坚帝国》,徐洋译,《国外理论动态》2004 年第 10 期。

[日] 面川诚:《韩国工人运动与非正规就业工人》,陈瑞华译,《国外理论动态》2010 年第 1 期。

[瑞典] 珀·奥尔森:《瑞典是社会主义国家吗?》,葛晶晶译,《当代世界与社会主义》2010 年第 1 期。

[英] 菲尔·赫斯:《"自在"还是"自为":工人阶级的阶级意识瓦解了吗》,罗丽平译,《马克思主义研究》2009 年第 10 期。

Immannuel Wallerstein, "The Eagle Has Crash Landed", *Foreign Policy*, July/August 2002.

Ivan Eland, "The Empire Strikes Out – The 'New Imperialism' and Its Fatal Flaws", *Policy Analysis*, No. 459, November 26, 2002.

Joseph Nye, "The New Rome Meets the New Barbarians", *The Economist*, March 23rd – 29th 2002.

Martin Walker, "America's Virtual Empire", *World Policy Journal*, Summer 2002.

Paul Kenndy, "The Greatest Superpower Ever", *New Perspectives Quarterly*, winter 2002.

Robert Cooper, "Why We Still Need Empires", *The Observer*, April 7, 2002.

Sebastian Mallaby, "The Reluctant Imperialist: Terrorism, Failen States and the Case for American Empire", *Foreign Affairs*, March/ April 2002.

Thomas Carothers, "Promoting Democracy and Fighting Terror", *Foreign Affairs*, January /February 2003.

J. A. Hobson, *Imperialism, A Study*, 3rd edn, Allen & Unwin, London, 1938.

John Sheldrake and Paul D. Webb, *State and Market*, Dartmouth Publishing Company, 1993.

Joseph E. Stiglitz, "Globalism's Discontent", *American Prospect*, January 2002.

Joseph S. Nye, *The Paradox of American Power: Why the World's Only Superpower Can't Go It Alone*, New York: Oxford University Press, 2002.

OECD, *Farm Household Income: Issues and Policy Responses*, 2003.

The U. S. National Security Council, *The National Security Strategy of the United States of America*, Sept. 2002.

The White House, *A National Security Strategy for a New Century*, May 1997.

后 记

本书是笔者在主持和参与中国社会科学院多项与当代资本主义及新帝国主义相关课题的过程中形成的。在本书写作过程中，资本主义发生了20世纪30年代大危机以来的最严重的一次经济危机，不仅重创了资本主义的经济、政治模式，验证了马克思主义理论的科学性，也为研究帝国主义的发展变化及其历史命运提供了更为丰富的素材。

本书运用马克思主义的基本立场、观点和方法尤其是列宁"帝国主义论"的基本原理，对帝国主义在20世纪后期以来的发展变化进行了比较系统的分析，全面深入地研究了新帝国主义形成的历史背景、含义、本质特征，对当代资本主义和世界社会主义的影响等，指出，帝国主义向新帝国主义的发展并未使其摆脱其最终被社会主义取代的历史命运。

本书在形成过程中得到了罗文东、王煜、吕薇洲、黄华德、刘海霞等学者的指导和帮助，对此，我深表感谢。

感谢中国社会科学出版社的田文编审，本书在出版过程中得到了她的许多帮助。

由于本书涉猎问题广泛，加之笔者水平所限，难免会出现疏漏和不足之处，感谢所有对本书提出批评的人。

邢文增
2013年11月